종교적이면서도 물질적인
상반된 두 측면을 동시에 갖고 있는 인도인

12억
인도를 만나다

김도영 지음

북치는마을

 머리말

사반세기의 인도 생활을 인도인과 그 문화의 이해를 위해 드리며

올해는 국가간의 관계로는 한국·인도 수교 40주년이며, 개인적으로도 인도 거주 25년째가 되는 기념비적인 해이다. 그 사이 수없이 받은 질문은, "인도가 그 사이에 변하긴 한 겁니까?"이고, 이에 필자는 천지가 개벽을 해도 세 번은 한 것이라고 대답하곤 한다.

유형적인 변화 중 가장 쉽게 눈에 띄는 것은 세계 최고의 공항으로 꼽히는 인천공항과 흡사한 느낌으로 탈바꿈한 뉴델리 인디라 간디 국제공항이다. 도시들 또한 변화에 변화를 거듭하고 있다. 구르가온을 인도의 분당이라고 말한 것도 벌써 옛날 이야기고, 델리 내부 순환선을 따라 급속히 진행되는 전철 교각 공사를 봐도 변화는 확실하다고 여겨진다. 이런 변화와 더불어 한국 대기업들이 인도에 와서 성공신화 시리즈를 만들었다. S 건설이 델리 제1호 지하철을 건설했고 가전, 스마트폰, 자동차 등 인도인들의 일상 속에서 한국을 쉽게 찾아볼 수 있다.

사회적인 변화로는 전 세계를 흔들 만큼 화제가 되었던 인도 여대생 니루바야 사건을 들 수 있다. 이로 인한 인도 전역의 여성에 대한 시각 및 가치관 변화는 인도 문화의 기저를 상당히 변화시키고 있다. 올해 수년간의 회사 생활을 정리하고 더 공부하

고 싶다고 온 큰딸이 델리에서 보이는 여성들에 대한 긍정적인 인식 변화에 놀라곤 한다. 외형적인 전철과 도로망의 변화를 보고 인도의 변화를 읽는 것도 중요하지만, 인도 사회의 변화를 인도의 여성의 변화를 통해 읽어나가는 것도 이해도의 깊이 측면에서 상당히 중요하다고 생각된다.

물론 변하지 않은 것이 더 많다. 한 주일에 두세 번씩 올드델리에서 뉴델리로 차를 몰다가 소가 끄는 우차, 사람이 끄는 자전거 릭셔 뒤를 따라 수 많은 인파, 자전거 무리에 뒤섞여 시속 15킬로미터 미만의 속도로 따라가거나, 올해로 4년째 공사가 중단된 채 교통체증을 가중시키는 사다바자 앞 고가도로를 지나갈 때마다 개벽했다고 대답한 것이 무색하게 느껴질 때가 많다. 필자 스스로 인도는 아직 안 변했다고 되뇌곤 하기 때문이다. 전세계에서 가장 빠른 속도로 움직이는 한국인의 성품상 인도의 움직임은 코끼리가 어슬렁거리는 속도로 인식될 것 같다.

새로 지사를 개설하기 위해 델리로 온 한 법인장은 한국에서 걸리는 법인 설립 인가 시간의 서너 배를 잡아도 개소식을 할 수 없는 현실에 정말 난감해한다. 올드 델리에 아직도 토막이 난 채로 걸려있는 고가도로 공사는 중간 토지 매입이 안 끝나서 4년째 방치되어 있다. 8년째 오리사에 걸려 있는 P 제철의 문제도 이런 맥락에서 읽어나가는 것이 더 이해가 쉬울 것이다. 인도에서는 서류 절차가 끝나야 일을 시작할 것이고, 그 사이에 문제가 제기되면 또 다른 한 달, 일 년 또는 수년을 막연히 보내야 하는 것도 아직 크게 변하지 않은 부분이다. 하지만 변화가 없어서 좋은 것도 많다. 인도의 인도스러움이 그대로 남아있기 때문이다. 인도 사회와 문화는 강가나 얌무나가 흘러가는 대로 자연적인 형태를 유지하고 국민들의 평화적인 성품도 상당히 남아있다. 병이 생겨도 병원에 가지 않고 혼자서 참고, 다른 것도 바꾸려 하지 않고 그대로 두는 인도인이 다수이다. 아직도 따뜻한 인정을 가진 인도인들도 많다. 상당수의 사회학자들은 국민성이 변하는 것이라고 하지만, 적어도 인도를 보았을 때는 변하지 않는 부분이 더 많은 것 같다.

물론 사고방식, 가치관 자체가 한국인과는 많이 다르다. 때문에 인도인과 어떠한 일을 진행할 때, 그 결과물에 초점을 두기보다는 그 일을 다루는 인도인을 이해해야만 한다. 이제 인도는 전 세계의 이목이 집중된 가운데 피할 수 없는 치열한 시장 경쟁의 장이 되었다. 이러한 때에 인도 땅에 단, 장기간 머무는 한국인의 사고로 접근하면 피차간에 친구가 되기보단 상처를 받기 쉽다. 문화를 이해하면 충격이 완화되고 관계가 개선된다. 뿐만 아니라 세계 각국에서 인도인을 만나야 하는 이 시대에 그들을 이해하면 모든 일의 진행이 쉬워진다. 무엇보다 한국인과 너무나도 다른 인도인의 의식세계와 문화에 대한 이해가 절실히 필요한 때이다. 그래서 현재도 가장 큰 질문은 두 가지다. 인도인은 누구인가? 오늘의 인도를 어떻게 읽어야 하는가?

지난 번 책을 출간한 것이 2006년과 2007년 말, 벌써 7년, 8년 전 이야기다. 한 때 인도는 친디아의 주역으로 전 세계의 각

광을 받는 주인공이었다. 비록 수년 전부터 인도의 경제는 침체하고 있지만, 한국은 장기적인 안목을 가지고 작금의 경제 위축에 상관없이 인도와 인도인의 이해에 힘써야 한다.

이 책에서는 기발간된 필자의 책들을 토대로 하여 최근에 변화하는 인도와 인도인에 대한 내용을 강화하였다. 졸저가 인도 문화와 사회 그리고 인도인의 사고를 이해하는데 도움이 되어 인도와 한국이 계속해서 윈-윈의 관계로 나가기를 바란다. 마지막으로 책의 발간을 위해 수고한 아내 김영순 박사와 기꺼이 출간해주시는 정구형 국학자료원 대표 및 섬세하게 편집을 해주신 심소영 팀장께 감사를 표한다.

Contents

종교적인 인도인

4. 말 잘하는 인도인

말 잘하는 인도인 / 아니 9시간이나 혼자서 말하다니! / 말을 하는 종교적, 철학적 근거 / 구전의 전통 / 다중 문화 사회 / 다중 언어 사회 / 대화의 문화 / 명상의 전통 / 토론 대회(Debate Competition)(주도적이다, 책임을 지는 언급은 피한다, 상대의 약점을 노출한다, 감정적인 표현을 피한다)

5. 친절한 인도인, 권위적인 인도인

친절한 인도인, 권위적인 인도인 / 카스트로부터의 권위 / 관료적인 권위 / 가부장적 권위

6. 관대한 인도인

관대한 인도인 / 종교적 근거 / 역사적 근거 / 사회적 근거 / 관대함이 어떻게 나타났는가 – 정치적 이념 / 장애인들에게 관대한 인도인 / 손님에게 관대한 인도인 / 영어를 못하는 이들에게 관대한 인도인 / 음식 냄새에 관대한 인도인 / 소리에 관대한 인도인

7. 두 세계에서 살고 있는 인도인

두 세계에서 살고 있는 인도인 / 높고 가난한 브라만 / 낮지만 부유한 수드라

8. 오염과 순결을 오가는 인도인

오염과 순결을 오가는 인도인 / 채식과 육식 / 이발 / 사망 / 여성 생리 / 물과 음식

9. 준비 없이 준비하는 인도인

준비 없이 준비하는 인도인 / 운명 주의 / 가부장제 / 카스트 제도 / 과시성향 / 사회주의 / No Problem! / 철저히 준비하는 인도인 / 서명

10. 약자를 존중하는 인도인

약자를 존중하는 인도인 / 내세의 준비 / 거지 / 다르다 / 할당제 / 무시받는 몽골계에 대한 우대 / 외모

11. 결혼을 위해 사는 인도인

결혼 - 종교 예식 / 절차 / 바라트(Barat)

12. 카스트를 넘어 결혼하는 인도인

'나'가 결혼한다 / 인도인에게 결혼이란? / 여성의 문제다 / 무엇이 변하는가 / 카스트를 넘어선다 / 핵가족이 늘고 있다 / 혼전 동거가 늘고 있다 / 이혼이 늘고 있다 / 전통 = 고통

물질적인 인도인

13. 종교적인 인도인, 물질적인 인도인

종교적인 인도인, 물질적인 인도인 / 종교적인 인도인, High Thinking / 인도인의 생활, Simple Living / 현실적인 인도인, 돈을 밝히는 사람들 / 돈은 신이다.

14. 인도인의 윤리

인도인의 윤리 / 종교 교리가 윤리를 우선한다 / 인도인의 윤리는 상대적이다 / 자신의 업보가 윤리보다 중요하다 / 결과가 아닌 과정이 중요하다 / 인도인의 성윤리는 엄격하다

15. 권력 지향적인 인도인

권력 지향적인 인도인 / 상하관계 / 권력 파악 / 권력 과시 / 권력 집착 / 권력 장악 / 권력과 민주주의 / 권력과 복종

16. 인도인의 여성관

인도인의 여성관 / 여성의 여신 숭배 / 여아의 숭배 / 여성의 성씨 / 독립적 여신 / 종속적 여신 / 현대에 반영된 여신상 / 남편, 남신인가? 주인인가? 동료인가? / 하녀 / 왜 종속적인가? / 성의 대상 / 인도 여성의 성격 / 연애 따로 결혼 따로 / 아름다운 꽃의 가시

인도의 다양성은 익히 잘 알려져 있다. 그래서 한 문장의 진실을 말하고 나면 그 반대되는 문장을 말해도 진실이 된다고 한다. 이를 적용하여 인도인을 평하자면, 인도인은 종교적이다.

종교적인
인도인

화내지도, 감사해하지도, 미안해하지도 않는 인도인

한국인과 인도인은 감정의 표현 양식이 다르다. 한국인에 비해, 인도인은 감사해야 할 때 감사하다고 말하지 않고, 미안하다고 해야 할 때도 미안하다고 사과하지 않고, 상대방이 화를 내더라도 맞받아치지 않는다. 인도인들은 왜 화를 내어 소리치지 않는가? 왜 감사하다고 하지 않는가? 왜 미안하다고 하지 않는가?

파괴의 신 시바

왜 인도인들은 화내지 않는가?

인도인이 금기시하는 화에 대한 근원은 인도 신화에서 유래한다. 창조의 신 브라마가 지상에 수많은 사람들을 창조했다. 그런데 대지의 여신이 수많은 사람들을 감당하지 못하고 있었다. 브라마 신은 시바 신에게 사람들의 일부를 죽이라고 명령했다. 시바 신은 당신이 사람들을 창조해 놓고 이제 와서 죽이라고 하니 말이 되냐고 화를 내었다. 그런데 아무나 처치할 수가 없으니까 죄를 지은 사람, 인간의 도리를 벗어나는 사람을 처치하게 되었다.

이것이 화의 기원이 되었다. 화란 이와 같이 인간의 도리를 이성적으로 따져서 타당하지 않은 것을 볼 때 느끼는 격한 감정이다. 어쨌든 이로 인해 시바 신은 화를 내고 죽이는 파괴의 신이 되었다. 인도 신들의 그림을 보면, 시바 신은 상투와 목에 코브라를 감고 호피 위에 앉아 있다. 이동할 때는 황소를 타고 움직이지만 이 황소는 그의 소유가 아니라 시바 신을 경배하는 추종자다. 머리 위에는 인도인이 성스럽게 여기는 강가 강이 분수처럼 뿜어 내리고, 머리는 말라라고 불리는 쟈스민 꽃의 화환으로 상투를 매고, 이마와 목에 띨락이라고 하는 세 줄을 하얀색 향나무 가루로 가로 방향으로 칠했다. 그 오른쪽에는 다무르라는 조그만 북이 달려 있는 삼지창을 세워 놓고 있다. 이 삼지창은 문자 그대로 트리슐(Trishul)이라고 불린다. 인도에서 개발한 미사일의 이름 중에 이 트리슐이 있다. 오른손은 진리를 상징하는 옴이 새겨진 바닥을 펴 사람들에게 보이고 있다. 이 옴은 곧 시바의 상징이다. 항상 오른 손을 펴는 것은 축복을 의미한다. 진리로 천하 만백성을 축복한다는 의미랄까. 국민의회당의 깃발도 오른손이 들고 있다. 더 흥미로운 것은 이마에 제3의 눈이 있는데, 이 눈은 파괴의 눈이다. 이 눈은 우리의 눈 모양과 달리 이마

정중앙에 세로로 자리 잡고 있다. 그래서 평소에는 감고 있지만 시바 신이 분노하면 이 눈을 뜬다고 한다. 현재까지 단 한 번 시바 신이 눈을 뜬 적이 있다. 그때 그가 화가 나서 머리를 풀어헤치고 땅을 내리쳐서 둘로 갈랐다. 그런데 한 곳에서 뷔라바드라라는 신이, 다른 곳에서는 목에 해골을 두르고 혓바닥을 내밀고 있는 끔찍한 여신 마하 깔리가 나왔다. 칼카타를 중심으로 한 벵골 지방에서 섬기는 이 깔리 여신은 죽이는 일을 전담하고 있다. 시바를 대신한 분노의 여신이다. 분노는 이처럼 신의 소관이다.

인도에서 살다보면 이런저런 일로 화가 날 때가 많다. 어느 날 야채가게에 갔는데 앞에 있던 사람이 한국말로 혼자 욕을 하고 있는 것을 보았다. 얼마나 화가 나면 그렇게 혼자 욕을 할 수 밖에 없었을까? 기본적으로 날씨는 덥고 환경은 열악하다. 함께 푸념도 하고 격려를 주고 받을 만할 상대가 별로 없다. 가정사에서부터 직장일에 이르기까지 다양한 일로 인도인들과 부딪치면 화가 더 치밀어 오른다. 그런데 인도인들은 정말 화가 날 때에도 화를 내지 않는 것 같다. 물론 인도인에게 화라는 감정이 없는 건 아니다. 당장 표현하지 않는 것뿐이다. 왜 그럴까?

우리가 과거에 수신(修身)을 중시하였던 것처럼 인도인들이 중시하는 교육 지표가 있다. 물론 요즘은 점차 퇴색되어 가고 있지만, 자신들도 모르는 사이에 생활에 녹아들어 있는 생활 윤리들이다. 인도의 대 서사시 마하바라타 중에서 알주나와 크리슈나 신이 대화하는 내용을 기록한 것이 바가바프 기따다. 인도인이 가장 중시하는 경전이다. 마야(Maya), 모(Moh), 크로드(Krodt)이 세 가지를 주의하도록 가르치는 내용이다. Maya는 돈을 의미한다. 돈을 주의하라는 말은 돈은 필요하지만 돈을 쫓는 삶을 살지 말라는 말이다. Moh는 세상의 것들에 예를 들면, 세상 명리나 색에 유혹되지 말라는 것이다. Krodt는 분노(忿怒)로서 내면을 가라앉혀 화를 내지 말라는 말이다. 물질을 쫓거나 주색을 추구하는 삶, 화를 금지하는 내용이 핵심이다. 세 가지 모두 힌두교의 금욕적인 성격을 잘 보여주고 있다. 이 중 앞의 두 가지는 유혹에 대한 경계이고 세 번째는 자기 통제를 잃은 화를 경계하고 있다. 이 세 번째 경우, 인도인들이 어떻게 이해하는가? 이는 세 가지로 이야기 할 수 있다.

첫째 인도에서는 화내는 사람은 인격적으로 미성숙한 사람이라고 판단한다. 많은 인도 초등학교에는 우리나라의 도덕 시간 같은 moral education 시간이 있다. 이 시간에는 빨간 불이 켜졌을 때 찻길을 건너면 안 되고, 길에 쓰레기를 버리면 안 된다는 식의 공중도덕을 배우는 것이 아니다. 그 시간에는 주로 기타나 또는 힌두 신들의 이야기를 배운다. 성경이나 불경, 논어에서 많은 인생 교훈을 배우듯이 인도인은 이러한 신화 또는 전승을 통해서 내면적 가치관을 배운다. 그 중에 핵심이 화를 내면 안 된다는 것이다. 직접적으로 화 내지 말라고 가르치는 것이 아니라 화를 내는 것을 무의식 속에서 정죄하는 분위기다. 어떤 사람이 화를 내는 경우, 화를 내고 있는 사람을 어떻게 생각하는가? 일차적으로, 그 사람을 인격 훈련이 덜된 사람으로 판단한다. 이차적으로, 그 사람이 화가 나 있는 동안은 아무도 그를 상대하려 하지 않는다. 화가 났을 때는 바른 정신이 아니라고 생각하기 때문이다. 경미한 정신병자 취급을 받는 것이다. 아이들이 서로 싸우거나 말다툼을 하면 전통교육에 익숙한 부모들은 자녀들에게 1부터 10까지 수를 세라고 가르친다. 화가 머리끝까지 치밀어 올랐을 때 하나부터 열까지 세다 보면 화가 반감되어 버리고 분노로 인한 최악의 결정을 피하게 된다. 인도인은 어릴 적부터 아무리 상황이 불합리해도 화를 내는 것이 좋지 않은 결정을 가져온다는 것을 몸으로 익힌다.

둘째는 화내는 사람은 힘이 없다고 판단한다. 그래서 상대방의 얼굴색이 붉으락푸르락 변하고 소리를 칠 때 겁내는 것이 아니라 이 사람은 현재 좌절하고 있구나 라고 판단한다. 호랑이는 다른 동물을 만날 때 풀떡대지 않는다. 힘이 있기 때문이다. 닭은 힘이 없기 때문에 날개를 푸드덕거리며 회를 친다. 그 힘이 정치력이든, 행정력이든, 사회 지위에서 오는 힘이든, 금력이든, 정신력이든 화를 내는 상대는 힘이 없다고 판단한다. 학교 앞에서 남루한 남자가 부인과 아이를 데리고 사이클 릭샤 왈라에게 소리치는 것을 보았다. 그런데 그 릭샤 왈라는 꿈적도 안 했다. 말 한마디 안 했다. 화가 누그러지기를 기다리는 것이다. 그러고 나서 조용히 설명하고 분위기를 가라앉힌다. 인도인은 이와 같이 화를 내지 않도록 가정과 사회에서 훈련을 받는다.

셋째는 화내는 사람은 자기 잘못을 감추려고 화를 내고 있다고 판단한다. 화를 내는 것은 자신에게 오류가 있을 때 그것을 가리기 위한 것이라고 생각한다.

물론 인도 사람들이 화를 낼 줄 모르는 것이 아니다. 화를 다스려야 하는 줄을 알기에 갖은 수단을 다해 노력하는 것이다. 인도인들은 화를 내는 성품을 다스리기 위해서 반지를 점성술에 맞추어서 낀다. 인도인 성인 남녀가 끼는 반지들은 멋을 내기 위한 경우가 아니다. 사주에 맞춘 경우가 대부분이다.

영화배우 아미땁 바찬은 영국의 밀랍 박물관(Madam Tussad Museum)에서조차 밀랍 인형을 만든 인도인의 우상이다. 이 사람은 파란색 사파이어 반지를 끼고 다닌다. 복을 가져온다고 믿기 때문이

다. 이와 비슷하게 화를 자주 내거나 급한 성격의 인도 사람들은 진
주 은반지를 낀다. 힌두 사원의 승려들이 그들의 사주(출생 연월일,
별자리)를 보고 그러한 기운을 완화시키기 위해서 처방해 준다. 인
도식 그 진주 은반지는 진주알이 손가락에 직접 접촉되도록 뚫어져
있다. 진주가 사람의 몸에 닿으면 진주에서 광선이 나와서 그 사람
의 화를 누그러뜨려 준다고 믿기 때문이다.

감사합니다 -
수끄리아, 단네왓, Thank you

  우리에게는 은혜를 베푼 사람에게 감사하다고 표현하는 것이 예
의이다. 그런데 같은 상황에서 인도 사람에게 그와 같은 감사의 표
현을 기대하면 실망하게 된다. 아무 말도 없이 지나치는 경우가 태
반이기 때문이다. 유독 정이 많은 한국인들은 인도 직원을 배려하며
이것저것 챙겨준다. 월급보다도 더 많이 주기도 하고, 식사비를 덤
으로 챙기거나 휴일까지 인심을 쓴다. 그런데 정작 인도인들은 고마
워하지 않는 것 같다. 당연히 받을 것을 받는다는 식이며, 오히려 덜
받았다는 듯이 떨떠름한 표정을 짓기도 한다. 이런 점 때문에 인도
인에게 섭섭함을 느끼거나 심하면 배신감이 들기도 한다. 이렇게 고
용·피고용의 관계는 그렇다 치더라도 대등한 관계에서 도움을 주어
도 "감사하다"는 말을 듣기 또한 쉽지 않다. 당연히 인도 사람에 대
해 괘씸한 생각이 든다. 심지어는 잘해줄 필요도 없다는 결론에 이
른다. 인도인은 왜 이리도 감사한 마음이 없는가. 워낙 가난한 제3
세계 국가라서 그런 것일까? 오랜 영국의 식민통치하에서 받는 것을

당연히 여기게 된 것인가? 부분적으로 그러한 영향도 있을 것이다. 만일, 우리가 도와주었을 때 인도인이 "감사합니다"라고 한다면, 그건 우리가 외국인이라서 외국식 예절로 상대해주고 있는 것으로 보는 것이 옳다. 인도의 전통적 양식에 비추어 보면 아무 말도 없는 것이 정상이다. 인도인에게는 감사의 표현 자체가 별로 없다.

왜 감사하다고 잘 말하지 않는가?

종교적인 교리에서 유래된 측면과 사회 관습상의 측면으로 나누어 생각해 볼 수 있다.

첫째는 종교적으로, 남에게 은혜를 베푸는 것은 너무 당연한 일이다. 힌두교에서 신과 합일되는 방법, 즉, 힌두교 개념의 구원을 이루는 방법 세 가지다. 앞에서 언급한 바가바드 기따에 따르면 그 방법은 까르마(도덕적 인과율: 행위), 박띠(헌신), 그리고 지나나(지혜)다. 이 중에 까르마는 우리말로는 업보(業報)로서 우파니샤드 철학의 핵심이다. 이 까르마는 종교적 의무를 개인적으로 잘 수행하는 것을 말한다. 힌두 경전과 제사장들이 규정한 의무와 의례 및 인간의 도덕적 선행이다. 다르마에 비해 더 사적(私的)이다. 그러한 것들을 적극적으로 행할 때 내세에 더 나은 신분으로 탄생하게 된다. 그러므로 현재의 나의 카스트는 전생의 나의 업보로 결정된 것이다. 그리고 현세의 행위는 내세의 신분과 운명을 결정한다. 숙명론적이요 인과응보(因果應報)적이다.

내가 현세에서 왜 고생하는가? 전세에 지은 나의 죄과를 치르느라 그런 것이다. 현세에서 열심히 선을 쌓으면 어떻게 되나? 내세에 더 좋은 모습으로 태어날 것이다. 오늘의 선행은 내세를 위한 준비다. 은혜를 베풀고, 은혜를 받는 관계가 형성되었을 때, 은혜를 베푸는 사람은 신이 축복을 할 것이라고 생각한다. 따라서 은혜를 베푸는 것은 자기 자신을 위하여 하는 일이라는 의미가 담겨 있다. 이와 같은 식으로 은혜를 받는 사람은, 은혜를 베푸는 사람의 구원을 도와주는 것이 된다. 뿐만 아니라, 그러한 도움은 신이 내게 베푸는 은덕이지 사람이 베푼 것이 아니다. 감사하려면 신에게 감사해야 한다. 이러한 도덕률은 오랜 세월을 두고 세워졌다. 그래서 특별히 감사하다는 표현할 필요를 느끼지 못하는 것이다.

둘째로, 사회 관습상의 측면에서 보자면, 인도인은 감사의 관계를 기억한다. 좀 더 끈끈하다.

오래 전 인도의 새마을호인 라즈다니를 타고 켈커타에서 델리로 돌아오는 기차 안에서 있었던 일이다. 옆에 앉아 있던 중년의 인도 사람이 복통을 일으켰다. 그래서 진통제나 소화제를 드릴까요 하고 물었다. 그는 "줄 수 있으면 줘보시오"라고 대답했다. 다행히 델리에 도착할 때는 거의 나았다. 그 때 떨어지지 않는 입을 열어 '감사하다'는 말을 어렵게 한 번 했다. 그런데 한 주일 후에 엽서가 한 장 날아왔다. 일 년 동안 무료로 인도 영화시사회에 초대를 한 것이다. 그 사람은 영화에 관련된 일을 하는 사람이었다. 감사함을 말로 표현하는 데 그치지 않고 자기의 권한을 이용해서 이렇게 후사한 것이다. 이는 특별한 경우는 아니다. 인도인에게는 지극히 일반적인 행동이다.

인도 학생 집에 한국 유학생이 초대를 받아서 갔다. 인도 학생의 어머니께서 맛있는 음식을 준비해 주었다. 한국 학생은 짜빠띠 한 장, 뿌리 한 장 튀겨서 가져다 줄 때마다, 연발 땡큐라고 했다. 이 "땡큐"에 대해 그 가족은 어떻게 느꼈을까? 기분이 좋았을까? 아니다. 부담스럽거나 짜증스럽게 여겼을 것이다. 거지인가? 아니면 내 딸의 진짜 친구가 아닌가? 친구라면 왜 짜빠띠 한 장에 그렇게 감사하는가? 인도인이 친구에 대한 기본예절을 지키는데, 그리고 손님에 대한 그의 신앙적 의무를 다하고 있는데. 이런 식으로 생각하는 인도인 앞에서 작은 것마다 감사하다 하고 말하는 것은 감사의 의미를 퇴색시키거나 외려 고맙지 않다는 표현으로 오해될 수 있다. 인도에선 감사함을 성급히 말로 표현할 필요가 없다. 인도인들은 감사하다고 말하지 않는다. 당장은 감사한 표정과 gesture만 있을 뿐이다. 그리고 감사를 마음에 새긴다. 감사하다고 말을 할 때는 굵은 사건에 대해서만 주로 표현한다. 그리고 두고두고 기억한다.

셋째는 상하 또는 빈부차가 현격할 때 상대의 도움을 당연시하는 경우다. 차를 타고 가다가 불쌍한 거지를 보고 안타까운 마음으로 돈을 주어도 고맙다고 말하기는커녕 왜 이것밖에 안주냐는 태도를 보인다. 어찌 이런 백성들이 있는가 하는 생각이 들 때도 있다. 불쌍하던 마음이 싹 가시는 것을 보게 된다. 돈을 달라는 거지들의 태도가 너무도 당당하다. 이러한 경우도 일반적이다.

수끄리아와 단네왓과 Thank You.

힌디어로 감사합니다는 "단네왓"이고, 우르드어로 "수끄리아"다. 영어는 물론 "Thank you"다. 이 중 수끄리야는 원래 페르시아어에서 온 것으로서 공식적인 감사를 표현하는 말이다. 한국어로는 "감사합니다"에 해당한다. 이에 비해 단네왓은 약간 덜 공식적인 의미로 "고맙습니다"의 뜻을 가졌다. Thank you는 상대적으로 가장 가볍다. 외국인인 우리로서는 특히 힌디 단어 "단네왓"을 익혀서 쓰게 되지만 정작 인도 사람들을 통해서 이 단어를 듣기는 쉽지 않다. 인도 사람이 상대방에게 "단네왓"이라고 말하는 경우는 그리 흔치 않다. 그러니 우리와 같은 외국인이 이 말을 사용할 기회는 정말로 드물다. 그런데 흥미로운 부분은 인도인들은 상대적으로 Thank you는 흔하게 사용한다. 역사적으로 18세기까지 인도문화에서는 Thank you보다는 단네왓이 흔하게 사용되었다. 그러나 19세기에 들어 영국의 영어 보급 정책이 강화되면서 1835년부터 인도의 공식 언어로 페르시아어는 폐지되고 영어가 채택된다. 언어의 식민지 정책이 시작된 것이다. 소수의 영국인 지배자들과 다수의 인도인을 연결할 영어를 구사하는 하급 관리 인도인이 절실히 필요했던 것이다. 인도인도 영어를 큰 부담 없이 받아들였다. 기본적으로 많은 언어를 사용하는 인도에서 하나의 언어를 추가하는 것은 어렵지 않은데다가 영어를 배우면 고등 교육을 받을 수 있고, 사회적 위치를 공고히 하기에 유리하였기 때문이다. 그런데 이 영어는 어디까지나 인도식으로 굴절된 영어이다. 이 때문에 '단네왓'과 'Thank you'는 그 의미가 다르다. 단네왓은 인간관계가 깊이 얽혀있는데 반해 Thank you는 의례적이다. 시간을 들여 하나씩 구워내는 탄두리 치킨과 동일한 맛으로 대량생산하는 치킨 버거와의 차이라고 할까. 그래서 Thank you는 쉽게 말해도 단네왓은 흔하게 쓰지 않는다. 은혜를 베풀면 감사를 모르는 사람이 없다. 감사의 표현을 금방하지 않을 뿐 인도인도 감사함을 느끼고 알고 있다.

인도인이 한국인을 도와주면 어떤 결과가 오는가? 한국인은 그 일을 어떤 형태로든 일단락 짓는다. 도움을 받으면 감사하다는 말로 표현하고, 거의 모든 경우 선물이나 사례를 한다. 선물로 마무리

되면 그 다음에는 관계가 계속되기 어렵다. 그래서 인도인들은 도움을 주었다고 해서 금방 선물을 주면 별로 좋아하지 않는다. 선물 대신에 지속적인 끈끈한 관계를 더 원하기 때문이다. 인도인을 도우면 어떤가? 감사하단 말도 하지 않고 선물도 안준다. 그런데 차후에 자기 지위를 이용하여 도움을 준다. 그 당시에 표현하지 않지만 그 일은 끝나지 않고 훗날까지 인간적인 관계로 이어진다. 그 일로 친구가 되었다고 생각하는 것이다.

미안하다는 말을 하지 않는 인도인들

미안하다는 말은 '마프 끼지에'라고 말하는데 영어의 'forgive me'에 해당된다.

인도에서 높은 계급의 사람들은 낮은 사람들에게 절대로 미안하다는 말을 할 수 없다. 그래서 아무리 실수를 하거나 잘못을 해도 그것을 인정하고 미안하다고 말하지 않는다. 상층 카스트 또는 상류 계급의 자존심이다. 또한 하층 계급도 상층 계급에게 미안하다고 할 수 없다. 미안하다고 하면 그것은 자기의 잘못을 인정하는 것이기 때문에 불이익을 당할 수 있다.

델리 시내를 운전하다 보면 큰 사고보다는 작은 접촉사고가 아주 흔하게 일어난다. 델리 북쪽의 도로는 더욱 심각하다. 자전거, 우마차, 오토 릭셔, 자전거 릭셔, 트럭 등 어지럽다. 이런 곳을 운전하다 보면 차가 긁히는 일은 다반사다. 네루대학교에서 델리대학교로 전임한 후 첫 한 달 동안에 사다바자 앞에서 세 번이나 차를 긁혔다. 하지만 아무도 미안하다고 하지 않았다. 그런데 인도에서는 이것이

이상한 일이 아니다. 상대방의 잘못으로 차가 부딪혀서 긁히거나 망가졌을 때 미안한 표정을 하거나 미안하다고 말하면 아무리 차가 긁혀도 용서해 주겠다고 마음을 먹고 있지만 그 사람들에게서 미안하다는 말을 듣기는 정말로 어렵다.

왜 미안해야 할 상황에서 미안하다고 하지 않는가? 말을 하지 않으면 미안한 표정이라도 지어야 될 것 같은데 인도인은 그렇지 않다. 인도 사람들은 내가 고의로 그런 것이 아니므로 미안할 이유가 없다고 생각한다. 어쩔 수 없는 상황에서 일어난 일이기 때문에 내 잘못이 아니라는 것이다.

그러나 정말 심각한 잘못을 했다거나 같은 계급 사이에서는 미안하다는 말을 한다. 하지만 이 경우에도 실수를 심각하게 인정하는 것이 아니라 아무런 책임을 지지 않는 가벼운 의미로 쓰는 것이다. 실수로 서로 몸이 부딪히거나, 책을 떨어뜨린다거나 할 때 가볍게 sorry라고 하는 정도다.

참을성을 잃어가는 인도인 - 관용에서 무관용으로

인도인이 바뀌고 있다. 인도인은 인내심 많고 관대한 성품으로 잘 알려져 있다. 그러나 지난 20여 년을 거쳐 오면서 상당히 빠른 속도로 인도인의 성격이 바뀌고 있다. 인도 사회가 바뀜에 따라 인도인의 성품이 바뀌는 것은 이상할 것이 없다. 그런데 수천 년 인도인을 특징지어온 이러한 성격이 짧은 기간 내에 바뀌고 있는 것이다. 과연 인도 사회에 무슨 일이 일어나고 있는 것인가? 인도인의 관용은 오랜 세월 많은 고난과 이질적인 종교, 인종, 언어, 생활 습관의 차이를 느끼며 인도인의 감성과 사회 관습 속에서 체질화된 덕목이다. 그런 점에서 이성에 기초해서 형성된 프랑스의 똘레랑스와는 다르다. 인도의 관용은 본질적으로 다른 것을 있는 그대로 받아들이고, 방법의 차이까지 인정해주는 관용이다. 한국인이 된장찌개나 김치를 먹더라도 인도인은 냄새난다는 핀잔을 하는 법이 없고, 마늘 냄새 난다는 이유로 거리를 두는 법도 없다. 그들은 이미 있는 그대로의 상황을 받아들인다.

참아라, 용납하라

인도인이 관대한 것은 정신적으로는 힌두교 덕이다. 인도인은 아시아든지 서구든지 세상의 모든 신들은 힌두 최고의 신인 삼신의 화신으로 간주한다. 그래서 인도에서는 종교 간의 마찰이 크게 없고 모든 종교가 용납된다. 힌두교에는 이단이라는 것이 없다. 다르다고 배척하지 않고 달라도 힌두교의 일부로 인정하고 포용하기 때문이다. 인도인에게 가장 인기 있는 신인 크리슈나는 힌두교의 경전 바가바트 기따에서 "어떠한 형태로 무엇을 믿든지 나에게 오는 자는 그가 자신의 종교에 대해 더 믿음을 갖도록 해주겠다"고 했다.[1] 기독교인이 기독교 신앙을 가지고 있다면 기독교 신앙을 더 깊게 할 것이고, 불교도가 불교 신앙을 가지고 있다면 그 신심을 더 깊게 하도록 도와줄 것이며, 무슬림이 이슬람 신앙을 가지고 있다면 알라에 대한 그의 믿음을 더 깊게 하도록 도와줄 것이라는 것이다. 이와 같이 다른 신앙에 대한 관용, 다른 신들에 대한 관용이 힌두교와 인도인들의 뿌리라고 할 수 있다. 마하트마 간디도 실제 생활에서 관용을 설파했다. "적과 부딪힐 때 사랑으로 정복하라, 약자는 남을 용서할 수가 없다. 용서는 강자의 속성이다"라고 했다. 내가 나에게 잘못한 자를 용서해도 상대가 전혀 알 리 없고 때로는 그 상대가 내가 용서한 사실 그 자체도 전혀 인정하지도 않을지라도 용서하라. 내가 상대를 처벌할 권한이 있을지라도 그 힘을 휘두르지 않는 것이 관용이다. 그냥 하는 대로 두어라. 다른 대로 두어라. 이러한 다름을 용납하는 자세가 힌두를 관용의 종교로, 인도인을 관대한 사람들로 만들었다. 관용은 힌두교에서도 다스리는 자의 덕목 중 하나다. 마하바라타에서 파르슈람은 까르나에게 "브라만에게는 관대한 것을 기대해서는 안 되지만 크샤트리야는 관용해야 된다"고 했다. 나라를 다스리는 크샤트리야는 모든 이질적인 요소들을 인정하고 백성들의 잘잘못에도 불구하고 그들을 용서하고 포용하여 국정을 운영해야 한다고 설파했다. 인내, 관용, 용서가 분노, 처벌, 보복보다 엄청난

1) 한국외대 외국학종합연구센터 53호.

힘을 가진 것은 진리다. 1919년 4월 13일 우리나라 3·1운동 바로 직후에, 북인도 암리싸에서 대학살 사건이 일어났다. 2만여 명의 인도인들이 잘리안 공원에서 힌두 바이사키 축제일에 모여 영국 식민지 반대를 위한 평화적 시위를 벌이고 있었다. 이를 본 영국의 다이어 준장은 집회에 모인 군중들에게 장갑차를 동원하여 무차별 총격을 가해 1,500여 명의 사상자가 났다. 3·1운동과 같은 해에 인도인들이 피식민지 백성으로서 아무 대책이 없이 총살을 맞고 죽어간 것이다. 그러나 인도인들은 이 사건에 대항하여 평화집회를 계속했다. 영국 군인을 개별로 공격하지 않고, 국가 폭력에 대해서 무력으로 항쟁하지 않았다. 그 때문에 현대 역사의 평가는 이 잘리아 왈리안 박 사건이 영국 대제국의 불의를 드러내고 인도를 독립에 쐐기를 박은 사건이라고 결론짓고 있다. 인도인의 인내심과 관용이 영국의 장갑차를 이긴 사건이다.

못참겠다 –
1990년 이후

델리에서 매일 일어나는 차량 접촉사고는 때로는 운전자끼리 다투다가 살인에 이르기도 한다. 수백 루피의 푼돈을 빼앗으려고 사람을 해치기도 한다. 2012년 7월 13일자 타임즈 오브 인디아는 델리 살인사건의 19%는 지극히 사소한 일로 인해 발생한다고 보도했다. 남의 집 앞에서 방뇨를 했다거나, 배달된 우유의 분량이 모자란다는 지극히 사소한 일 때문에 살인을 하기도 한다. 게다가 이러한 살인자들의 85%가 초범자다. 다시 말하면, 충동적으로 감정을 이기지 못해서 살인을 한 경우들이다.

자살도 가파르게 늘어나고 있다. 인도에서는 대략 1년에 10만 명이 자살을 한다. 전 세계 자살자의 10%에 해당되는 숫자다. 30년 전에 비해서 거의 배로 늘었다. 10만 명당 약 12명이 자살을 하는데 주로 젊은 남성이다. 타살이든 자살이든 거칠고 강포해지고 급해진 인도 사람들의 달라진 면모를 보여준다.

20년 전에는 상상도 할 수 없었던 일들이 매일 여러 건씩 발생한다. 10년 전만 해도 세계 행복지수로 따지면 인도가 항상 1위에서 5위 안에 들었다. 그랬던 인도가 왜 서로를 해치고 자살하는 사회로 이행하고 있는가? 인도인이 점차 잘못과 실수, 차이를 용납하지 않고 있다. 남뿐만 아니라 자기 자신도 용납하지 않는 것이다. 한마디로 말하자면 관용의 철학이 붕괴되어 가고 있는 것이다.

화가 난다

오늘의 인도인은 50도를 넘나드는 델리 더위만큼이나 화가 나 있다. 세계 경제 타격으로 인도인은 힘들다. 채소값이 30%나 올랐고, 그나마 적게 오른 물가가 10% 이상이다. 같은 월급으로 생활을 유지하려니 배를 곯을 지경이다. 게다가 세계 경제 위기를 이유로 회사들은 수시로 감원을 한다.

2012년 7월 20일자 신문에 마루티 스스키 자동차 인사 부장이 노동자들에게 피살된 사건이 보도되었다. 해고된 노동자들이 분노하여 관리직원 90여 명에게 폭행을 가하고 인사부장을 살해한 사건이다. 이 일은 어디에서나 일어날 수 있는 일이긴 해도 인도인의 기본 정서는 아니다. 업무에 대한 압력이 커지고, 일의 강도도 세지고 하루의 삶이 피곤해졌다. 쫓기게 되었다. 하루하루 사는 것이 버거워졌다. 이유 없이 항상 화가 난다. 전에는 2루피로 바나나도 사먹고, 감자도 사먹고 아는 이를 만나면 길에서 1시간씩 이야기하며 속 편히 지냈다. 이제는 많은 일을 처리하며 살아가느라 가족 간의 대화도 줄고 피곤해졌다. 그리고 수많은 압력을 받고 집으로 돌아오니 화풀이 할 대상은 없고 화가 난다.

요즈음 인도도 음주자가 늘고 있다. 특히 밤에 술에 취해 싸우는 일이 자주 일어나고 있다. 델리의 주차공간 문제도 10년 전만 해도 그런대로 견딜 만했다. 그런데 요즈음은 도시 구석구석마다 주차 때문에 다툼이 일어나고 있다. 저녁 늦게 술 취해서 집에 돌아왔는데 자신의 주차공간을 빼앗기고 말았다. 그래서 싸움이 시작된다. 이래저래 즐거운 일은 줄어들고 크든 작든 화가 나는 일만 늘고 있다.

부정부패는 인도 사회 전반적으로 피해를 주는 인도인들을 화나게 하는 고질적 문제다. 2010년 국제투명성기구의 보고서에 따르면,

인도의 투명성 지수는 178개국 중 87위를 차지했다. 지난 해 인도에서 열린 영연방대회의 조직 위원장이었던 슈레시 칼린디가 지난 4월 한 스위스회사로부터 엄청나게 비싼 가격으로 경기시간, 점수, 경기결과 시스템을 구매한 혐의로 체포됐다. 한편 인도의 전 통신부 장관 라자와 여러 공무원, 기업 관계자들이 2008년 휴대폰 통신주파수를 저렴한 가격으로 할당한 수십억 규모의 뇌물사건에 연루되어 재판을 받게 됐다. 시민운동가 안나 하자레의 부패척결을 위한 반부패운동과 그의 단식투쟁은 전 인도의 호응을 얻게 되었다.

2009년 8월에는 델리에서 약 2만 명이 모여 반부패 주장하에 단식투쟁을 하였고 결국 집권여당으로부터 부패방지 시민보호법인 록팔 법안 입법 동의를 받아내기도 했다. 그러나 1년이 지난 지금 그가 다시 단식투쟁을 한다. 초기 시민단체의 파괴력을 약화시킨 정치권이 유야무야로 가자 분노하는 시민들이 다시 들고 일어난 것이다. 이래저래 인도 구석구석에서 발생하고 있는 부패 문제로 인도국민이 분노하고 있다.

—
경쟁하자,
수직적인 카스트 제도에서 수평적인 산업사회로의 이행
—

이러한 현상적인 변화 이면에 인도인이 요즈음 무관용으로 변해가는 근본적인 사회적 이유는 카스트 제도에서 계약관계로 이행하는데서 오는 경쟁과 혼란이다. 인도의 전통사회는 카스트 사회였다. 카스트로 인한 내부적 질서가 유지되어 있었다. 길을 갈 때도 브라만이 먼저 그 다음에 크샤트리야가 지나갔다. 그리고 바이샤, 마지막으로 수드라가 갔다. 과거에는 교통과 통신이 발달하지 않아서 이렇게 순차적으로 가도 내부적인 질서로 여겨졌다. 오히려 삶의 여유가 있었다. 앞에 가는 상층 카스트 사람들은 뒤에 오는 사람들을 위해서 약간의 부스러기를 남겨두고 간다. 그래서 브라만에게 길을 내주고 천천히 뒤따라가도 내가 먹을 몫은 남아 있었다. 델리에서 사는 주인 마담들은 음식을 하고 남은 식용유나 남은 음식을 일하는 사람들을 위해 너그럽게 베푼다. 그들은 작은 사회의 지도자이기 때문이다. 전문 용어로는 자즈마니 제도라는 범주에 들어가는 행태다. 그런데 이제는 상층 계급이든지, 하층 계급이든지 천천히 가다가는 뒤따라오는 정체불명의 사람들이 앞질러가서 내 몫을 다 먹어치운다. 그래서 나도 남을 밀치고 뛰어가야 살아남을 수 있게 되었다.

이제는 카스트가 필요 없다. 브라만, 반야에게는 물론, 수드라에게도 경영학, 법학, 의학, 공학 공부가 가능해졌다. 오히려 수드라는 더 쉽게 고등교육을 받고 더 유리한 자리를 차지한다. 이처럼 카스트에 상관없이 출세를 할 수 있고 돈 벌기에 유용한 교육을 먼저 잘 받으면 된다. 옆 사람이 어떤 카스트인가 눈치를 볼 필요가 없고, 내 뒤에 브라만이 온다는 이유로 길을 비켜줄 필요가 없어졌다. 마치 카스트만 바라보며 일렬종대로 걸어가던 이들이 갑자기 일렬횡대로 대형을 바꾸어 100m 달리기를 위해 신발도 제대로 못 챙겨 신고 서로 앞서기 위해 각축한다고나 할까. 그 출발선에서 반 보라도 먼저 앞서고자 서로를 밀치고 있는 형국이다. 도로에서 빨간 불이 켜지면 인도의 운전자들은 다른 차 뒤에 서있지 않고 중앙선을 넘어서라도 가장 앞 줄에 와서 차를 대기시켜야 안심을 한다. 마주 오는 상대의 차를 가로막더라도, 새치기를 해서라도 앞에 나가서 정차하려고 한다. 이것이 오늘날 인도인의 자화상이다.

'다르마'에서 '아르타'로

사회를 유지하는 기조가 이렇게 바뀌는 철학의 변화를 '다르마에서 아르타로'라고 표현할 수 있을 것 같다. 다르마(dharma)는 무엇인가? 산스크리트어의 어원을 따르면 '유지하는 것', '지지하는 것'이다. 세상을 유지하는 것, 지지해 주는 것이다. 힌두들은 인간의 도덕과 윤리의 기초, 우주의 법칙, 그리고 모든 종교의 원칙이 이 우주를 유지해 준다고 믿었다.

인도인은 근본적으로 각 카스트에 따라 개인이 신에게서 부여받은 마땅히 해야 할 바를 해나가는 다르마의 종교 국민이다. 다르마는 오랜 세월 속에 쌓여 온 종교 윤리요 사회 규범으로서 인도 사회의 정신적 지주 노릇을 해왔다. 마치 조선 시대에 유교 윤리와 철학이 사회의 정신적 지주노릇을 한 것과 흡사하다. 그래서 인도에서는 통치 권력의 차이와 변화는 일어나도 종교적으로 윤리적으로 카스트는 변함이 없었다. 사회적 구조의 변화가 별로 없이 이 뼈대가 유지되는 동안에는 카스트 간에 서로 싸울 일도 없었다. 그런데 이제는 그 기준이었던 카스트가 서구 자본주의를 통해 아르타로 바뀌었다. 아르타는 무엇인가? 아르타는 산스크리트어에서 유래된 어휘로서 부(富)를 의미한다. 한마디로 돈이다. 그런데 이 돈은 힌두의 인생 목적으로 추구하던 부(富)가 아니고 서구 자본주의가 들어온 이후에 생존의 수단이 된 부(富)다. 전처럼 먹고살기 위한 부(富)가 아니라 목적이 수단으로 변질된 부다. 철학이 없는 부라서 남을 해치고 죽일 수도 있다.

언제부터 이런 부(富)의 변질이 시작되었는가? 1991년은 인도가 시장 개방을 선언한 해다. '브릭스'나 '친디아'를 만들게 된 근거가 된 원년이다. 이런 경제적 개방과 더불어서 힌두교 윤리사회의 중요한 골격이 바뀐 해라고 할 수 있다. 다시 말해 돈 버는 일을 위해서는 종교 윤리와 질서를 내던져 버리기 시작했다는 것이다. 엄연한 경쟁체제로 사회의 틀이 전환되었다. 이 경쟁 속에서는 브라만도 없고, 크샤트리야도, 바이샤, 수드라도 없어지고 있다. '만인의 만인에 대한 무한경쟁'의 틀로 들어선 것이다.

라마 만세! 힌두교적 관용의 포기

관용에서 무관용으로 넘어가는 계기를 가져온 역사적 사건은 1992년 아요디아의 모스크를 힌두들이 공격하여 파괴한 사건이다. 인도 내에서 하도 요란하고 사회를 불안하게 한 사건이라서 필자에게는 기억이 생생하다. 그 해 12월 아요디아에 있던 회교사원 바브리 마스지드를 약 20만 명의 힌두교도들이 공격하여 파괴했다. 힌두의 공격 속에서 2,000명 이상의 생명이 희생되었다. 게다가 이런 힌두의 무슬림에 대한 공격으로 인하여 델리, 뭄바이 등지에까지 힌두교도와 무슬림 교도의 충돌이 파급되었다. 이 사건의 표면적인 이유는 힌두의 가장 대표적인 신인 람의 출생지 힌두 사원을 부수고 1527년 무굴제국의 바브르 황제의 명으로 그 자리에 모스크가 건축되었다는 것이다. 하지만 실상은 정치적 동기로 시작되었다. 이로 인해 관용의 종교 힌두교의 위신은 추락할 대로 추락했으며 그 철학적, 종교적, 사회적 한계를 가시적으로 보여준 셈이 되었다.

늦으면 안 된다!
산업화에 훈련되는 시간개념

인도인들은 늦는 데에는 그럴만한 충분한 이유가 있다고 보고 이런 사정을 용납하고 허용한다. 늦는 이유에 담긴 인간관계가 시간을 엄수하는 것보다 더 중요하다고 보기 때문이다. 이런 면에서 인도인은 상당히 인간미가 있으면서도 이성적인 사람들이다. 그래서 어떤 회의든지 간에 늦게 나타나는 참석자가 꼭 있다. 늦게 나타나도 당당하게 그 이유를 말하면서 자기자리에 앉으면 된다. 1975년에서 1977년까지 인디라 간디 총리가 긴급조치를 발령하여 늦게 출근하는 공무원들을 징계하였다.

그러나 이 시간에 관한 조치는 그녀를 실각시키는 중요한 이유 중의 하나가 되었다. 국민들을 빨리 움직이게 하려는 시간의 강제는 그 당시만 해도 인도 국민이 받아들이기에는 문화적인 차이가 너무 컸다.

그러한 인도인의 시간관념이 달라지고 있다. 제 시간에 목표를 성취하도록 교육된 한국인으로선 시간을 어기는 것이 용납되지 않는다. 그래서 한국인과 더불어 일하는 인도인들은 한국인의 시간 관념에 영향을 받아서인지 시간에 민감한 편이다. 필자가 근무하는 델리대학교 동아시아학과는 매년 7월 신입생 오리엔테이션 때 1명 이상의 교수가 꼭 언급하는 지침은 '시간에 늦지 말라, 왜냐하면 동아시아의 한국, 일본은 시간을 절대적으로 지키는 나라들로서 우리가 학문뿐만 아니라 이러한 문화를 익혀야 하기 때문이다'라고 한다. 한국기업은 인도기업에 비해서 시간엄수에 예민하다. 한국이나 일본의 영향으로 이렇게 배운 인도인은 군인 같은 자세로 바뀐다. 산업화의 영향이 인도회사에도 영향을 주고, 사회 전반에 영향을 미치고 있다.

인도인의 건설 공사에서 가장 결과가 좋고 공기를 잘 맞춘 좋은 예는 인도 델리 지하철 1호선일 것이다. 일본의 차관을 들여다가 건설한 이 공사는 한국의 삼성건설이 주력이었다. 하루가 늦어지면 그에 대한 벌금이 인도인이 상상하기 힘든 엄청난 금액에 달했다. 그러다 보니 밤을 새고 일하고, 버스가 공사장을 통과할 때도 제대로 통제를 하면서 촌각을 다투며 공사를 해 냈다. 한국인의 공기를 엄수, 단축하는 정신이 반영되었다. 이러한 한국을 비롯한 산업 자본 국가의 공정 과정은 인도인들의 시간에 대한 태도를 현실적으로 바꿔놓고 있다.

Zeor Tolerance!
무관용과 서구적인 경쟁력

인도에서 근무했다가 수년 지나서 델리를 방문하는 한국인은 한결같이 인디라 간디 국제 공항의 변모에 입을 다물지 못한다. 2010년의 영연방 경기를 위해서 2년 내에 그런 엄청난 현대 시설로 바꾸고, 운영도 상당히 속도감 있게 바뀌었다는 사실을 믿기 어려워한다. 인도가 소비자를 중심으로 하는 부문에서 이처럼 짧은 기간에 변화를 가져올 수 있다는 사실을 인정하기 쉽지 않다. 하지만 실제로 인도 내에서도 빨리해야 하는 분위기로 급속히 움직이고 있다. 그 중 대표적인 증거가 정보권이다. 2005년의 정보권이 입법화되었다. 정보권은 국민이 인도의 중앙 정부 또는 주 정부에 알고자 하는 정보를 요구하는 권리다. 국민이 요구하면 정부는 그 내용을 웹사이트에 즉시 공지해야만 한다. 델리대도 수시로 학생들의 정보권 이용으로 입시, 학기 성적 결과 등등의 근거를 법원 명령에 따라서 수시로 공지한다. 절반은 거의 무고에 가까운 경우지만, 그럴지라도 국민 권익 면에서 엄청난 변화다. 이처럼 인도도 정부의 행정처리가 늦어지는 것을 용납하지 않는 분위기로 간다. 여권을 신청하면 전에는 기본이 6개월 걸렸다. 그리고도 담당 공무원들에게 제대로 물어보지도 왜 아직도 여권이 안 만들어지는가에 대한 답변을 변변히 들어보지도 못했다. 한국에 장단기 유학생을 선발해 놓으면 여권이 안 나와서 결국 한국 방문을 취소해야 하는 경우가 발생한다. 운전면허증 취득은 최소한 두 달 걸리는 '큰 일'이었다. 그런데 이번에 선발된 여학생 슈레야는 여권을 2주 만에 받았다고 좋아했다. 운전면허증은 이틀 안에, 필자는 운전면허증 연장을 두 시간만에 받았다. 인도도 이처럼 빨리 할 수 있다. 빨라진 것이 많고, 더 많은 부분이 더 빨라질 것이다.

경제적으로 발전하고 글로벌 시대에 맞는 인도인의 자세가 필요할 것이다. 한국인도 그러한 인도인이 같이 생활하고 사업하기에 더 편리할 것이다. 하지만 무관용으로 바뀌는 인도인의 태도로 인해서 세계적인 인간관계 중심의 유일한 보루를 잃는 느낌이 드는 것도 사실이다. 내면의 가치를 잃어가는 도시사회가 확장되고 있다. 흐르는 방향을 틀기는 어려우니 빨라지는 사회분위기에 떠밀려 인간의 정까지 씻겨 내지는 않기를 바랄 뿐이다.

3. 영어교육에 몰입하는 인도인

인도인과 영어 교육

인도에서의 영어의 위치는 모국어도 아니고 외국어도 아니다. 소위 제2언어, 즉, secondary language라고 부른다.[2] 영어를 사용하는 인구 비율은 1971년의 조사에 의하면 3.9%, 현재는 12% 정도이다.[3] 수치상으로는 소수인 것 같아도 실제 한국 총 인구수의 2배에 달하는 규모이다. 하지만, 9억 이상의 인구는 영어를 모른다. 영어를 쓰는 인도인들도 그 중 상당수가 우리가 배운 영어와는 비할 수 없이 부정확하게 영어를 사용하는 경우도 많다. 길에서, 상점에서, 친구에게서, 주인마님에게서 배운 것이다. 그런데 최근 들어서 IT산업과 BPO(Business Process Outsourcing)로 인해 영어 인구가 급격히 늘어나고 있다. 이처럼 인도에서 영어인구가 급격히 늘어나고 있다는 것은 무엇을 말하는가?

인도인들이 영국의 식민 통치 환경으로 인해 저절로 영어를 잘

---

2) R.K. Agnihotri, Problimatizing English in India, p.116.
3) ibid, p.116.

하게 된 것이 아니라 변화하는 현실에서 필요에 의해 배우고 있다는 뜻이다. 인도인의 영어는 어떤 영어인가? 어떻게 배우는가? 왜 배우는가?

의사소통을 위한 영어

영한사전을 보면 영어는 미국영어, 영국영어, 호주영어 그리고 인도영어로 구분한다. 이것은 세계적으로 인정되는 영문학계의 구분이다. 인도영어는 I-G 잉글리쉬(Indian General English)라고 한다. 한국영어를 콩글리쉬라고 말하듯 인도 영어를 힌디와 영어의 합성어인 힝글리쉬라고 하는 것이다. 힝글리쉬는 무엇인가? 이는 미국식 영어가 아니다. 기본적으로 영국식 영어이지만 문장을 구성할 때 영어식 표현보다 힌디식 표현을 따를 때가 있다. 힌디의 영향을 받아서 발음이나 문장이 조금씩 다르다.

예를 들면, She is beautiful, isn't she?라고 할 것을 She is beautiful, isn't it?이라고 쓴다. 힌디에서 she나, he가 구분 없이 쓰이기 때문이다. You have visited him, haven't you?라고 써야 할 것을 You have visited him, no?라고 한다. 힌디어의 마지막 부정확인을 그대로 받아쓴 경우다. You came there?라고 표현하여 긍정문과 의문문을 구분하지 않는 경우도 흔하다. 게다가 발음상으로는 자음에 힌디 특유의 경음(硬音)이 들어있다. 그래서 모든 격음(激音)이 거의 경음(硬音)으로 발음된다. T는 트가 아니라 뜨로, P는 프가 아니라 쁘로, K는 크가 아니라 끄로 발음한다. 자음의 발음은 힌디의 영향을 받아서 된소리가 많이 난다.

예를 들면 힌디 발음상으로 Taj Mahal은 타지마할이 아니라 따지마할, Punjab도 펀자압이 아니라 뻔자압이다. 인도식으로는 힌디 발음을 근거로 하므로 옳은 발음이다. 그러나 다른 파열음(破裂音) 또는 파찰음(破擦音)들을 이렇게 경음화(硬音化)할 때는 부담스럽게 들린다, table을 테이블 대신에 떼이블, two를 투라고 하지 않고 뚜, pull도 풀 대신에 뿔이라고 발음한다.

그러나 이러한 발음이나 문장이 다른 미국인이나 영국인과 의사소통(意思疏通)할 때 전혀 문제가 되지 않는다. 왜 그럴까? 그건 발음의 문제가 아니라 언어를 사용하고자 하는 자세에 있다. 비음(鼻音)을 많이 사용하는 미국인과는 다른 영어를 할지라도 인도인들은 영어로 말하고자 하고, 자신 있게 사용한다. 인도인은 우리와 달리 유창한 발음보다는 의사소통을 중시한다. 만일, 인도인이 영화 My Fairly Lady의 Audrey Hepburn과 같이 혀를 굴려 발음을 할 수 있다면 얼마나 좋겠는가. 인도인을 상대해야 하는 우리도 좋겠다. 그러나 인도인들은 자신들의 특이한 액센트나 어순이 미국인이나 영국인들과 의사소통을 할 때 장애요소가 되지 않는다는 것을 잘 안다. 그래서 자신 있게 발언하는 것이다. 발음이 부드럽다고 영어를 잘 한다고 생각하면 그건 어리석은 판단이다. 부드러운 서울말을 쓴다고 해서 어휘나 표현, 어법에 전혀 문제가 없다고 생각하는 것과 같다. 영국인이나 미국인의 영어가 인도인의 영어보다 우수한 것은 아니다. 이는 문어(文語)를 보면 잘 알 수 있다. 인도 영자 신문을 보면 어떤 신문은 영어가 쉽게 씌어져 잘 읽히는데 어떤 신문에서는 어려운 단어, 심지어는 영국 사람도 어려워하는 좋은 단어나 표현을 쓰는 신문들도 있다.

예를 들면 The Times of India나 The Hindustan Times는 쉬운 영어로 쓰여 있다. 이에 비해 The Hindu나 격 주간(隔週間) 시사지

인 Frontline 등은 깊이 있는 영어로 씌어져 있다. 이러한 신문이나 잡지는 고급 영어와 높은 수준의 내용을 자랑으로 삼고 있다. 독자에 따라 이렇게 다른 영어를 구사한다. 이렇게 볼 때 한국의 영어도 우선은 철저히 의사소통 중심의 영어로 바뀌어야 한다. Konglish라도 자신 있게 말하도록 가르치기 시작해야만 한국인이 자신감을 가지고 국제적으로 영향력을 더 넓게 확보할 것이다.

영어에 따른 학교 구분

인도인은 왜 영어를 배우는가? 현실적인 이유도 있지만, 사회적인 이유는 영어를 잘 하면 문화인의 대우를 받기 때문이다. 인도 동북부 아셈 주 출신의 한 인도 기업인은 인도의 고위 관리보다 영어를 잘하는 대학생이 더 인정을 받는다고 한탄한 적이 있다. 영어를 잘해야 사람 대접을 받는다는 뜻이다.

인도 사회에서 영어를 잘한다는 것은 교육을 잘 받은 집안 출신이라는 뜻이다. 생활도 유복한 경우가 대부분이다. 출신 학교를 물으면 자신 있게 나는 어느 어느 고등학교를 졸업했다고 한다. 그 말은 나의 교육 배경이 제대로 되었다는 뜻이다.

영어의 교육 수준을 따라서 초중고 교육 기관을 구분할 수 있다. 인도의 초중고교를 크게 셋으로 구분하여 보면, 카톨릭 계통의 학교, 사립학교인 Public School 그리고, 인도 서민 및 빈곤층이 다니는 공립학교인 Government School로 구분한다. 인도는 기독교 중구교가 주류(主流)를 이루고 있다. 이 구교가 운영하는 카톨릭 미션 스쿨을 Convent School이라고 부른다. Convent는 수녀원이니까 수녀원 부속 초중고쯤이라고 생각하면 된다. 두 번째로는 사립학교인 Public School이다. 이 Public이라는 말은 영국식 명칭으로서의 공립학교가 아니고 상대적으로 부유한 집 자녀들이 다니는 사립학교를 말한다. 수녀원 부속학교들과 사립학교 사이에는 교육 내용이나 학생들의 실력 차이가 있는 것이 아니고 학교의 설립 목적과 재단이 다를 뿐이다. 마지막으로 공립학교인 government school은 정부 재원으로 운영되는 학교로서 상대적으로 시설과 수준이 열등하다.

카톨릭 부속 초중고(convent school)

인도 내에는 1,000개 이상의 카톨릭 교단에서 운영하는 부속 초중고가 있다. 이들 학교는 아주 예외적인 경우가 있기는 하지만 수업을 거의 모두 영어로 한다. 학교에서 영어를 쓰지 않고 힌디나 다른 지방어를 사용하면 징계를 받게 된다. 다른 언어를 쓸 때마다 학생들은 1루피나 2루피의 벌금을 학교에 내게 된다. 학교 안에는 "Use English only"라는 표어가 여기 저기 붙어 있다. 이런 학교에서는 아직도 영국의 선교사, 특히 아일랜드 수녀, 또는 잉글랜드 수녀들이 가르치는 데가 많다. 최소한 그러한 서양인 수녀 교사들의 인적 교류가 잦다. 자연히 이러한 학교에서 공부한 학생들은 발음으로나 표현으로나 좀 더 영국어에 가까운 영어를 구사하게 되고 어휘 능력도 뛰어나다. 이러한 계통에 속하는 유명한 학교로는 St. Xaviar, Nazaret Academy, Don Bosco, St. Columbus, St. Mary, St. John's, Carmel Convent School 등 무수히 많다. 이러한 학교들은 소위 Minority Acts라고 하여서 소수 종교 교육기관 설치령을 따라서 설립되었다. 힌두를 제외한 소수 종교를 후대에 유지 교육시키도록 허용한 것이다.

회교의 마드라사, 시크교 계통의 학교 등도 이에 따라 설치된 것이다. 학생들은 당연히 가톨릭교도들이어야 한다. 하지만 현실은 다르다. 가톨릭 인구가 전 인구의 2%밖에 안 되는 상황에서 어떻게 학생들을 확보할 수 있겠는가. 선교 측면에서도 힌두를 대상으로 하는 것이 낫고 운영 측면에서도 힌두들이 다수이면서 부유한데 반해 가톨릭들은 소수이고 가난한 상황이니 힌두 학생들을 확보하는 것이다. 자연히 힌두들을 대상으로 재원을 확보하게 된다. 그래서 재학 중인 힌두와 가톨릭 학생 비율을 보면 잘해보아야 9:1이다. 학부모 편에서도 종교에 상관없이 자녀들을 영국인들이 교육시키는 이러한 카톨릭 학교에 보내고 싶어 한다. 이 학교의 가장 큰 매력은 영어다. 영어를 확실히 배울 수 있는 데다가 이로 인해 자녀의 장래가 보장되기 때문이다. 힌두 상층 계급들은 몇 가지 이유로 기독교인들을 근본적으로 무시한다. 하지만 이러한 힌두 부모들도 자신의 자녀들은 카톨릭 부속 초중고에 보내고 싶어 한다. 기부금이 수백에서 수천만 원에 이르는데도 이를 내고서라도 자녀들은 이런 학교로 보낸다. 영어를 잘 배울 수 있기 때문이다. 대개 이러한 집안들은 집에서도 영어를 쓰도록 교육한다. 그래서 이 출신의 인도 학생들은 힌디어로 말해 보면 저는 힌디어가 모국어가 아니라서 잘 못해요 하고 말하는 경우가 있다. 인도 사람이 힌디어를 못하는 것은 영어를 못하는 것보다도 더 이상하지 않은가? 그건 영어가 그만큼 중요하다는 반증이다.

사립학교(Public School)

　　인도 독립 이후 카톨릭 부속 초중고를 대체하기 시작한 것이 사립학교인 Public School들이다. 카톨릭 부속 초중고들은 가톨릭 교단의 교육 목적과 선교 목적을 가지고 있다. 이에 대한 거부감 때문에 인도의 힌두 상류층들은 다른 선택을 했다. 게다가, 운영자들 편에서는 교육사업이 수익성이 높은 분야다. 이런 종교적 이유와 사업적 이유가 배경이 되어 설립하게 된 학교를 퍼블릭 스쿨이라고 부른다. 간간히 한국인들 중에는 영어 명칭 때문에 공립학교로 착각하는 사람들이 있지만 인도에서 Public School이라고 하면 사립학교다. 이런 사립학교들은 카톨릭 부속 초중고의 뛰어난 질적 교육을 모델로 하기 때문에 공부를 경쟁적으로 많이 시킨다. 시설 투자도 더 많이 한다.

　　한 번은 한국에서 최신 시설을 가지고 있는 외국어고 교장 선생님들이 Delhi Public School, R.K. Puram을 방문하고는 눈이 휘둥그레졌다. 70대 이상의 학교 버스를 보유하고 있는 규모도 그렇지만, robotics 실습시설까지 되어 있어서다. 이 학교는 전국에 120개교의 chain, 즉 DPS라는 이름의 학교를 가지고 있는 중의 하나일 뿐이다. 두바이와 싱가포르에도 그 동일 재단의 국제 학교가 있다. 이런 사립학교 출신들은 각종 시험과 해외 유학 등에서 두각을 나타낸다. 이런 학교들은 일찍부터 해외에 눈을 돌려서 학생들을 졸업 후 델리대학교가 아닌 소위 미국 아이비리그나 영국의 옥스퍼드, 케임브리지 등에서 두각을 나타낸다.

　　대표적인 학교들의 이름을 들자면, Delhi Public School, Modern School, Springdales School, Bal Bharati School, Army Public School, Vasant Valley, Sanskrit School, Doon School, Mayo

College 등 학교 이름을 일일이 나열하기 힘들다. 이 학교들은 적은 시간의 교육으로도 꽤 효과를 많이 내는 편이다. 인도 사립학교에 다니던 필자 딸들은 아침에는 일찍 가지만, 오후 1시 20분이면 끝나서 돌아온다. 한국의 치열한 경쟁에 비해 이런 태평천국이 어디 있는가 싶다. 그래도 국제 경쟁력은 있다. 하여간, 이런 사립학교들의 기본 교육 언어는 영어다. 그리고 힌디어를 국어로 배우고, 제2외국어로 불어나 독일어를 배운다. 인구가 많다 보니 이 학교들도 입학이 보통 어려운 것이 아니다.

필자는 인도 교육기관에서 강의한다고 해서 넉넉지 않은 살림을 인정받아 기부금을 내지 않고 딸들을 입학시켰다. 그런데, 정작 인도인들은 수백에서 수천만 원까지 기부금을 내야 입학이 되는 경우가 많다. 인도의 유력 인사들은 자녀들을 대부분 이런 학교에 보낸다. 인도 전 중앙 선거 관리위원회 부위원장의 딸은 큰딸의 절친한 친구로서, 그 아버지는 한국에 대해 좋은 인상을 갖고 있다. 요즘, 여당인 국민의회당의 실권자 중에 하나인 Salman Khursid의 아들은 둘째딸의 클래스 메이트로서 딸이 한국으로 돌아간다고 환송파티를 열어 주었다.

인도에서 조금만 살아도 잘 알게 되는 비하르 주의 상징적 정치인이 Lalu Prasad Yadav다. 주 수상을 십수 년을 하다가, 부패혐의로 기소되자 주 수상 자리를 자기 부인에게 인계했던 사람으로 철도부 장관을 지냈고 지난번 부패로 인해서 선거에 대패를 하고 현재는 때를 기다리고 있는 중이다.

그 아들, 딸이 막내 딸의 classmate였다.

공립학교

사립학교와는 최소 학비가 50배까지 차이가 난다. 정부에서 온 국민을 교육시키려는 정책적인 목적으로 확산시키는 학교다. 교육비가 한 달에 50루피를 전후할 정도로 무료교육에 가깝다. 공립학교 학생들에게 교복과 학용품 값을 지불해 주고 있다. 또 10학년, 12학년 순응 시험에 합격을 하면 장학금을 주고 또 지방에서는 여학생들에게는 학교에 갈 수 있도록 자전거를 제공해 준다. 문제는 수준이 열등하다는 것이다. 정부 산하 공립 초중고로 설립되거나, 네루대나 델리대 등 사회주의적, 또는 사회 복지적 성격을 갖고 설립된 기관의 부속 초중고들이 대부분이다. 대학 부속 초중고라고 한국의 부속초중고를 생각하면 안 된다. 영어 교육도 힌디어로 하는 경우가 대부분이다. 이 학교 출신들은 영어와 힌디어를 혼합하여 사용한다. 영어를 해도 broken English가 많고 앞에서 말한 힌디 영향의 경음을 사용하는 영어를 한다.

앞서 말한 두 계통의 학교 학생들과 공립학교 학생들은 서로 교류를 하지 않는다. 상류층 자녀와 하류층 자녀가 섞이기 힘든 여러 가지 조건들 때문이다. 우수한 학생들이 이 공립학교에서 나오기도 하지만, 그 비율은 미미하다.

초, 중, 고등학교에서도 영어 교사가 다른 과목 교사들과 비교할 때 교육 수준이 높다. 그래서 영어 교사들이 학교 안에서 교장이나 교감, 또는 학년 주임, 학과장 등의 보직을 맡아서 하는 경우가 많다. 대외 협력을 위해서도 영어를 잘하는 사람이 고위직에 앉아 있는 것이 상위 등급으로 인정될 가능성이 많다. 그래서 인도에서는 인력 확보를 할 때 어느 대학을 나왔느냐보다는 어떤 고등학교를 나왔느냐를 우선적으로 확인하는 경향이 있다. 사용하는 영어를 확인하는 것도 좋은 방법이다. 앞서 말한 학교 출신 모두 대학에 진학할수는 있지만 초중고의 경우 가정교육과 재력의 정도에 따라 주로 상류출신들이 카톨릭부속학교나 사립학교를 다닌다.

영어 학원

인도 학생들은 영어를 못하면 아무리 다른 과목을 잘해도 불이익이 크다. 만일 영어는 잘하지 못하는데 수학이나 과학 등에 뛰어나다면, 어떨까? 이들은 고등학교까지 힌디 등 각 지방어로 수업을 받다가 대학에 와서 영어로 수업을 받아야 하기 때문에 학과 과정을 따라 가기가 쉽지 않다.

대학 전문 교육은 영어로 진행하는 경우가 많기 때문이다. 이런 학생들이 선택할 수 있는 최선책은 영어 학원에 다니는 것이다. 외국인의 눈에는 잘 띄지 않지만, 사실은 시골에도 영어 학원이 있다. 영어 학원이 인도 방방곡곡에 즐비하다. 영어 학원에서는 대개 세 종류의 영어반이 있다.

첫 단계는 영어를 전혀 모르는 학생들을 위한 반이다. 여기서는 2개월, 4개월, 6개월 코스로 기초 spoken English를 가르친다. 대도시에 평균 2,000개 정도가 있다. 중국에서도 이러한 영어 학원을 본떠서 2,000개 정도의 영어 학원을 시범적으로 만들었다. 그 다음 단계로 spoken well English가 있다. 회사에 취직하거나 인터뷰를 준비하는 학생들이 가는 코스이다. 가장 상위 단계로는 British나 American 영어의 단계가 있다. 이 단계는 영국이나 미국영어

의 발음을 가르치는 곳이다. 이러한 영어를 R.P. English(Received Southern Pronunciation) B.B.C English, Queen's English(버킹검 궁전에서 쓰는 영어)라고 부른다.

영어 학원 중 영국 문화원(British Council)은 인도에 있는 한국인들에게 가장 많이 알려져 있다. 이는 영국 문화원에서 1935년부터 운영하여 인도에서 영국 영어를 가르치는 대표적인 어학원이다. 그외 Oxford, Cambridge, Oxcam, Camford, Oxbridge 등 재미있는 이름의 학원들이 아주 많이 있다. 시골 출신의 학생들은 대학에서 제대로 교육을 받으려면 이런 학원에서 영어를 공부해야 한다. 그리고 대학교육을 받게 되면 영어는 의사소통에는 문제가 없는 정도의 경쟁력을 갖추게 된다.

상황이 이러하기 때문에 영어와 출신학교의 수준은 비례한다.

예를 들어 Would you mind parking the other side?라고 말하는 경우, Will you park that side?라고 하는 경우, Park there!라고 하는 경우를 나눠보자. 처음과 같이 표현했을 경우는 교육을 아주 잘 받은 무시 못 할 상대라는 것을 나타낸다. 세 번째는 형편없는 친구라고 폄하하게 된다. 거기에다가 Park을 빠르끄라고 발음한다면, 가정 배경을 짐작해볼 수 있다. 영어가 이렇게 계급 판단 기준이 된 이면에는 역사적인 이유와 현실적인 이유가 있다.

인도에서 영어 교육은 1600년 캘커타에 동인도 회사를 설립하면서부터 시작된다. 당시 인도에서는 프랑스가 영국보다 강력한 외세였다. 그러나 프랑스는 혁명의 소용돌이에 말려 식민지 경영에 신경을 쓰지 못했다. 이 틈을 타서 영국이 프랑스를 격파했고 영어가 세력을 얻기 시작했다. 영어는 식민 정부의 언어 정책을 배경으로 19세기 중엽 왕실 공식 언어였던 무굴제국의 페르시아어 대신 영어로 대체되었다. 자연히 영어는 높은 계급의 사람들이 쓰는 언어로, 다른 인도 언어는 낮고 천한 사람들이 쓰는 언어로 자리 잡아가면서 영어는 계급사회를 더욱 조장하는 도구가 되었다.

언어 정책은 이와 같이 의사소통 수단의 보급으로 끝나는 것이 아니다. 특히, 일본 식민 통치의 대가로 반세기가 훨씬 지난 지금까지 한국이 그 아픔을 뼈저리게 느끼는 것처럼 지배자의 언어가 통용되도록 강요될 때는 민족의 정신, 문화에 큰 영향을 끼쳐 국자의 미래가 달라지는 등 엄청난 여파를 초래하게 된다. 언어는 통치자의 이념 전달의 수단으로서도 중요하다. 영국인들은 이 부분을 주목했고 인도는 이처럼 큰 변화를 겪게 된 것이다.

1844년 벵골 지역의 총독으로 있던 하딩(Hardinge)은 영어를 할 수 있는 인도인들을 관리로 임용할 것을 결정함으로 인도인들이 자발적으로 영어를 배우도록 부추겼다.[4] 이로서 영어는 인도인에게는 권력에 가까이 할 수 있는 수단이 되었다. 자연히 많은 인도 지식인들이 영어를 배우기 시작했다.

인도의 잘 알려진 지도자 람 모한 로이(Ram Mohan Roy), 틸락(Tilak), 간디(Gandhi), 네루(Nehru) 등도 모두 영어를 잘 배운 사람들이다. 세대는 다르지만 현 수상 만모한 싱(Manmohan Singh)도 영국 옥스포드에서 교육을 받은 사람이다. 하다못해 힌두 사상을 유지 옹호하는 종교 사상가들도 영어로 자신들의 사상을 설파하였다. 델리대학교 문과 대학원 중앙에 동상으로 서있는 비베카 난다(Vierkananda)가 그 대표적 인물로서 19세기 말 시카고에서 열린 세계 종교가 대회에서 유창한 영어로 베단타의 지혜를 설파하여 세계의 종교가들을 제압한 것으로 유명하다. 많은 문학가들도 인도 문학을 영어로 표현하였다. 식민 지배 시절 라빈드라나트 타고르(Ravindranath Tagore)도 영어를 잘 하는 지식인이었다. 나라얀(R.K. Narayan), 라자 라오(Raja Rao) 등은 해외에도 크게 알려진 소설가로서 영어로 명작들을 남겼다.

나라얀(R.K. Narayan)은 개인적으로도 인상적인 원로다. 박사과정 중에 있을 때 그 분에게 편지를 보냈더니, 90세에 가까운 연세에 친필로 답신을 써 보내셨다. 손 떨림이 역력히 남아 있는 그 분의 글을 통해 후학에게 직접 말하듯이 글을 쓰는 원로의 인생에 대한 진지한 자세를 배울 기회가 되었다. 그 분은 가셨지만, 그 분이 보낸 편지는 소중히 보관하고 있다. 최근에 잘 알려진 살만 루시디(Salman Rushidie), 비크람 세트(Vikram Seth), 아루난다티 로이

4) R.K. Agnihotri, Problematizing English in India, p.23.

(Arunandati Roy) 등도 모두 영어로 작품을 쓰는 작가들이다.

대영제국은 영어를 인도 내에서 교육 제도적으로 조직화하여 보편화시켰다. 현재 필자가 근무하는 델리대학교는 82개의 대학으로 구성되어 있다. 그 중에 어떤 college들은 대영제국 시대, 특히 나폴레옹 시대 직후부터 시작된 college들도 있다. Caunaught Place 근처에 있는 Zakir Husain College가 그런 학교다. 이 학교는 원래 산스크리트와 페르시아어를 가르치던 학교였다. 그런데, 대영제국 인도 총독부는 1825년부터 산스크리트와 페르시아어 대신에 영어로 서구 학문을 가르치도록 했고 1856년에 총독인 달 하우지에 의해서 대학교육은 공식적으로 영어로만 이루어지도록 결정되었다.[5] 따라서 페르시아어는 자리를 잃고 영어는 최신 첨단 학문을 전수하는 주요한 매개수단이 되었다.

인도에는 현재 22개의 공용어가 있다.[6] 인도의 국영방송인 All India Radio는 25개의 언어로 인도 전역에 방송을 내보내고 있다. 인도 중앙 정부의 공용어(official language)는 힌디어이며 부공용어 (associate official language)는 영어이다. 그러나 드라비다어를 쓰는 남인도와 벵골어를 쓰는 동인도에서는 힌디가 많이 쓰이지 않는다. 특히 따밀 나두 주는 힌디를 알아도 절대로 힌디로 말하는 법이 없다. 그런 주에서는 영어를 써야만 한다. 영어는 여러 개의 공용어가 공존하는 인도에서 힌디를 보완하는 부 공용어이며 인도의 북동부에 있는 5개주 나갈랜드, 메갈라야, 미조람, 아루나찰 프라데시, 트리푸라주에서는 주 공용어이기도 하다. 아직도 현실적으로 전 인도의 지식인들을 통일하는 주 공용어의 역할을 유지하고 있다. 영국 식민지 시대부터 현재까지도 영어는 인도 정부, 언론계, 법조계, 과학 분야에서 절대적으로 통용되고 있다.

5) A.R.Desai, Social Backgroud of Indian Nationalism, Popular Prakasha, 2003, Mumbai, 2003, p.134~135.
6) P.M.Bakshi, The Constitution of India, p.373.

영어는 실용주의의 상징

　영어는 인도에서 지극히 현실적인 이유로 보급된 언어다. 그래서 영국의 식민통치가 실시된 후부터는 영어자체는 물론 영국의 역사, 철학, 심지어는 인도인 자신들의 문화조차 영어로 이해하기 시작했다. 당연히 힌디어나 다른 인도의 지방어는 찬밥 신세를 면치 못했으니 독립 60주년이 된 요즘은 언어의 민족주의로 회귀해야 할 필요성이 대두되기도 한다. 그래서 많은 학자들이 실제도 힌디어를 국어로 통일해야 한다고 주장한다. 인도의 자주성을 느끼게 하는 주장이다. 그런데 아이러니칼하게도 힌디어를 쓰자고 주장하는 대다수의 자녀들은 카톨릭 부속학교나 사립학교를 다닌다.

　필자가 잘 아는 교수는 우리나라의 국정교과서 편찬위원회 같은 NCERT의 책임자로 있다. 이 교수는 델리대학교 강의시간에 저명한 다른 교수와 함께 학생들에게 자신들의 모국어로 수업을 가르쳐야 한다고 주장한다. 영어는 영어시간에만 따로 가르쳐야 한다고 주장한다. 현재 인도 정부 학교는 이 방침에 따라 학교에서 힌디 등 모국어로 수업하는 작업을 진행 중이다. 현재 2년이 지났는데 효과가 좋다고 한다. 그렇지만 정작 이 교수의 자녀는 사립학교를 졸업하고 현재 미국에서 공부하고 있다. 정부의 정책을 제안하는 학자조차도 자신의 자녀들을 영어로 수업을 받는 학교로 보낸다. 인도 Utta Pradesh주의 주수상이었던 물라얌 싱 야다브(Mulayam Singh Yadav)는 힌디보급을 강력히 주장하며 그러기 위해서는 모든 Convent School을 없애야 된다며 위협하고 있지만 정작 그의 아들은 영어로 가르치는 사립학교 격인 Army Public School에 다니고 있었다.[7]

---

7)　R.K. Agnihotri, Problemalizing in English, p.119.

2012년 2월 23일자 뉴욕 타임즈에 따르면 인도는 미국과 유럽, 호주 등에서 전 세계 58%의 call center job을 차지하고 있다고 한다. 학력과 상관없이 영어만 잘하면 call center에 취직이 되고 월급도 꽤 많이 받는다(보통 한 달에 12,000루피 즉, 약 250불 정도). 고등학교에서는 이러한 직장을 겨냥한 특별 영어교육 과정이 신설되기도 한다. 처음에는 영어를 잘하는 사람들만 이러한 직장에 다닐 수 있었지만 이제는 그런 인원조차도 확보할 수가 없다. 그래서 이제는 영어를 잘하지 못하는 사람들도 뽑힐 수 있게 되었다. 이들은 직장에서 매일 미국이나 영국 등에서 전화로 걸려오는 일들을 처리하면서 영어를 향상시킨다. 미국이나 영국에서 끊임없이 걸려오는 전화로 인하여 인도인들은 월급을 받으면서 영어 실습을 하고 있다. 이러한 영향으로 필자 주변 학생들의 영어 실력이 급격히 좋아지는 것을 볼 수 있다.

결론적으로 말하자면, 오늘날 인도에서 쓰는 영어는 식민지 시대의 영어와는 많이 다르다. 영어를 쓰는 인도인에게 영어는 제2언어로 자기의 모국어와 함께 기능적으로 광범위하게 사용된다. 영어 인구는 급격히 증가하였으며 자기비하식의 '힝글리쉬'는 영국식 영어나 미국식 영어가 아닌 인도화한 영어, 인도다운 영어라는 뜻으로 인도의 변화된 사회적 맥락에 따라 바뀌었다. 간간히 학자들이 인도 영어가 미국과 영국의 영어를 누르고 세계에서 가장 많이 사용하는 영어가 될 것이라고 전망하는 경우도 있다. 이는 아직 실현 가능성이 멀기는 하지만 영어로 작품활동을 하는 인도 작가들의 영향력이 세계적 수준에 이른 것은 누구도 부인할 수 없는 오늘의 현실이다.

선거 유세중인 델리대학교 학생들

말 잘하는 인도인

　현재까지 U.N.의 공식기록에서 가장 긴 연설을 한 사람은 누구일까? 유엔 총회에서 장장 9시간 동안 쉬지 않고 연설을 한 인도 정치가 Krishna Menon이다.[8] 이 K.P.S. Menon은 한국이 일본 식민지로부터 해방 후 한국의 정부 수립을 위해 공헌한 한국과 밀접한 관계가 있는 인물이다.

---

8) Amartya Sen, The Argumentative Indian, Writings on Indian History, Culture and Identity, p.3.
　아마띠아 센은 인도의 노벨경제학상 수상자.

아니 9시간이나 혼자서 말하다니!

인도인은 말을 잘한다. 그 의미 안에는 말을 많이 한다, 말을 논리적으로 한다, 말이 막히지 않는다, 잘못을 인정하는 법이 없다, 기억을 잘한다, 장황하게 늘어 놓는다 등을 포함한다. 실제로 인도인들은 옆집 강아지를 주제로 잡아도 재미있게 오래 오래 말할 수 있는 사람들이다. 인도 사람들은 눈은 쉽게 감을 수 있지만 귀와 입은 막기가 어렵다고 말한다. 이는 보는 것보다 듣고 말하는 것을 더 중요하게 여기는 인도의 전통을 잘 표현한 말이다. 왜 말을 잘하는가?

말을 하는 종교적, 철학적 근거

인도 문헌상에서의 말의 근거는 회의(懷疑)다. 대서사시 마하바라타에 알주나와 인간의 모습을 한 신 크리쉬나의 전쟁을 앞두고 하는 논쟁이 있다. 이것이 그 유명한 바가바드 기따이다. 이 부분은 힌두 철학의 상당히 중요한 비중을 차지한다. 여기서 크리쉬나는 알주나에게 전쟁을 치러서 승리, 행복, 정의를 가져와야 할 인간의 의무를 강조한다. 결국 알주나는 크리쉬나의 가르침에 따라 자신의 삼촌들과 사촌들을 공격하여 진멸시킨다. 하지만 전쟁에서의 승리에도 불구하고 알주나는 기쁘지 않았다. 사촌과의 전쟁, 전쟁이 가져오는 부정적인 결과에 대해서 깊은 회의에 빠진다. 아마르띠아 센 교수도 원자 폭탄을 개발한 Robert Oppenheimer의 고뇌를 이와 같은 맥락에서 주목했다.[9]

---

9) ibid, p.5, 7.

원자 폭탄을 써서 제2차 대전을 종식시켰지만 그 발명자의 고뇌, 회의, 죄의식은 어떠할까? "어떻게 수많은 사람을 죽여서 선한 것을 성취할 수 있는가? 왜 내가 승리해야 하는가, 왜 우리나라, 우리 편의 행복을 추구해야 하는가?" 마땅히 없애야 할 악을 없앤다고 그 결과도 다 선한 것인가. 그에 따르는 부정적 결과에 대해서 어떻게 모른 체할 수 있는가? 흥미롭게도 그도 이 알주나와 크리쉬나의 논쟁에 관심을 가졌다. 핵무기가 가져올 처참한 결과에 대해서 그도 깊은 고민을 했다고 한다. 결국은 크리슈나의 주장이 그의 핵무기 개발과 행사를 정당화할 근거를 주었지만. 해마다 일본은 인도에서 핵무기를 사용한 결과가 얼마나 잔혹한가를 전시한다. 올해도 델리대에서 행사를 했다. 한국인이 보기에는 속이 훤히 들여다보이는 정치적 의도가 숨어 있다. 하지만, 핵무기 사용이 낳은 끔찍한 결과에 대해서 어떻게 모른 체할 수 있겠는가. 그렇게 넘기고 말기에는 너무나 많은 사람이 죽었다. 악인만 천벌을 받은 것이 아니라 착한 사람들도 후폭풍을 맞고 갓난아기조차 세상을 떠났다. 이라크 전쟁을 보는 현대인의 고뇌도 여기에 있다. 이라크에서 얼마나 많은 사람들이 이유도 모르고 죽어갔단 말인가. 십여 년 전 네루대에 살던 이라크 교수의 귀여운 딸들, 라이나, 자이납이 어떻게 되었나 걱정된다. 무슨 죄가 있기에? 비록 전쟁은 이겼어도 알주나의 회의는 종결되지 않았다. 오히려 더 큰 회의의 근거를 주었다. 이래서 논쟁을 하게 된다. 논쟁에는 어느 일방의 절대적인 승리라는 것이 없다. 내용에 관한 것이든지 절차에 관한 것이든지 논쟁에서 이겨도, 진 자의 의견은 남게 된다. 그래서 논쟁은 필요하다. 이러한 철학적, 종교적 근거는 인도인에게 침묵할 것인가 입을 벌려 논쟁할 것인가를 결정하는 무의식 속의 흐름을 형성해 주었다. 인도인은 예외 없이 후자를 택한다. 인도인에게 침묵은 금이 아니다. 말하는 게 금이다.

한국인은 결과로써 말한다. 말은 적게 하고 일은 많이 한다는 '소언다시'라는 말이 있다. 이렇게 결과물로 모든 것을 보여주는 한국인에 대해 인도인들은 '한국인은 Workholic'이라고 한다. 아마도 한국인은, 전쟁을 겪고, 급속한 산업화를 추구하는 과정에서 일의 결과만을 중시하는 분위기 속에서 여유도 없었고 용납되지도 않았다. 반면, 인도인에게는 작업의 과정이 더 우회적이고 가짓수도 많고, 더 다양한 환경과 사람에게 노출되어 있다. 단계마다 이론(異論)과 회의(懷疑)를 거친다. 그래서 사사건건 갑을병정에게 같은 설명을 반복해야만 한다. 그래서 인도인은 'Talkholic'으로 표현된다. 인도인이 이렇게 Talkholic이 된 데에는 몇 가지 역사적, 환경적 이유가 있다.

구전의 전통

머리에서 입으로, 입에서 귀로, 귀에서 머리로 다시 입으로, 이것이 구전의 전통이다. 수많은 인도의 신화들은 구전으로 내려왔다.

인도의 가장 오래된 문헌은 베다(Veda)다. 베다는 원래 지식이라는 뜻으로 주로 브라만교의 경전에 관한 지식을 말하는 것이다. 구약성경의 기록 연대와 비슷한 기원전 15세기에서 기원전 6세기까지 약 1천 년에 걸쳐서 이루어진 문헌이다. 네 편의 본문과 부속 문헌 중 첫 번째 리그베다는 자연신에서 인문신까지 다양한 신을 찬양하는 내용으로 10권 1,028수로 구성되어 있는 찬가다.

이 외에도 제사를 위한 사마 베다, 공양과 희생을 위한 야주르 베다, 기복하는 아타르바 베다가 있고 이외에도 찬가의 용법, 기원, 목적 등을 설명한 브라마나(제의서: 祭儀書)도 있다. 그런데 이 방대한 베다는 경이롭게도 스승들에게서 제자들에게 구전 전승되어 온 것이다. 이 베다뿐만이 아니라 일리아드, 오디세이에 비유되는 대 서사시 마하바라타나나, 라마야나도 구전되었다. 하지만 길이 면에서 비교가 되지 않는다. 마하바라타 한 작품이 일리아드와 오디세이를 합친 것보다 7배가 넘는 분량을 자랑하기 때문이다.

이와 같이 수많은 담화와 교의들이 필사본에 의존하지 않고 구전으로 장구한 세월을 걸쳐 전수되어 왔다. 이 전통이 인도인이 말을 잘하게 된 전통적인 이유가 된다. 아시아 교육은 암기를 중시하는데, 인도도 예외가 아니다. 오히려 같은 아시아권 내에서도 더 특징적이다. 한국인은 머리로 외워서 손으로 쓰지만, 인도인은 머리로 외워서 입으로 말한다.

덧붙이자면 이렇게 정확하게 전달하기 위해서 오래 전부터 암기력을 중요시 여기고 이를 효과적으로 도울 수 있는 천연약제를 많이 개발해 냈다. 한국의 부모들도 인도 땅에 살면서 부담 없이 시험해 볼 수 있는 인도식 처방이 있다. 시험보기 전날에 아몬드나 신맛이 나는 아물라 또는 모나까라는 열매 말린 것을 끓인 물에 몇 조각 담갔다가 다음날 아침에 그 물을 한 컵 마시고 열매는 서너 조각 씹어 먹는다. 천연산 기억력 증진제로 효과를 볼 수 있을 것이다. 구즈베리인 아물라는 캡슐, 쥬스, 말린 것 등의 다양한 제품으로 시험을 보는 학생들의 필수품이다. 이외에도 아요르 베다 약방에 가면 루트버치(Butch root)나 다른 약제들을 제조해서 암기력을 높이는 약도 구할 수 있다.

다중 문화 사회

한국과 일본은 말이 없는 민족에 속한다. 오랜 역사를 거쳐오면서 특별한 외부 접촉이 적거나 없었기 때문이다. 한국은 지리적으로 삼면이 바다로 닫힌 안정성, 폐쇄성, 반동성이 있다. 일본은 말할 나위가 없다. 섬 안에서 알아서 절제하며 살아야 했다. 반면에, 인도는 오랜 역사를 두고 외부에 노출되어 왔다. 아리안의 침입으로부터, 그리스, 페르시아, 오늘의 투르키스탄, 우즈베키스탄, 아프가니스탄, 몽고, 포르투갈, 프랑스, 영국, 일본, 중국, 동남아 등등 동서남북 모든 방향으로 게다가 현재의 경제 개방에 이르기까지. 이러한 역사적 배경은 인도구전 전승에 풍부한 자료를 공급해 주었다.

인더스 문명은 약 5000년 전, 이집트의 제1왕조와 비슷한 시기의 문명으로 기록되고 있다. 이 문명을 이룬 사람들은 오늘날로 이야기하자면, 동양인이다. 이들은 신석기 시대 선주민들로서 간혹 우리가 착각하는 원주민 드라비다족과는 또 다르다는 학설이 유력하다. 선주민의 이주, 드라비다족의 정착 이후에 아리안족이 침입을 해온 것으로 알려져 있다. 베다에는 아리안의 신들이 악마를 퇴치한 것으로 나온다. 선주민과 드라비다인, 아리아인은 고대 문화를 이루던 시절부터 이미 엄청난 규모의 마찰, 혼합, 융화를 거쳤다.

알렉산더 대왕의 인도 공략은 기원전 327년에 약 3년간에 걸쳐 진행되었다. 이 알렉산더 대왕과 자인 교 승려들과의 철학적 변론은 잘 알려져 있다. 그는 승려들에게 "너희는 나와 같은 위대한 정복자에게 왜 존경심을 표현하지 않는가?" 물었다. 그들은 "당신은 먼 나라에서 와서 광대한 땅을 정복했지만, 당신이 죽으면 한 평의 매장

지밖에 가질 수 없는데 어떻게 정복자라고 존경을 하는가?" 하였다. 인도의 철학이 그들에게 영향을 주고, 그들의 철학이 인도에 영향을 주었다. 잘 알려진 간다라 미술이나 천문학에 그리스인의 흔적이 있다. 하늘하늘한 그리스의 의상과 화사한 인도의 사리는 공통점을 보인다. 둘 다 꿰매지 않고 둘러서 입는 권의다. 그 옷자락으로 어느 쪽 어깨를 감싸는가? 소위 좌견 우단(左肩 右袒: 왼쪽 어깨를 드러내고 오른쪽을 천으로 감싸 입는 법)을 따르지 않고 힌두 사두나 불승의 편단우견(偏袒右肩: 오른쪽 어깨를 드러내고 왼쪽을 천으로 감싸 입는 법)을 따르는 것이 일반적이다. 구자라트 여인들은 반대로 한다. 그런데 이때 마지막 천의 처리를 뒤에서 앞으로 넘긴다. 그런데 앞에서 뒤로 넘기는 경우가 있다. 이는 그리스인들의 권의를 입는 양식을 따르게 된 것이라고 한다. 알렉산더 대왕의 일행 중 일부가 남아 혼혈이 이루어졌다는 설이 인정된다. 인도의 여름의 더위를 피해서 5, 6월경 히말라야 고지 도시에 가보면 눈이 파랗고 얼굴이 하얀 허름한 교복을 입은 예쁜 여학생들과 남자 아이들을 볼 수 있다. 또 이란이나 서양사람 같은 사람들이 남루한 옷을 입고 물건을 지고 나르는 모습을 볼 수 있다. 서양인같이 잘 생긴 사람들이 히말라야 골짜기에서 저렇게 노동을 하며 연명해 나가고 있는 모습을 보며 역사와 세월의 회환을 느끼게 한다.

기원전 2세기경에는 이 그리스 민족의 일부인 중국 대하(大夏)국이라고 불리던 박트리아가 펀자압 지역까지 침입한다. 이들이 점차 인도화하면서 기원전 1세기경에 쿠샨 왕조가 들어서게 되면서 문화적으로 융합된다. 우리가 보아도 혈족적으로 카시미르인이나 펀자압 사람들이 기골이 장대하고 이목구비가 수려하다. 기원 후 4세기 이후에는 훈족의 침공이 시작되었다. 당나라의 현장 법사가 7세기경 인도를 찾아온다. 남인도 타밀 지역은 일찍부터 해외 무역을 이루었다. 후추, 면제품, 보석, 진주, 황금 등의 특산물의 교역이 이루어 진 것으로 알려져 있다. 8세기 초에는 공물선 나포를 이유로 아라비아의 인도 침공이 시작된다. 7세기에 형성된 이슬람 제국이 인도를 공격하기 시작했다. 중세의 아프가니스탄이나 우즈베키스탄은 국제 정치와 문화의 중심국으로서 북인도를 하잘 것 없는 존재로 보았다. 12세기 이후 약 300년간에 걸쳐 델리 왕조라 불리는 이슬람 정권이 진행된다. 그리고 아프간이 세운 로디왕조에서 무굴제국으로 이어진다. 한국에서는 조선조가 개국하던 시기에 징기스칸의 현손 절름발이 티무르가 델리를 침공하였다. 그 아들 바브르가 공략하기 시작하면서 무굴제국의 기초가 잡혀나가게 되었다. 포르투갈은 1498년 인도 진출을 시작했다. 12년 후에는 고아를 기지로 확보하였다. 이외에도 인도대륙에는 너무나도 이질적인 민족이 공존하고 충돌해 왔다.

다중 언어 사회

다양한 민족과 더불어 가는 것이 언어다. 인도에서 통용되는 언어의 종류는 가히 기록적이다. 공용어 18개, 103개 외국어를 포함하여 상용되는 언어가 무려 1,652개에 달하고 있으니, 언어의 전시장이라고 할 만하다. 이중에 백만 명 이상 사용하는 언어만도 33개 정도이다. 이 덕에 거의 모든 인도인들은 최소한 두 개 이상의 언어를 구사할 줄 안다. 영어와 힌디, 힌디와 벵골리, 영어와 힌디어와 구자라티어 등등 영어, 힌디어, 지방어가 조합을 이루어 다양한 가짓수를 파생시킨다. 지방어가 칸나다와 말라얄람과 같이 비슷한 것도 있고, 타밀어와 힌디어와 같이 전혀 다른 언어도 있다. 영어나 포르투갈어, 프랑스어와 같이 전혀 다른 외국어일 수도 있다. 왜 이렇게 여러 개의 언어를 사용하는가? 한마디로 말하자면, 한 개의 언어만으로는 살 수 없기 때문이다. 가령, 케랄라 사람이 델리로 전근 오면 어떻게 되는가? 이 사람은 말리얄람어로는 델리에서 전혀 의사소통을 할 수 없다. 힌디는 타밀어와 비슷하지도 않기 때문이다. 그래서 생활하는데 지장 없을 정도의 실용힌디어를 하루빨리 익혀야만 한다. 같은 이유로 한국인을 대하는 인도인은 한국어로 말하게 된다.

이렇게 언어의 종류가 다양한 인도의 언어적 환경이 말 잘하는 인도인으로 만드는 데 큰 기여를 했다. 필자를 가르친 은사 중에 펀자압 사람으로 기호학의 대가가 있다. 그 분의 부인은 프랑스인이다. 그 딸은 포르투갈 사람과 결혼했다. 그 집에 가서 대화를 하다보면 동서양을 넘나늘지 않을 수 없다. 이야기 내용뿐만이 아니다. 외양은 서구적이지만 동양적 예의범절이 배어있는 모습을 보게 된다. 델리대학교 동아시아과에 누구나를 언제든지 도와주는 인격이 있는 일본어 전공 여교수가 있다. 이 분은 타밀 출신이고 남편은 라자스탄 사람이다. 그 집에서 사용하는 언어는 무엇일까? 타밀어도 아니고 라자스타니도 아니고 힌디어도 아니다. 바로 영어다.

막내딸의 친한 친구 아버지는 우따르 프라데시 주 사람이다. 그 엄마는 몽골계통의 마니푸르 출신이다. 이 친구는 집에서 영어로 대화하고, 방그라 춤을 알고 마니푸리 댄스도 할 줄 안다. 그리고 델리에서 냉담하게 사는 법도 안다. 그 친구는 유대교를 믿으며 자신이 유대인의 후손이라고 말한다. 실제로 인도 동북쪽에 유대인의 후예들이 살고 있다고 인도 일간지에서 읽은 적이 있다. 같은 상황이나 사건에 대한 종족적, 언어적 차이는 인도인으로 하여금 다른 문화와 상황을 이해하고 분석하여 다변적으로 대처하도록 만든다.

대화의 문화

인도의 말 문화에서 빼놓을 수 없는 것이 민주주의다. 인도는 민주주의가 뿌리내린 이래 제3세계 국가 중에서 정변 한 번 일어나지 않은 나라다. 긴급조치로 언론을 막은 인디라 간디 여 수상을 토론과 투표를 통해 감옥에 보내버린 나라다.

이 민주주의는 영국의 전통에서 왔는가? 서방의 선물이라기보다는 인도 사회의 토론 문화가 더 영향을 미쳤다고 할 수 있다. 더 정확히 표현하자면 인도 전통의 말하는 문화는 서구의 민주주의를 적용하기에 그 이상 좋을 수 없었다. 민주주의는 근본적으로 국민이 자신들의 의사를 표현하는 데서 시작한다. 말하는 것의 중요성에 대해서 인도의 노벨 경제학상 수상자 Amartya Sen 교수는 논쟁하는 인도인의 전통과 문화는 대중이 의사를 표현할 수 있다는 점에서 중요할 뿐만 아니라 상호간에 논쟁과 교감을 이룰 수 있어서 더 소중하다고 하였다. 논쟁을 해야 다른 의견이 있다는 것을 알고, 다른 의견을 고려하고 타협하며 방향 설정을 할 수 있다는 것이다. 역사적으로 대화의 전통을 남긴 가장 중요한 인물은 아쇼카 대왕과 악바르 대제다. 아쇼카 대왕은 당파, 종파에 관계없이 공개적인 의사표현을 보장했다. 악바르 대제는 획일적인 이슬람 교리적 흐름을 따르지 않고 힌두도 자유롭게 의사개진을 할 수 있도록 분위기를 조성했다.

이러한 역사적 인물들의 공헌은 인도의 대화 문화를 더욱 공고히 정착시켰다. 말이 많아서 결정이 안 되는 경우도 많다. 과거 델리 공항을 드나들 때마다 이게 대국의 수도 공항인가 싶다. 지방 도시 기차역 같으니 말이다. 왜 인도 정치인들이나 공무원들이 이를 모르겠는가? 최근 신문에 연립 내각을 구성하고 있는 좌파 정당 하원의원들이 여당의 이권문제 개입을 이유로 공항 건설에 대한 토의를 보이코트 했다. 정권이 바뀌어서 안 되고, 또 다른 소수의 의견이 달라서 안 된다. 이러니 결정이 쉽게 날 수 없었다. 그러나 결국 인도 국제 공항이 국제적 수준으로 다시 지어지게 되었다. 인도도 변화하고 있다는 확실한 증거로 공항을 보면 알 수 있다.

우리는 말이 많은 걸 별로 좋아하지 않지만, 말을 많이 하는 것이 약점은 아니다. 말만 많으면서 일을 제대로 하지 못하는 것이 약점이다. 현대에서는 말을 잘하는 것이 강점에 들어가니 인도인이 국제적인 요직의 대표를 빈번히 맡는 것도 이상한 일은 아니다.

명상의 전통

명상은 해탈을 위한 인도 철학에서 가장 중요한 방법 중의 하나다. 인도 철학에서는 해탈을 요가적, 명상적 인식 또는 신에 의한 약속과 같은 초인식적 방법으로 이룬다고 믿는다. 이 명상이 어떻게 말을 잘하는 것과 관계가 있을까?

인도인들은 문제가 있을 때 문제를 미루어 놓고 명상을 하는 경우가 많다. 명상을 통해서 문제에서 자유로워진다. 그러고 나서 그 내용에 대해 집중해서 생각하고, 분석하고 논박해낸다. 그래서 인도인들은 요가와 명상을 즐겨 하고 있다. 말 잘하는 것과 명상은 눈으로 봐서는 대립적인 것 같지만 근육과 혈관의 관계처럼 긴밀한 관계를 맺고 있다. 명상에 들어갈 때는 먼저 사념을 버린다. 자연히 감정이 가라앉는다. 그리고 정신을 집중한다. 이 명상은 마음의 평정을 이루어 주고, 자신들의 문제를 차분히 정리하여 접근할 수 있도록 돕는다. 명상을 하면 자기주장의 논거가 분명해진다. 이 명상요법은 학습 효과를 높여주는 방편이 되기도 한다.

2~3년 전까지 델리대학교는 일 년에 단 한 번 시험을 봤다. 학부과정 인문계열에서는 한 과목에 열 문제쯤 나오는데 그 중에 다섯 문제를 골라서 한 문제당 8~10페이지로 설명을 해야 된다. 시간은 3~4시간을 준다. 내용을 이해해서 쓰기에는 너무 시간이 짧다. 이러한 훈련에 약한 한국 유학생들은 이러한 시험방식이 여간 고역이 아닐 수 없다. 이때 어떤 교수들은 학생들에게 적은 지식을 가지고도 명상을 깊이 하면 내용을 충분히 소화하여 긴 내용으로 말할 수 있다고 명상을 강조하기도 한다.

토론 대회(Debate competition)

현재 인도의 말 잘하기 교육은 debate competition이다. 한국어로는 토론 대회라고 해야 할 것 같다. 초등학교 5학년부터 대학생들까지 참여하는 이 토론회는 지켜 볼 만하다. NDTV 토요일 밤 토론이 그 비슷한 형태라 할 수 있지만 debate competition은 발표자가 더 많다. 주제가 주어지면, 신청자는 자신의 생각을 정리하여 제출한다. 선생님은 신청자 중 우수한 논점을 가지고 있는 학생들을 각 4~5명씩 선발한다. 대회에서는 팀을 나누어 자신의 논점을 주장하고 반대 질문에 대해 답변한다. 이때 준비한 자료를 볼 수는 있지만 읽지는 않는다. 상대팀이 발언하면 그에 대해 논박을 한다. 여러 명이 돌아가며 발언하고 논리적으로 상대의 주장을 무력화하는 팀이 우승한다. 이러한 교내 대회가 끝나면, 여러 개 학교가 참여하는 학교 간 대회를 한다. 전국 대회에서 우승하면 대통령상도 받는다. 각 대학 간의 대회도 지식과 재치가 있다. 범위는 문학, 사회, 정책, 과학, 기술 등 무엇이나 가능하다. 광범위한 지식과 정확한 자료가 필요한 것은 물론이다.

교육 과정에서도 말을 잘 하는 것을 중요한 기준으로 삼는다. 대학과 대학원에서는 말을 잘하는 사람이 점수를 높게 받는다. 많이 알고 있지만 입을 다물고 있을 경우 아무도 그 지식을 인정하지 않는다. 한국 대학생들을 대할 때는 "질문 있습니까?" 하면 거의 아무도 말을 안 한다. 그런데 인도 대학생들 중에서 입을 다물고 있는 학생은 아무도 없다.

이외에도 인도인의 문화에 대한 우월감도 이유가 된다. 인도인은 세계에서 자신들보다 앞선 문화는 없다고 생각한다. 이것은 사실 여부를 떠나, 자신들의 입장을 더 확신 있게 주장하는 이유가 된다. 게다가 인도의 풍부한 신화도 그러한 인도인의 우월감에 한 몫을 한다. 인도인들은 대화 중에 자주 힌두 신들의 이야기를 언급하며 자기의 상황을 이야기에 나오는 인물과 비교해서 표현한다.

다음은 다분히 정보적인 측면이 있는 내용으로 경험적인 내용이다. 인도인은 어떻게 말하는가에 대해 참고를 위해 정리한다.

주도적이다.

자신의 주장을 주도적으로 표현한다. 대화 중에는 상대에게 말할 시간을 주지 않고, 자신의 입장을 피력해 나간다. 만일 우리가 의견을 피력하고 싶으면 그 발언 중에 우리 의견을 신속히 삽입해 넣어야 할 것이다.

책임을 지는 언급은 피한다.

법치 사회를 사는 지혜인데, 한국 사람 생리에는 잘 안 맞을 수도 있는 부분이다. 모든 대화에서 책임 문제가 나오면, 책임은 남이 지도록 유도해 나간다. 책임지는 결정적인 언급은 절대로 피한다. 사무적인 대화는 책임을 지지 않는 것을 전제로 하고 진행되고 있다는 사실을 명심해야 한다. 그래서 글로 쓰고 서명하는 것을 싫어한다. 그래서 책임 여부를 명확히 하고 문서화할수록 도움이 된다. 결국은 그 문서만큼만 책임을 지게 된다.

상대의 약점을 노출한다.

약점이 발견되면, 감정을 상하게 하지 않으면서 공개적으로 노출시킨다. 그래서 어떤 논란이 일어날지라도 그 상황이나 사건을 근거로 논리적으로 유리한 고지를 차지한다. 그러므로 그러한 순간에는 웃으며 넘어갈 것이 아니라 논리적으로 왜 그럴 수밖에 없는가를 명확히 답해 두어야 한다.

감정적인 표현을 피한다.

인도인은 일을 단계적으로 처리하면 된다고 생각한다. 그래서 감정을 담지 않고 말한다. 감정으로 인해서 관계를 단절하는 것은 지혜롭지 않다고 여긴다. 영원한 동업자도 없고 영원한 원수도 없이 일을 진척시켜 나가는 것은 인도인의 장점 중의 하나가 될 수 있다.

결론적으로 인도인은 말이 많다. 19세기 인도의 개혁사상가로 가장 잘 알려진 람 모한 로이가 인도인에 대해서 이런 말을 했다. "당신의 죽음의 순간이 얼마나 끔찍할 것인가를 생각해보라. 그때에 다른 사람은 계속 말을 하고 있는데, 당신은 그에 대해 입을 벌려 논박할 수 없을 테니."[10] 우리는 21세기에 말 많은 인도인의 강점을 배울 수 있다. 일 잘하는 한국인이 말도 잘할 때 세계에서 한국인의 영향력은 배가 될 것이라고 믿는다.

---

10) ibid, p.32, 33.

인도의 종교 사상가 비베카 난다의 동상

친절한 인도인,
권위적인 인도인

인도인은 평소에는 선한 사마리아인과 같이 어려움을 겪는 사람들에게 도움을 잘 주는 사람들이다. 인도인은 성품으로나 종교로나 사회관습으로나 남을 돕는 백성이다. 길을 묻는 이들에게 자기도 잘 모르면서 가르쳐 주려고 애쓴다. 얼마 전에 한국에서 큰딸의 친구들 다섯 명이 와서 델리, 아그라, 자이푸르, 푸시카르, 바라나시 등을 돌아보았다. 모두들 인도인에 대한 최종 소감으로 잘 도와주는 것을 꼽았다. 실제로 인도인들을 사귀어보면 필요한 도움을 주고 섬세히 배려를 해 주는 편이다.

그런데 이러한 인도인이 공식적인 직책을 맡게 되면 권위적으로

바뀐다. 사업상의 이유로 찾아가서 만나는 인도인은 교묘히 권위를 부리거나 철저히 이윤을 추구하는 편이다. 사업을 하는 한 지인은 허가를 받으러 간 정부 부처의 문턱에서부터 경비원의 퉁명스러움에 대해서 질렸다고 하였다. 손아귀에 조그마한 일이라도 장악하면 권위를 부린다. 자기를 고용한 상관에게조차 자기의 권위를 세우려고 한다. 하다못해 일일노동자도 자기가 맡은 업무로 권위를 행사한다. 그래서 공적(公的)인 인도인은 물과 기름같이 절대 어울릴 수 없는 친절과 권위라는 상이한 두 성분을 가진 존재로 이해해야 한다. 이러한 인도인의 권위적인 태도는 어디에서 유래되는가? 종교적, 관료적, 가부장적 측면에서 다양하게 영향을 주었을 것이다. 인도에 오는 한국인은 덜 짜인 듯한 인도에서 자유로움을 느낀다. 위험요소도 더 많고 시설도 불충분한데 마음이 편해진다는 경우가 많다. 이런 느낌은 느슨한 사회 환경이 만들어내는 결과이지만, 인도인 특유의 순박함이 안겨주는 편안함일 수 있다.

　필자가 꼴까따에 방문했을 때, 길을 물으니 사람들이 1km 이상을 직접 동행해서 데려다 주었다. 이런 경험은 어디나 흔한 편이다.

아침에 강의를 끝내고 돌아오는데, 한 시각장애자 여성이 지팡이를 짚고 "Excuse me!" 하며 불렀다. 그러자 여러 명이 돕고자 다가오더니 젊은이 하나가 손을 붙들고 길을 건네주며 무어라고 설명하는 것이 보였다. 이런 일은 무슨 보상을 기대하고 하는 일은 아니다. 남을 돕는 데 인색하지 않다. 이렇게 돕는 일은 외국인의 경우에만 해당하는 특별한 예우가 아니다. 성경에 보면 아브라함이 나그네 셋을 극진히 대접하는 장면이 나온다. 인도인들도 손님을 이처럼 극진히 대접한다. 그런데 그 이유가 다르다. 왜 도움을 주는가? 인도식 이유를 찾자면 신에 대한 자세를 갖추는 것이고, 필요로 하는 자에 대한 적선(積善)이다. 인도인의 친절에는 언젠가는, 누구를 통해서이든 혜택이 돌아온다고 믿는 적선의 개념이 깔려 있다. 현세에서 그 혜택을 베푼 사람으로부터 받지 않아도 상관이 없다.

그런데, 이렇게 남을 돕는 정신이 밑바탕에 자리 잡고 있는 사람들이 왜 그리 권위적일까? 권위적인 것이란 실력 여부와 상관없이 높은 자에게는 굴복하고 복종하면서 약자에게는 군림하고 사기의 힘을 과시하려는 것이다. 이런 면에서 인도인은 철저히 권위적이다. 이처럼 인도인이 권위적인 성향을 보이게 된 근거를 세 가지로 들자면 카스트적인 요소, 식민통치에서 이루어진 관료적 요소, 그리고 가정 내 가부장적 요소를 꼽을 수 있다.

카스트로부터의 권위

인도인의 카스트 제도는 상하 카스트의 관계를 지배·착취 관계와 협력관계로 보는 두 가지 시각이 있다. 전자는 상위 카스트가 하위 카스트를 억압하는 도구로 카스트 제도를 이용하여 왔다는 시각이다. 후자는 하위 카스트가 제공하는 노동력이나 기술에 대해 상위 카스트가 물질적 보상과 물리적 보호를 하는 협력관계로 보는 시각이다. 1930년대 인도의 사실주의 작가 프램찬드의 카판(수의)이라는 단편소설을 보면 하층민이 며느리의 장례에 대해 상층 카스트 사람에게 물질적 도움을 요청하는 장면이 나오며, 그 사람은 이 요청을 들어준다. 이는 평소 협력관계에서 유래하여 가능하다. 이러한 양면을 고려하면 인도인의 권위는 지배관계로 인해 직접적으로, 또는 역할에 의하여 간접적으로 창출된다고 보는 것이 옳다.

카스트를 상하 지배 관계로 볼 때 권위는 바르나 시스템으로부터 나왔다고 할 수 있다. 가장 높은 계급인 브라만들은 그 밑의 크샤트리아들을 브라만의 권위로 누른다. 브라만의 제사장권이 우위인가 크샤트리아의 세속의 왕권이 우위인가에 대한 갈등이 현실적으로 나타나기는 하지만 종교 사회에서 궁극적으로 크샤트리아들은 신권을 장악하고 있는 브라만의 권위에 도전할 수 없다. 대신 그 아래에 있는 바이샤나 수드라 계급을 크샤트리아의 권위로 누른다. 바이샤는 수드라를 누를 수 있다. 각 계급 안에서도 수 백개의 섬세한 sub-caste가 있어서 카스트 간에 상하 관계를 유지한다.

조선 시대 반상의 관계를 유지하던 것과 같이 오랜 세월을 두고 상하관계 속에서 살아온 인도인들은 어떻게 그 권력을 누리고 다스리는 지를 잘 안다. 70%를 전후하는 농촌 인구 속에서 하위 카스트에 대한 상위 카스트의 권위는 아직도 강력하다. 상위 카스트가 호령하는 입장을 유지해왔다는 흔적은 오늘날도 쉽게 발견할 수 있다. 수년 전 비하르에서 란비르 세나(Ranvir Sena)라는 브라만 그룹이 불가촉천민들 부락을 공격하여 총기로 수십 명씩 살상했다. 빗발치는 여론에 밀려 정부에 의하여 토벌이 시작되고 결국은 불법 단체로 등록되었다. 이 사건은 하위 카스트가 상위 카스트의 요구에 불응하는데 대해 상위 카스트가 일종의 사형(lynch)을 시행한 것이다.

과거 농촌 소규모 부락에서 상위 카스트의 지시대로 움직이던 하위 카스트 사람들이 계약사회로 넘어오면서 상위 카스트 사람들이 농사를 지으라든가, 추수를 하라든가 하는 요구를 거부하는 것이다. 상위 카스트로부터 그러한 요구가 오면 하위 카스트는 재정적 보상을 요구하게 되었다. 과거에는 상상도 할 수 없던 하위 카스트의 경제적 요구에 대해 상위 카스트는 자신들에 대한 도전이요 전통체제에 대한 위협으로 여기게 되어 무력으로 징계를 하는 것이다. 하지만 카스트가 항상 상하관계를 의미하는 것은 아니다. 분업적인 의미로서의 카스트 제도가 있다. 상위 카스트 즉, 브라만, 크샤트리아, 바이샤 등은 과거에는 신권, 왕권, 금권에 관한 영역과 상하관계가 선명히 분리되어 왔지만, 오늘날 그 상위 카스트 상호간에는 선명한 상하 관계를 갖지 않는다. 현대는 도시 중심의 산업사회이며 대가족에서 핵가족으로 가족 형태가 단출해지고 있는 계약사회이다.

대도시에서 어느 누가 카스트가 다르다고 델리 시영 버스에 자리를 달리하는가? 기차나 전철에서 카스트 구분이 되는가? 수영장에서 무엇으로 카스트 구분을 할 수 있겠는가? 설사 불가촉천민이 수영장에 와도 수영하는 데는 전혀 문제가 되지 않는다. 종전 같으면 어림없는 일이었다. 어디 감히 하위 카스트가 상위 카스트 사람과 같은 물통에 몸을 담글 수 있었겠는가? 오염을 떨어내기 위해서 목욕재계하고 정화하는 제사를 한정 없이 드릴 일이다.

오래 전 네루대학교에서 있던 일이다. 한 환경미화원이 기숙사 식당에 들어서서 밥을 타가지고 한구석에 앉아 먹기 시작하였다. 이때 브라만 계급의 사감이 쫓아와서 어찌 감히 '방기'(청소원 카스트: 불가촉천민)가 여기 들어와서 밥을 먹느냐고 야단쳐 쫓아냈다.

이 내용이 교내에 알려지자 하위 카스트 출신 학생들과 학생회를 중심으로 데모가 일어났다. 이는 이데올로기로 볼 때 상당히 민감한 사안을 건드린 사건이었다. 최고 지성의 세계에서 어떻게 중세기적 카스트를 근거로 사감이 밥을 못먹게 쫓아낼 수 있느냐. 이런 것이 어떻게 동시대의 민주사회일 수 있느냐는 것이었다. 대규모의 시위 후에 결국 경찰차가 7대나 출동하여 그 사감은 해직된 후 마무리되었다. 과연 오늘날의 대도시는 어떨까? 이제는 수영 잘하는 사람이 우선이다. 부를 축적한 하위 카스트 사람들이 브라만, 크샤트리아를 무수히 고용한다. 꼴까따에 대학원 동기가 있다. 불가촉천민 출신이지만 똑똑해서 대학원에서도 수석을 한 적이 있다. 그 집안은 신발 공장을 세 개 가지고 있는데, 정통 벵골리 브라만을 무수히 고용하고 있다.

인도의 히말라야 휴양지 중에 마날리라는 곳이 있다. 필자가 거의 격년으로 가보는 온천 휴양지인데, 이곳에 가면 타운에서 약 2km 떨어진 곳에 약 50℃의 온천수가 나온다. 한 번은 그곳에 올라갔다. 노천 온천도 있지만, 힌두 사원 안에는 한국 대중목욕탕의 탕만한 크기의 콘크리트 욕조를 설치해 놓았다. 혹시라도 outcaste는 안 들여보내는 것은 아닌가 염려하며 가보니 힌두 사원 자체의 입장은 물론, 탕 안에서도 카스트 구분은 없었다. 그래서 나 같은 외국인 outcaste도 유유히 30~40분간 몸을 덥히다 나왔다. 델리에는 탈카토라 체육관 내에 실내 수영장이 유일하게 한 곳 있다. 1982년 아시안 게임을 치르느라 만든 곳인데, 50m 국제 규격을 유지하고 있다. 처음 이 수영장에 갔을 때 나의 궁금증은 어떻게 이 사람들이 카스트 문제를 해결하는가 하는 것이었다. 직접 묻기에는 사회적으로 예민한 문제여서 수년 간 유심히 보다가 한 노년의 공무원에게 물었다. 그랬더니, "카스트가 수영장에 어디 있어요? 수영복 입고 들어

가면 그만인데"라고 하는 것이 아닌가! 그러면 이러한 협력관계에서는 권위가 어떻게 작용하는가? 자기가 가지고 있는 직능, 기능, 역할에 기초하여 작용한다. 이럴 때는 상하관계가 중요한 것이 아니라 그 역할이 중요하다.

대학에서 가장 권위를 가지고 학교를 운영하는 사람들이 학생을 가르치는 교수들 같지만 델리대학교에서는 행정 직원들이다. 대학 실험실에서 엄청난 금액의 프로젝트를 따면 그 금액 사용을 전공과는 전혀 관계가 없는 재무처에서 맡아 하기 때문에 교수들은 제공된 금액으로 자유롭게 연구하기가 참으로 힘들다고 이야기한다. 대학 교수들은 여권 기간이 만료되면 학교 행정처에서 여권발급 동의서를 발급받아야만 외교부에서 여권을 재발급해준다. 그 동의서는 학교는 이 교수의 여권의 재발급에 이의가 없다는 지극히 형식적이고 내용적으로도 국민편에서 필요없어 보이는 절차다. 그런데 이 동의서를 받는데 담당 말단 직원에게서 사나흘 이상의 시간이 걸리는 것은 물론이고 책임자의 결재까지 받으려면 2주가 걸리는 것을 보았다. 대학은 교수들의 연구와 학생들의 공부를 위해서 있는 곳이지만 이곳에서 권력을 가진 사람들은 행정직원들이다. 학교뿐만 아니라 병원도 진료하는 의사 중심의 조직이 아니라 일을 다루는 행정직원들이 가장 권위가 있는 사람들이다. 그래서 그 말단 직원이 불필요할 정도로 교수나 학생, 의사들을 통제할지라도 그 상급자는 그 직원에게 아무 말도 하지 않는다. 어차피 한 식구의 권위를 유지하는 것이 더 유익하기 때문이다. 하다못해 소작농 농부들조차 막상 농지에서 일을 할 때는 지주의 말을 듣지 않는다. 그 일은 자기들만 할 수 있는 일이기 때문에 그 농사의 역할에서 권력을 최대한 휘두르려한다. 일을 시키는 지주들이 농사하는 법을 모르기 때문에 농사일은 전적으로 자기들에게 달려 있다고 생각한다.

필자가 '한국주간' 행사를 준비하며 있던 일이다. 행사 전날 마이크 설치를 하는데 성능이 나빠서 바꾸라고 했더니 그 강당 전기 기사가 일을 못하겠다고 보이코트를 하는 것이 아닌가! 상대는 너무 결정적인 때에 나의 약점을 알고 있었던 것이다. 직급이 낮다고 권위를 부릴 수 없다고 판단하면 인도에서는 큰 코 다친다.

정치권은 카스트가 중요하다. 높은 카스트가 중요한 것이 아니라 투표권을 행사할 숫자가 많은 카스트가 중요하다. 이를 통상 'dominant caste'라고 하는데 꼭 상위 카스트일 필요가 없다. 하리야나 주의 '자트'나 '구자르'는 하위 카스트지만 상위 카스트보다 더한 세력을 유지하고 있다. 정부든 학교든 이미 상위 카스트의 기득권을 누리는 사람은 많으므로 공식적으로 상위 카스트를 고려하여 자리를 배정하는 일은 없다. 오히려 하위 카스트 특히 불가촉천민은 법적으로 정부나 공공기관, 공영기업 자리의 22.5% 이상 확보해야 하는 특혜가 주어지고 있다가 현재는 27%의 경제적으로 낙후된 계층을 포함하여 49.5%, 거의 국민 절반이 특혜를 누리게 되어 상위 카스트 사람들이 부러워한다. 몇 년 전에는 상위 카스트가 하위 카스트의 증명서를 위조하였다가 수십 명이 적발, 형사 처벌된 사건도 있었다. 최근에는 라자스탄의 구자르 카스트가 자신들을 천민카스트에 포함시켜달라고 대대적인 시위를 벌인 경우도 있었다. 과거에 공부를 함께 한 친구 한 명은 브라만으로서 행정고시 삼수하여 고관이 되었다. 또 다른 친구 하나는 인도인이 무시하는 네팔 계통 사람이지만 유명한 주간지 인디아 투데이의 편집장이 되었다.

이와 같이 일에는 개인의 전공과 능력이 중요해졌다. 하지만, 인간관계에서는 카스트가 오늘날에도 유효하다.

각종 고시 학원들

관료적인 권위

인도인들은 개인적 관계로 만나면 평소에는 친절하고 솔직하다. 자기의 생각을 다 내놓고 이야기도 아주 잘한다. 그러다가 갑자기 권위적인 자세를 보인다. 왜 그런가? 이들은 자신들의 본성과 자리에 의한 권위 사이를 오가기 때문이다. 이들은 솔직한 본성과 더불어 자기들의 지위를 항상 인지하고 있고 이에 따라서 권위적인 얼굴을 보인다. 자신의 힘으로 상대를 다스릴 부분이 있는 것을 알고 있다. 마키야 벨리의 '군주론'에서는 상대를 움직일 수 있는 힘을 써야 한다고 했다. 인도인은 관료적 권위를 가장 좋은 힘으로 인식한다. 그래서 인도인의 권위는 영국 식민통치에서 영향을 받고 융화된 형태의 관료적 권위가 종교적 권위보다도 더 일반적이다.

영국 식민 통치를 하던 시기 영국인들의 고민은 통치가 정착되면서 증가되었다. 수많은 형사, 민사 사건들에 대해서 식민 정부는 영국 법을 그대로 인도인들에게 적용할 수 없었다. 게다가 인도인은 이미 수백 년 이상 '판차야트 라즈'라는 형태의 자치를 각 마을 단위로 실행하고 있었다. 인도인들은 이미 자신들 고유의 처리방식, 판례, 해결책을 가지고 있었던 것이다. 영국인은 이러한 힌두의 관습법을 자신들의 통치체계 안에 흡수하는 것이 물 흐르듯 자연스럽게 인도를 통치하기에 유리하다는 것을 깨달았다. 그래서 이를 위해 브라만들이 기록한 힌두 율법서인 달마샤스트라를 근거로 실정법을 제정하였다. 종교적 권위가 통치를 위한 법적 권위에 혼합된 것이다.

이는 당연히 브라만들의 권위를 강화시키고 카스트 간의 구분을 더 고정시켰다. 이처럼 만일 한국 대기업이 인도에 진출했을 경우 브라만 출신 전문인을 쓰면 회사 운영상 아주 좋은 방식이 될 것이다. 한국의 직원은 인도 상위 카스트 출신 전문직종의 사람을 이용하여 그 밑의 인도 직원을 쉽게 통제할 수 있게 되기 때문이다. 이것이 종교 및 경제적 우위를 가지고 있는 인력을 관리직에 두는 것이 그렇지 않은 경우보다 더 유리한 이유다. 이러한 배경 속에서 점차로 지배자의 권위가 종교적인 면에서 관료적인 면으로 공무원들에게 이행되었다. 요즈음 한국에서도 고시에 대한 열기가 대단하지만, 인도의 고시는 경쟁률이 500:1이다. 그것도 이미 학력 제한이 전제되어 있는 속에서의 비율이다. 인도의 행정고시는 대학졸업자들만이 지원할 자격이 부여된다. 이 행정고시는 영국 식민통치에서 유래되었다. 그 당시 민간고등고시(Indian Civil Service)라고 불리는 고등고시는 고급 관료의 등용문이었다. 이들은 본래 영국 식민 시대에 인도에서 근무하는 영국인 행정가들이었다. 독일인 인도 산스크리트 학자인 막스 뮐러가 런던에서 이들을 교육시켰다. 그의 인도에 대한 연구업적을 인정하여서 뉴델리에 있는 독일문화원의 이름이 괴테하우스가 아니고 막스 뮐러 바완이다.

이러한 전통이 유지된 고시는 보통 civil service 시험으로 불린다. 그 중 행정 고시는 I.A.S(Indian Administrative Service), 외무 고시는 I.F.S(Indian Foreign Service), 경찰 고시는 I.P.S(Indian Police Service), 세무고시는 I.R.S(Indian Revenue Service)라고 불린다. 이외에도 Indian Railway Service, Indian Forest Service 등 몇 가지 종류가 더 있다. 이들 시험에 패스하면 정부의 고급 관리가 되는 것이다. 이 시험은 제각각 출제되는 것이 아니고 동일한 시험을 쳐서 점수에 따라 선택하거나 배정을 받는 것이다. 이 중에 가장 선호가 높은 것은 행정고시다. 그 다음은 경찰이다. 학생들은 매년 전 인도에서 600명 정도를 선발하는 이 시험을 위해서 한국처럼 3년에서 5년 계획을 세우고 준비를 한다. 이 시험에 합격만 하면 단번에 신분이 고속으로 상승된다. 결혼할 때도 한화 3억 원 정도의 결혼 지참금을 쉽게 받는다. 이런 이유로 네루대학교도 고시원으로 변한 지 오래고, 델리대학교 근처에도 I.A.S 시험 준비 학원들이 즐비하다. 많은 지방 학생들이 학원을 다니고자 델리대학교 근처로 몰린다.

이러한 고시에 대한 전통과 인기에서 보듯이 인도인은 '정부'라고 표현하기를 좋아한다. 공용차량마다 '인도 정부', '델리 정부', '하리야나 정부' 등 각 주 정부를 힌디로 명기한다. 델리대학교도 '인도 정부'라는 표기를 한다. 암시적으로 '우리는 지배하는 세력이다' 하는 것을 드러내는 것이다. 그래서 한국 대학교와의 학술 교류 협정을 맺는 것을 돕다 보면, 국립대냐 사립대냐 하는 것에 따라 반응이 현저히 차이가 난다. 인도에서는 말할 것도 없이 국립을 좋아한다. 델리대 국제 교류처에서 한국의 명문 K대나 Y대를 무슨 사설 학원이 아닌가 의심했었던 것이 기억난다. 국립은 지배층에 있고 사립은 피지배층에 속한다. 그래서 정부에 근무하면 고위직이나 하위직이나 할 것 없이 고압적이다. 국립대학교에서는 교수님도 고압적이고, 직원도 고압적이며 국립병원에 가면 의사도 고압적, 간호사도 고압적이고, 하다못해 정부에서 운영하는 채소과일 유통점인 마더 데어리나 슈퍼 바자 판매원도 고압적이다. 은행원의 권위는 1960년의 한국을 뺨친다. 이렇게 관료의 권위적 체계와 태도는 사립 기관에도 영향을 미친다.

한 번은 둘째 딸의 한국 대학 입학을 위해서 급하게 인도 학교의 고등학교 졸업 증명서가 필요했다. 그런데 학교 사무실에 근무하는 사환 직급의 직원이 위압적인 자세로 졸업 예정 증명서라는 것은 없으니 3개월 이후에 나올 졸업 증명서 외에는 절대로 따로 예정 증명서를 발급할 수 없다며 사무실 안에도 들어오지 못하게 했다. 누구에게 설명할 시간은 없고 직원은 해줄 수 없다니, 정말 답답한 노릇이었다. 집사람은 지금도 그 담당 직원만 생각해도 머리가 아프다고 한다. 그런데 마침 교장 선생님이 저쪽에서 걸어오고 있었다. 친하지는 않지만 구면이라 인사를 하자 얼굴에 큰 웃음을 짓고 다가와서 무슨 일로 학교에 왔냐고 물었다. 사정을 이야기하자 걱정하지 말라며 비서에게 한마디 한 후 다시 가보라고 했다. 그 말 한마디 부치기 어렵던 그 직원이 너무 싹싹해졌다. 내가 언제 경직된 얼굴을 보였느냐는 듯이 친절하게 즉석에서 졸업 증명서를 발급해 내 손에 갖다 바쳤다. "어떻게 그렇게 권위적인 사람의 태도가 수초 안에 달라졌을까? 겸연쩍어서라도 얼굴을 못 바꿀 건데……." 교장의 관료적 권위에 다스려져서 그렇다. 인도에서는 최고 권위를 갖고 있는 사람을 만나 담판을 보는 것이 중간더 백 번을 만나는 것보다 훨씬 확실한 방법이다.

이 권위가 꼭 강대할 필요는 없다. 그 분야의 책임자이면 족하다. 필자가 학교 교수 아파트로 이사하면서 부딪힌 권위자는 총장이나 부총장이 아니었다. 이사할 집 파이프를 수리하고, 깨진 부분을 보수하는 일군들의 십장이었다. 이 사람은 학교 토목 관리직 말단 직원이니까 나의 지시를 받을 이유가 없다. 이 사람은 내가 그의 서비스가 필요하다는 것과 그의 권위는 학교 토목 관리부에 위임되었다는 것을 알고 있다. 그래서 끝까지 성의 없이 일하며 유리창 밑 부분 깨진 벽을 끝까지 고치지 않고 뺀질거리더니 소리 없이 사라졌다. 이와 같이 관료적 권위는 지위고하를 막론한다.

가부장적 권위

인도인의 얼굴을 권위적으로 바꾸는 또 하나의 중요한 근원지는 가부장적(家父長的) 제도다. 가부장은 가족구성원에 대해 절대적인 영향력을 행사한다. 이 가부장제도가 인도 사회의 근간(根幹)을 이룬다. 힌디로 "파티 파르메시와르" 즉, "남편은 내 주(主)"라는 말이 있다. 이는 부인이 남편을 주인으로 여겨야 한다는 뜻이다. 여필종부(女必從夫)의 인도판이다. 여기서 보듯이 남편과 부인의 관계는 주종의 관계다. 아무리 초, 중, 고, 대학교에서 남녀평등을 교육받아도 남녀가 평등하다고 여기는 인도인은 없다. 그건 의식 속에서 교육으로 인해 이루어진 이론상의 평등이다.

그런데, 아버지와 아들의 관계는 어떠한가? 왕과 왕자의 관계인가? 적어도 결혼하기까지는 아들도 아버지에게 종속적인 존재에 불과하다. 그래서 아들의 교육, 결혼, 장래까지도 거의 아버지가 결정

한다. 힌두 장례에서는 아버지의 시신 화장에 반드시 아들이 첫 불을 붙여야 아버지의 영혼이 해방되어서 해탈할 수 있다고 믿는다.[11] 아버지는 막내아들이, 어머니는 장남이 첫 불을 붙이는데 아들이 없으면 해탈이 이루어질 수 없기 때문에 집안에 아들이 반드시 있어야 하는 중요한 이유가 된다. 여성들의 결혼은 절대적으로 아버지가 결정한다. 남편의 뜻을 따르지 않는 부인, 아버지의 의사에 반하는 아들, 딸은 존재할 수 없다. 고등학교에서는 본인들의 의사와 상관없이 의대반, 공대반, 경영대반을 가야 하기 때문에 고민하는 딸의 친구들을 많이 봤다. 이러한 이유로 인도남자들은 권위적인 성격이 몸에 배어 있다.

결론적으로 말하자면 인도인은 일반적으로 남을 잘 돕는다. 그러나 권력의 기회가 자신에게 올 때는 철저히 권력을 자신의 손안에 장악한다. 그래서 권위적이 된다. 이러한 인도인을 대하는 한국인의 태도는 어떠해야 하는가? 대등한 대상에게는 친절하게, 종속적인 관계를 유지하는 대상에게는 친절하면서 공적(公的)으로 대하는 것이 좋다.

---

11) A.L. Basham, The wonder that was India, p.178.

관대한 인도인

인도로 놀러온 친구가 영국에서 유학할 때 경험한 일을 이야기한 적이 있다. 친구가 독일에서 런던으로 놀러 왔는데, 샌드위치를 싸 들고 공원에 가려니까 친구가 깜짝 놀랐단다. 그 맞은편에 있는 가게 주인이 나와서 왜 여기서 음식을 먹느냐고 야단이라도 치지 않을까 걱정하더란 것이다. 독일에서는 텃세와 인종차별이 영국보다 심하다는 것을 보여주는 실화다. 이렇게 영국인이 독일인보다 관대하다면 인도인은 어떠한가? 아주 관대하다. 인도인은 다양한 문화의 차이에서 오는 상대의 실수를 받아준다. 그래서 인도에서의 삶이 더 여유가 생기는 것 같다.

인도에서 한국인은 인도인들과의 마찰로 인해서 피곤해 하는 경우가 많다. 그런데 이러한 마찰의 원인은 인도인의 성품에서 비롯된 문제라기보다 주로 돈과 권력에 관한 것으로 외부적인 요인이 크다. 인도인은 외국인을 속일 수는 있어도 무시하지는 않는다. 기본적으로 존중한다. 사람을 무시하거나 인종을 무시하는 인종 우월주의와 거리가 멀다. 이러한 인도인의 관대함은 크게는 종교와 역사에서 유래하며 과거와 현재의 정책에 반영되어 있고 작게는 개인생활에서 나타난다. 이 관대한 성품의 근거는 무엇이고 현실에서 어떻게 드러나는지를 살펴본다.

종교적 근거

한국인에게 사서삼경이나 삼강오륜의 윤리가 기본적인 가르침의 바탕을 이룬다면 인도인에게는 베다, 마하바라타, 라마야나, 마누 법전 등에서의 가르침이 인도인 교육의 기본덕목을 이루고 있다. 그 가르침 중에 대표적인 덕목(德目) 하나를 뽑는다면 관용(寬容)이다.

관용은 상위 카스트의 중요한 덕목이다. 카스트 제도는 오랜 세월 인간의 신분이 태생(胎生)에 따라 구분된다고 믿는 제도다. 당연히 능력이 있어도 능력을 발휘할 수 없는 하위 카스트들의 피해가 컸다. 그 피해는 오늘날에 와서도 심리적, 사회적으로 작용한다. 이렇게 부정적인 결과가 드러나지만 다른 한편으로는 카스트 간에 협업적(協業的) 성격이 강했던 것도 사실이다.

구두 수선공은 구두를 만들어주고 농민은 쌀이나 밀을 제공하고, 대장장이는 연장을 만들어 주는 형태다. 이렇게 서로 맡은 바 직무를 충실하게 해나감으로써 협조가 잘 이루어진다고 카스트를 긍정적으로 보는 경우, '바르나(Varna) 제도'라고 부른다. 이런 시각에서 볼 때 힌두 교리의 개폐자인 브라만들의 중요한 교훈은 관용이었다. 힌두 제도나 왕조에서 크샤트리아는 왕이나 무사계급으로서 실권자였다. 그런데 이 왕들도 세상을 다스리는 왕도(王道), 정치철학과 정책이 필요하였다. 이리하여 많은 왕들이 자기 아들들을 구루들에게 맡겨 교육시키곤 하였다. 자연히 브라만들은 크샤트리아들이 세상을 통치할 때 팅크탱크(Think-tank) 역할을 했다. 실제적인 정책입안자인 셈이다. 아마도 현대에도 대통령이 집권할 때마다 주변에 학자들이 입각하는 것도 비슷한 이유일 것이다. 이 때 브라만은 통치가 개인적 이해관계나 탐욕을 따르지 않고 공평무사하게 진행되도록 왕에게 충고하게 된다. 그들은 통치자가 무자비하고 몰인정하지 않도록 주의하고 공명정대한 정치를 해나가도록 권고하는 사간원의 역할이 있었다. 이들은 힌두 경전에 나타나는 덕목을 근거로 크샤트 리아들을 권고했다.

인도의 가장 대표적인 문헌인 마하바라트에 나타나는 경우를 보면 쉽게 이해가 된다. 마하바라트는 '위대한 바라트(인도)'라는 뜻인데 북인도에 왕권이 계승되는 과정에서 일어나는 전쟁을 그린 대서사시다. 종교, 철학, 역사 등 많은 교훈적 내용이 담겨 있는데 주된 사건은 사촌(四寸) 간인 판다(Pandvas) 집안과 카르바(Karvas) 집안의 싸움이다. 판다의 다섯 아들들은 자신에게 주어진 기본적 권리만 유지되면 더 이상 욕심이 없는 형제들이고 카르바의 백 명의 아들들은 더 욕심스럽게 남의 땅과 권리를 탈취하는 사촌형제들이다. 이 두 사촌은 왕국에 대한 소유권을 공정하게 반분하여야 했다. 이때 모든 인도인이 숭배하는 신 크리슈나가 이를 위해 중재한다. 그는 카르바 가족의 맏형 두리요다나에게 "그대는 재산의 절반을 주는 것이 마땅하지만 그것이 힘들면 단지 다섯 고을만이라도 주어서 싸움을 피하고 우애를 유지하며 사람들을 옳은 길로 가게 하라" 하지만 욕심 많은 카르바는 모든 지역을 차지하기를 원하였고 불가피한 대전이 일어난다. 판다의 양보(讓步)와 자족(自足)의 예가 오늘날도 인도인의 뇌리에 흥부와 놀부이야기 이상으로 박혀 있다.

인도인이 이상적으로 생각하는 비쉬누의 화신(化身) 람의 관대함도 중요한 교훈으로 남아 있다. 마왕 라반은 미모에 반해 람의 아내 시타를 납치해 간다. 사랑하는 아내를 납치당한 람이 얼마나 이를 갈며 복수하고자 하였겠는가? 하지만 람은 아내만 무사히 돌려보내면 라반의 모든 죄를 용서하겠다고 한다. 그리고 마왕이 보낸 첩자를 생포하고도 이를 처치하자는 주장에 대해 첩자도 사신(使臣)과 같은 존재이므로 죽이는 것이 마땅치 않다고 살려 보낸다. 이러한 람의 예는 신화지만 인도인들에게는 중요한 예화로 남아있다.

마하트마 간디도 그의 가르침과 노선에서 철저히 관용을 보였다. 간디는 그의 어록에서 부처님과 아쇼카왕의 관대함을 자주 인용했다. 인도 독립운동사의 일부인 국민의회당의 역사를 보면 마하트마 간디 이전에 이미 가람 달(열혈파)과 나름 달(온건파)의 두 그룹으로 나누어져 있었다. 가람 달은 무장 전투로 독립을 되찾아야한다는 원칙을 세웠고 간디나 네루를 중심으로 한 나름 달은 무력을 쓰지 말고 무폭력(Ahimsa)으로 독립을 이루어야 한다고 주장하였다. 이러한 주장은 비효율적인 것 같고 지나치게 이상적인 것 같다. 하지만 변함없는 진리를 담고 있어서 영국의 식민통치의 비도덕성을 이론적으로 공격하게 되고 결국은 거대한 인도를 자유의 품으로 돌려줄 수밖에 없게 만들었다. 나름 달은 현재의 국민의회당(Congress I) 및 인도 민중당(BJP)으로 그 흐름을 유지하고 있다. 그러니 자연히 인도 정책의 기본은 비폭력이 전제이다. 요즈음 일본이 우파로 심각하게 기울어가는 것을 보면, 일본은 무사들의 호전적 구조에서 형성된 국가의 정신적, 철학적 한계를 보이는 것 같다. 이런 점에서 인도와 일본은 대조가 된다.

역사적 근거

한국사에서 을지문덕이 우중문을 물리치고 지은 시가 1,500년의 세월이 흘렀음에도 남아 있듯이 인도사(印度史)에서 어린 아이들까지 잘 아는 고사(故事)가 있다. 10세기 가즈니 왕조의 창시자 모하메드 고리가 인도를 공략해 왔던 사건이다. 인도 최초의 이슬람교 왕국인 노예왕조의 창시자(재위 1206~1210) 쿠트브 웃 딘 아이바크, 우리에게는 구트브 미나르로 잘 알려진 사람은 마굿간 노예였다. 모하메드 고리는 이때 17차에 걸친 공략 끝에 강가 강과 야무나 강 사이의 지역을 정복했다. 이 침공 당시에 인도의 프리트비 라즈 초한(Prithvi Raj Chohan) 왕이 아프가니스탄에서 침공해오는 모하메드 고리를 매번 패퇴시켰다. 그는 명궁으로 알려진 왕으로서 모하메드 고리와의 전투에서 그를 자그마치 11번 생포하였다. 그의 신하들은 호전적인 고리를 처형하여 후환을 없이 하자고 하였다. 하지만 프리트비 왕은 약자나 다친 자를 처치하는 것은 옳지 않다고 하여 11번 모두 풀어주었다. 이 사건은 인도인의 관대함을 보여주는 역사적 사건이다. 그러나 이와 정반대로 모하메드 고리는 초한왕을 포로로 잡자 그를 즉시 참수(斬首)하였다.

이 역사적 사건은 힌두 편에서 보면 힌두의 관대함을, 한편으로는 무슬림의 무자비함을 단적으로 보여주는 역사적 사실로 제시되곤 한다. 흥미롭게도 현대에는 두 왕의 이름이 인도와 파키스탄 양국 미사일 이름에 쓰이고 있다. 인도는 1988년 원래 대지(大地)의 신 프리트비의 이름을 따서 이슬라마드를 사정권에 넣은 지대지(地對地) 다탄두 미사일을 개발, 발사하는 데 성공했다. 그 이름은 명궁이었던 왕의 이름을 의식한 것으로 고리를 11번이나 용서해준 힘을 기리는 의미가 있었다. 그 이후 프리트비 2호, 3호를 개발하였는데 그 사거리는 150km, 250km, 350km이다. 이에 대항하여 파키스탄이 개발한 미사일의 이름이 고리(Ghuri)로 사거리 350km 이상이다. 프리트비가 공격하면 고리로 맞 대항하겠다는 양국의 대응이 흥미롭다.

사회적 근거

인도인의 관대함의 사회적 근거는 대가족 제도에서 찾을 수 있다. 물론 최근에 대도시를 중심으로 핵가족도 급속히 늘어나고 있지만 대다수, 인도 가족의 체계는 대가족 제도다.

대가족 제도는 할아버지, 큰아버지, 아버지, 작은 아버지 등으로 연결되는 남성 중심의 가족단위가 대지와 집을 공유하며 생활해 나가는 형태를 기본으로 한다. 이 대가족 제도의 영향력은 상당하다.

그래서 중, 소도시는 물론 대도시에서 설사 핵가족을 유지하고 있는 듯이 보여도 이 가족이 한국의 핵가족처럼 독립적인 것이 아니라 대가족의 지부와 같은 역할을 할 때가 더 많다. 이러한 대가족 제도는 상대에 대한 이해와 배려를 돕는다.

동료 교수 한명은 다섯 아들 중 둘째다. 고향인 비하르에는 자기 형제의 자녀를 포함하여 46명이 한 집에 산다. 이러한 규모는 인도에서는 그다지 크다고 볼 순 없다. 그는 아들들이 결혼한 후에는 자기 자녀나 부인보다는 한 집에 사는 조카들, 형수, 제수들에게 더 관대하고 섬세하게 보살피는 것이 당연하다고 했다. 함께 사는 어려움이 많은 만큼 핵가족보다는 대가족 제도가 인간에 대한 이해를 돕는 것은 말할 나위가 없다. 학생들 중에 부모님을 대신하여 삼촌이나 친척이 등록금과 생활비를 대주는 경우가 흔하게 있다.

관대함이 어떻게 나타났는가 – 정치적 이념

인도는 그 규모나 인구가 거대하지만 침략 전쟁에 간여하지 않는다. 외교적 또는 전략적인 실패는 있을지라도 인도가 평화 주의적 국가라는 원칙은 변함이 없다. 앞에서 언급한 바와 같이 대영제국 시대 인도 정치인은 크게 두 그룹 가람 달(열혈당)과 나름 달(온건당)로 나누어져 있었다.

역사적으로 국가의 비상시기는 항상 온건파보다는 강경파가 득세하게 되어 있다. 프랑스 혁명 당시의 자코뱅당이 그렇고, 독일의 나찌스, 구소련의 볼세비키가 그랬다. 그런데 인도의 경우는 다르다. 현재 국민의회당의 모든 집권자들은 온건파인 나름 달 출신이거나 후예들이다. 간디와 네루의 후예들이다. 이에 비해서 강경파인 가람 달은 일제 강점기 광복군, 독립군과 같이 무력항쟁을 근거로 한 그룹으로서 광복군 사령관이었던 수바쉬 찬드라 보스, 바갓 싱, 아스파쿨라, 라자 로호리 등이 이에 속한다. 무력투쟁으로 독립을 쟁취해야 했을 상황에서도 인도인들은 비폭력을 선택했다.

이러한 정치 문화와 역사를 볼 때 인도가 군사 행동이 필요한 경우 어떤 입장을 취할 것인가 그 방향을 예측하기는 어렵지 않다. 즉, 인도는 침략 전쟁을 하지 않고 방어적 전쟁을 할 것이다. 1999년 5월에서 7월 사이 인도는 파키스탄과의 전투로 엄청난 사상자를 내고 있었다. 천 명 단위가 넘는 전사자, 75만 명이 넘는 병력이 카시미르 주의 카길이라는 고봉을 중심으로 치열한 전투가 벌어졌다. 인도에서는 지명을 따서 카길 전쟁이라고 부르는데 이때도 방어 전투로 승리를 하였다. 이 밖의 중국의 티벳 점령, 인·중 전쟁, 인도 파키스탄 전쟁 등의 예를 통해 보더라도 인도는 선제공격을 하지 않았다. 미국과 핵보유 국가로의 승인 등으로 관계개선이 이루어졌어도 여당이든 야당이든 또는 일반 국민이든 이라크 파병은 아무도 동의 하지 않았다. 인도의 기본 외교 방침 또는 군사 행동에 관한 원칙은 호전적인 일본이나 팽창주의적인 중국과는 기본 철학과 지도자의 성향 및 국민의 성품 등등에서 많은 차이가 있다. 원하든 원치 않든 과거가 그러했고 현재의 인도 정부도 기본적으로 먼저 침공하지 않 는 것이 원칙으로 되어 있다. 그리고 실제로 이 원칙이 인도인의 사 고에서 자연스럽게 스며 나오고 있다.

자와할랄 네루 초대 총리가 천명한 외교의 원칙으로 '판츠 쉴 (Panch Sheel: 평화 5원칙)'이라는 것이 있다. 1954년 4월 29일 인 도 총리 자와할랄 네루와 중국 총리 주은래 사이에 맺어진 조약이 다. 그 내용을 보면

첫째, 상호간의 영토 주권을 존중
둘째, 불가침
셋째, 상호 내정 불간섭
넷째, 평등과 호혜
다섯째, 평화 공존이다.

이는 쳄벌레인의 유화정책과 같은 느낌을 주고 결과도 그러했 다. 그 결과로서 가장 큰 사건이 한국 전쟁이 일어났던 1950년 중국 의 티베트 침공이었다. 1947년까지는 영국의 티베트 통치의 결과로 인도는 티베트에 대해 배타적인 권한을 가지고 있었다. 그런데 중국 은 티베트 장악 후에 1951년에서 1952년까지 티베트로 향하는 도로 공사를 진행했다. 2006년 7월 2일자 타임즈 오브 인디아는 중국에 서 티베트의 수도 라사에 세계의 가장 높은 지대를 달리는 철로가 개

통된 것을 보도했다. 이 판츠 쉴의 결과로 인해 종전에는 인도 티베트 국경이라고 불리던 것이 이제는 인·중 국경이라고 불린다. 중국은 앞뒤가 다른 정책으로 티베트를 장악하고 인·중 전쟁에서 승리를 했다. 몇 년 전에는 자국 상품 수출을 위해서 영토분쟁이 있던 시킴주 지역의 경계를 풀고 무역로를 개방했다. 그런데 인·중 간에 사업이 잘 진행되는 이면에 인도인들이 과거에 반복된 조약과 배신으로 인하여 중국인들을 얼마나 불신하는지를 간과하고 있다. 기본적인 양국 간의 불신은 인도에서 한국과 일본에게 항상 유리한 위치를 제공해 줄 것이다. 중국은 사자에 비유되고 인도는 코끼리에 비유된다. 하루는 인도 노교수가 이런 말을 했다.

"사자는 동물을 잡아 먹기 위해서 공격하지만, 코끼리는 다른 동물을 잡아먹기 위해 공격하지 않는다. 단지, 공격해오면 밟고 패대기쳐버린다."

장애인들에게 관대한 인도인

인도에 있는 장애인들은 인도의 환경을 함께 고려하면 다행인 편이다. 인도에서는 사람들을 절대 박대하지 않고 오히려 환대하고 더 잘 보살펴 준다.

델리대학교 위쪽으로 시각장애인들의 기숙사가 있다. 두세 사람이 함께 다니지만 혼자 다녀도 문제는 없다. 주변에 있는 사람들이 버스든지, 길이든지 친절히 안내해 주기 때문이다. 왜 그럴까? 힌두의 내세관과 인과응보(因果應報)가 인도인의 뇌리에 깊이 자리 잡고 있기 때문이다.

　인도인들은 장애인들을 보면 무의식적으로 이 사람은 전생(前生)에 죄를 지어서 이와 같이 되었다고 생각한다. 그리고 이러한 사람을 박대하면 나의 인생이 내세에 더 비참해지고, 후대하면 나의 죄를 탕감한다고 믿는다. 이러한 인과응보에 기초한 사고는 상상할 수없이 각 개인에게 깊이 스며들어 있다.

　따라서 장애인이 과거의 업보에 따라 고생하지만 나는 그를 후대하여야만 한다. 이러한 힌두의 사고는 인도인들의 행동강령을 관대하게 만들었다.

손님에게 관대한 인도인

힌디 격언으로 "아디티 데오 바와"라는 말이 있다. "손님은 신과 같다"라는 말이다. 기본적으로 외부인에게 호의적인가 적대적인가를 구분할 때 인도인은 호의적이다. 수년 전 한국인 연구자가 자료 조사를 위해서 델리의 가난한 동네를 약 열흘간 돌아본 적이 있다.

그런데 이 연구자가 놀란 것은 그 통계 자료가 아니라 차파티도 먹기도 쉽지 않은 형편의 집들이 이 연구자에게 한결같이 차를 대접하는 것이었다. 우리가 같은 일로 인도인 집을 돌아보면 열 집이면 열 집 모두 차를 대접하려고 할 것이다. 물론 우리도 손님을 환대하지만 인도인도 못지않다. 그래서 나와 친분이 깊은 한 교수 가정은 인도를 온 가족이 한 달 이상 직접 차를 몰며 돌아다니고 나서 "우리는 가는 곳마다 천사들을 만났다"고 했다. 전통과 가르침 속에 손님에 대한 기본적 입장이 호의적이다.

영어를 못하는 이들에게 관대한 인도인

한국인이 인도에 오면 스트레스 받는 것이 언어다. 한국인들은 교육 수준이 높아서 어지간한 인도인들보다는 영어를 훨씬 잘하는데, 듣고 말하는 영어를 잘 못해서 불필요할 정도로 영어로 인해 스트레스를 받는다. 다행히도 많은 인도인들이 영어를 잘 못한다. 영어 인구를 대충 12%로 잡으니까 10억 5천만 명은 영어를 아예 모르든지 발음이 이상하든지, 문법이 이상하든지, 표현이 안 맞든지 그렇다. 그래서 틀린 영어를 쓰는 사람을 이상하게 여기지 않는다. 지금도 기억하면 웃음이 나는 경험이 있다. 네루대학교 유학시절 일이다. 나의 가장 친한 친구는 인도에서도 영어가 아주 뛰어난 지역인 다아지일링 출신의 수재였다. 내가 열차로 인도 국내 여행을 계획하고 있다니까 어떤 객실을 예약했느냐고 물었다. 나는 침대칸(Sleeper)이라고 대답한다는 것이 뺀질이를 뜻하는 Slippery라고 대답했다. 나의 영어 수준이 그랬다. 그런데 그 친구는 아, Sleeper! 하면서 웃지 않고 나의 영어를 이해하고 무안하게 만들지 않고 고쳐주었다.

음식 냄새에 관대한 인도인

몇 년 전 한국에서 한국어 연수 프로그램에 참석했다. 독일에서 온 어떤 여성의 이야기를 듣고 딱하게 여긴 일이 있다. 그 분은 남편이 독일인이었다. 어느 날 된장찌개가 너무 먹고 싶어서 몰래 끓여 먹는데 냄새 때문에 이웃집에서 뛰어와 항의를 하고 그 분의 남편도 한소리 했다고 한다. 그래서 독일인 앞에서 얼마나 무안했는지 몰랐다고 했다. 아! 인도에서 된장찌개도 못 끓여 먹는다면 얼마나 괴로우랴! 그런데 인도에서는 절대로 그런 문제가 일어나지 않는다.

인도인에게 음식은 경우에 따라 원료가 고기냐 채소냐가 문제지 누구에게도 냄새는 문제가 아니다. 채식 원료에서 비롯된 냄새는 무엇이어도 괜찮다. 마늘냄새도 괜찮다. 게다가 된장찌개는 남인도 음식 삼바와 비슷하여서 오히려 좋아한다. 인도는 잘 알려진 대로 향신료의 나라다. 음식을 원래의 형태로 먹는 일이 없다. 하다못해 토마토나 참외도 후춧가루를 쳐서 먹는다. 인도에서 유래된 향신료들은 알고 보면 냄새가 상당히 강력하다.

　계피, 육두구(肉荳蔲), 소인경(小鱗莖), 카드멈, 후추, 심황, 지하경, 등등 이루 헤아릴 수 없는 많은 향신료를 쓴다. 한 번은 한국에서 온 손님과 탄두리 치킨을 먹고 나서 겨와 같이 생긴 힌디로 숍이라고 부르는 것을 먹자마자 금방 토할 듯이 뱉어내는 것을 본 적이 있다. 이만큼 식물에서 다양한 향료를 채취해 사용하는 인도인에게 채식에 관계된 냄새는 문제가 되지 않는다. 많은 인도 학생들은 김치의 독한 냄새를 싫어하면서도 김치 먹는 것은 좋아한다.

소리에 관대한 인도인

　2006년 7월 2일자 한국 신문들을 보니 아파트 위아래 층에 살면서 야구 방망이와 쇠파이프를 들고 싸운 기사가 실렸다. 어린 아이 셋을 데리고 사는 윗집은 윗집대로 아랫집의 원성을 들으며 마음을 졸이며 살아야 했고 아랫집은 아이 셋이 뛰어다니는 괴로움 속에서 살아야 했다. 결국 이들 부모는 서로 물어뜯고 야구 방망이를 휘두르며 스트레스와 분노를 분출시킨 것이다. 그 후에 살인도 일어났다. 정부는 이를 위한 위원회도 구성하고 보상법도 마련하고 있다. 하지만 이런 일이 인도에는 절대로 일어나지 않는다. 남에 대한 배려가 없다고 가정해도 기본적으로 시끄러운 소리에 익숙한 인도인이다. 그래서 남이 시끄럽게 해도 여간해서는 불평하지 않는다.

인도에서 사는 한국인치고 새벽 한두 시까지 "빠바바밤---"하는 결혼 트럼펫 소리에 시달리지 않은 사람은 없을 것이다. 일회성 경사이기도 하지만 관례적으로 이런 행사에 항의를 하는 사람은 아무도 없다. 한국인 편에서는 우리가 시끄럽게 지내는 때가 많지 않으니 우리가 피해자라며 피곤해하는 경우도 많다. 그런데 인도인에게는 항의가 먹히지 않는다.

여러 해 전 한국 대사관의 외교관 한 분이 샨티 니케탄에서 살았는데 그 위층에서 새벽 두시가 넘도록 공사한다며 뚝딱거리고 연마기를 윙윙 돌려서 밤새 잠을 잘 수 없었던 일도 있었다. 집 주인에게 항의를 해도 마이동풍(馬耳東風). 인도인 입장에서는 그다지 심각하지 않기 때문이다. 가장 시끄러운 명절 디왈리도 하도 시끄럽다보니 2001년부터 법적기준을 마련하였다. 이때는 종교, 교육기관, 법원, 병원을 제외하고는 125데시벨 이하의 폭죽은 허용이 된다. 장마 빗소리가 50데시벨이고, 귀에 대고 큰소리치는 것이 110데시벨, 천둥이 120데시벨이니까 아직도 무제한이나 마찬가지다.

두 세계에서 살고 있는 인도인

얼마 전 지성적으로 보이는 한국인 여고 선생님이 학생들과 우리 집을 찾아왔다. 그리고 불과 몇 시간 되지 않은 인도 경험 속에서 첫 질문을 던졌다. "인도 사람은 아직도 카스트를 따르나요?" 뭄바이 다음으로 카스트 감각이 떨어지는 인도의 수도 델리에 사는 나로서 뭐라고 답하기 애매한 질문이다. 오늘날 인도인을 카스트를 기준으로 판단하는 것이 맞을까? 아니면 카스트를 무시하고 각자가 가진 직업과 직책에 따라 판단하는 것이 맞을까? 어차피 사회가 계약 중심의 산업 사회로 변화한 것은 사실이다. 인도인에게 이 질문을 던져도 답은 반반 나올 것 같다. 어떤 인도인은 인도가 카스트 없이 어떻게 성립되느냐고 할 것이고, 어떤 사람들은 요즘 세상에 카스트가 어디 있느냐고 할 것이다. 왜 이러한 상반된 답이 나오는가? 이 현상은 과거와 현실의 차이요, 동시대를 비추더라도 중복된 스펙트럼이다. 메르세데스 벤츠가 수백 대 굴러다니는 화려한 현실과 우마차가 찌그덕거리며 가는 과거가 공존하는 것이 인도의 현재다. 배꼽티와 청바지를 입고 자가용을 몰고 오면서 한 손으로는 스마트 폰을 받으며 깔깔대는 여학생과 부르카를 둘러쓰고 몇 세기를 걸쳐도 변화를 거부할 것 같은 침묵속의 회교도 여학생, 샬바 까미즈를 입고 쭌니를 사이로 주변을 훔쳐보는 여학생 등 미래 지향적 현재와 과거의 공존이 불러일으키는 보이지 않는 사회의 갈등을 말해준다. 이 갈등이 개인의 삶과 한 가정에 투영되어 카스트로 인한 아이러니와 급속한 변화를 불러일으킨다.

높고 가난한 브라만

수년 전에 대전 시민 단체에 있는 씩씩한 젊은 여성 세분이 나를 만나러 왔다. 그 많은 질문 중에 하나가 "우리가 보기에는 카스트 제도가 눈에 안 보이는데 실제로 카스트가 존재하나요?" "높은 카스트는 부자, 낮은 카스트는 가난한 사람이 아닌가요?" 이런 것이 한국에 알려진 일반적인 사고지만 혼란스럽게도 오늘날 대부분의 인도인은 카스트 안팎의 두 세계를 오가며 살고 있다. 직장일을 수행하는 데 카스트는 상관이 없다. 막노동을 하든, 남의 집 경비를 서든, 허드렛일을 하든 직업 속에선 평등할 뿐이다. 이 사람들이 브라만일 수도 있다. 그래서 자기의 현재 직업이 보잘 것 없더라도 본래의 사회 신분은 브라만이다. 이 때문에 자기 집 문턱을 들어서는 순간 직장의 허상(虛像)은 사라지고 신 앞에서 진실된 자아의 세계로 돌아오는 것을 느낀다. 직장생활이 끝나면 고전의 카스트의 세계 속으로 돌아가는 것이다.

일반적으로 정통 힌두라면 하루에 두 번 기도시간을 갖는다. 아침에 하는 프라타 푸자(아침 기도)와 저녁에 하는 산디야 푸자(저녁 기도)다. 사람과 집안에 따라 다르지만 새벽에 일어나면, 목욕재계하고, 제사를 시작한다. 경은 거의 라마야나의 여섯 번째 장을 독경한다. 제6장은 순다 칸드라고 하여서 원숭이 신 하누만이 람의 부인 시따를 구하러 스리랑카로 가는 장면이다. 라마야나는 원래 발미키라는 사람이 산스크리트어로 쓴 것인데 실제로 이 산스크리트어로 독경하는 사람은 거의 없는 것 같고, 후에 악바르 대제 때 툴시 다스라는 사람이 힌디어로 쓴 람 챠리트 마나스라고 불리는 경전을 독경한다. 시간은 사람에 따라 5분에서 1시간 정도 경(만트라)을 외운다.

이 때 대상이 되는 신은 사람에 따라 가정마다 다른데, 공통적으로 는 시바, 비쉬누, 크리슈나를 경배하고, 브라만은 태양신 수리야를, 바이샤들은 가네샤와 락시미, 힘을 쓰는 젊은이들은 하누만, 벵골리 들은 두르가를 경배하는 경향이 강하다. 이 가운데 브라만이 섬기는 수리야는 흰색으로 표상되는데 반대로 그 두 아들 사니와 얌은 심판 의 신들로서 검은 색으로 표시되고 아버지 신과 사이가 나쁜 것으로 알려져 있다.

이러한 천직(賤職)과 상층 카스트의 괴리감은 직장과 집을 오가 는 하루 사이에 일어나는 일이다. 조금 길게 보면 1년 동안에 근무 기간 11개월과 휴가 기간 1개월 사이에도 이러한 갈등이 나타난다. 대도시에서 천직(賤職)을 가지고 있던 상층 카스트 사람은 휴가 기간 고향에 가서 갑자기 힘을 쓴다. 돈을 벌어야 하는 대도시는 생존을 위한 실용의 땅이고 고향은 신과 카스트가 존재하는 진실의 땅이다. 종교와 관계된 카스트는 더 진실 되고 직장은 그렇지 않다고 인정하 고 싶은 것이다.

델리대학교 주변에는 소위 릭샤 왈라가 약 2,000명쯤 있는 것으 로 알려져 있다. 릭샤는 역거(力車)의 일본식 발음이 힌디화한 경우 니까 우리말로 인력거 정도 될 것이다.

40도가 넘는 온도에도 전철역에서 람자스 대학까지 와봐야 20루 피, 잘 받으면 30루피다. 이렇게 버는 돈이 하루에 300루피를 전후 한다. 그러면 릭샤를 빌린 사람은 릭샤 주인에게 150루피 정도를 주 고 나머지를 자기 수입으로 한다. 여름은 그래도 괜찮은 편인데 겨 울철 새벽에 집에서 나가다 보면 길이 60cm 정도 되는 좁은 릭샤 위 에서 사람들이 웅크리고 자고 있다. 아침이나 점심 먹을 때 보면 길 에서 차 한 잔에 알루 빠라따 1장 정도 먹고 버틴다. 옷은 땀에 절어

서 등 뒤에는 옷 위에 허옇게 소금기가 배어 있고 냄새가 보통이 아니다. 돈이 사람을 다스린다고 하던가. 그 릭샤 위에는 퉁퉁한 사람들이 느긋이 앉아서 귀족처럼 릭샤를 타고 간다. 이렇게 막노동 중에 막노동을 하는 이 사람들이 사람 취급을 받겠는가? 이 릭샤 왈라들은 불가촉천민인가? 이 사람들이 모두 수드라 출신이라고 생각하면 큰 착각이다. 이 사람들 중에는 브라만, 크샤트리아들도 많다.

이들은 대개 비하르나 우타르 푸라데시 등 다른 주에서 델리로 돈 벌러 온 사람들이다. 이들도 명절 때가 되면 고향으로 돌아간다. 고향에 가면 얼굴은 깡말랐어도 언제 그런 하층 일을 했냐고 할 정도로 깨끗하게 옷을 입고 자기의 신분으로 돌아가 그 역할을 한다. 이와 같이 이들의 생활은 고향과 직장이 있는 두 세계, 카스트가 지배하는 과거와 카스트가 전혀 존재하지 않는 현대를 넘나들며 사는 것이다.

뉴델리 역을 가면 보통 쿨리(짐꾼)라고 부르는 빨간 허술한 상의를 걸친 사람들이 짐을 날라준다. 이 사람들은 경찰로부터 델리나 큰 도시 역에서 폭발물 확인을 하는 특수 업무를 부여받았다. 이 사람들의 주 업무는 20~30루피쯤 받고 짐을 머리에 이고 열차 안까지 날라다 주든지 열차에서 짐을 받아서 택시 정거장까지 가져 오는 것이다. 이 사람들은 무슨 카스트에 속하는가? 바산트 비하르나 샨티니케탄에 사는 한국 가정집에는 청소원 1인, 요리사 1인, 운전사 1인, 경우에 따라서 쪼키다르(경비원) 1인을 쓰는 것이 일반적이다. 요리사 경우는 원래 음식 하는 일이 상층 카스트의 일이었으므로 예외지만 나머지 청소원, 경비원은 원래 천민들의 직업이었다. 이런 일을 하는 사람은 천민출신인가? 일반적으로 쪼끼다르는 인도 삼등국민의 직업이다. 하인과 비슷한 개념으로 여긴다. 자기 신분이 고향에서는 브라만일지라도 수드라가 해야 하는 이 하인의 직업을 하는 것이 낫다고 여긴다. 필자가 네루대학교에 거주할 때 우리 집에 와서 집을 쓸고 닦던 아줌마는 브라만 그 중에도 제사장에 해당되는 빤디트 계급의 딸이었다고 말한바 있다. 청소원은 대대로 '방기'라고 해서 불가촉천민의 일이다. 그래도 월급 이천 루피를 위해서 청소하러 왔다. 현재 있는 델리대학교의 사회과학대학원 경비원은 비하르주의 브라만 출신이다. 브라만이라 할지라도 월급 사오천 루피(약 10만 원)를 위해서 이 직업을 기꺼이 가졌다.

　인도의 개념에서 볼 때 천직(賤職)에 종사하는 사람들은 과거에는 천민출신이었을 가능성이 99%였다. 물론 오늘날도 경제, 사회적 여건이 아직도 좋지 않은 경우가 많아서 불가촉천민이 그런 일들을 하는 경우가 많다. 하지만 전반적으로는 카스트를 알 수 없다. 천직에 종사하는 사람이 불가촉천민이 아닌 경우도 상당히 많아지고 있기 때문이다. 왜냐하면 오늘날은 불가촉천민이 가난하란 법이 없고 브라만이 부자란 법이 없기 때문이다. 브라만이나 크샤트리아도 지독하게 가난할 수가 있다. 이 가난한 브라만이나 크샤트리아가 돈이 굴러들어오고 있는 오늘의 인도 땅에서 양반 상놈을 따져 무엇하랴 며 팔 걷어 부치고 돈 되는 일은 무엇이든지 하자고 뛰어들 수도 있다. 1999년 델리 1인당 연평균 수입이 4만 루피에서 2012년 175,812 루피로 지난 13년간 339퍼센트나 올랐다. 인플레를 감안한다 해도 10여 년 전에 비하면 이제 델리 중산층 인도인들에게 돈이 넘친다.

이런 세상에서 가난한 브라만이 돈을 벌 길을 마다하며 굶어가며 딸깍발이마냥 살 필요가 없다고 생각하는 것은 당연하다. 실제로 브라만의 자티(카스트)를 집어 던지고 굶주림을 면하는 것이 낫지 않겠는가. 굶는 것보다는 낮은 카스트가 하던 일을 하면서 큰돈이 아니더라도 꾸준히 돈을 더 벌어 딸들의 결혼 지참금을 준비하는 것이 낫다. 실제로 시골에서 굶주리던 사람이 델리에 와서 중앙 정부 한구석 쪼기다르라도 하면 실제적으로 출세한 것으로 여기는 것도 무리가 아니다. 조선 시대 산골에서 상경하여 과거 초시급제를 한 것 같이 여긴다.

그러니 인도인 스스로도 계급에 대한 혼동이 생긴다. 계급은 브라만이나 크샤트리아인데 하는 일은 수드라의 일을 하고 경우에 따라서는 이것을 감사해 하고 좋아한다. 얼마나 정신적으로 혼란스럽겠는가? 인도인들은 이런 과거 전통과 종교를 따르는 카스트 제도와 현대의 물질주의의 흐름 속에서 혼돈을 느끼며 갈등하고 있다.

반대의 경우도 빈발한다. 대도시에서는 직장에서 근무 중에는 아무개 과장이고 대리다. 경우에 따라서는 장군이고 사장님이다. 그런데 휴가기간에 고향 시골집에 돌아가면 수드라 집안의 아무개다. 대도시에서 고위직(高位職)을 가지고 있던 사람이 고향에 가면 갑자기 비에 젖은 까마귀다. 아무리 고위직에 있다고 하여도 그 동네의 상층 카스트 사람들이 그 집 문턱을 들어서지 않는다. 하물며 식탁을 함께 하는 것은 아무리 진수성찬(珍羞盛饌)을 차리더라도 꿈도 꿀 수 없다. '높은 사람'에 대한 이런 모욕이 어디 있으랴. 하지만 수천 년 내려온 인도의 종교적 전통을 깨뜨릴 방법이 없다.

수년 전에 남인도 카르나타카의 아름다웠던 영화배우 자야말라가 자그마치 20년 전, 그녀가 27세 새댁이었을 때인 1987년, 케랄라의 사바리 말라 힌두 사원 지성소(至聖所)에 들어간 사건으로 다시 떠들썩했다. 이 사원 종회는 그 사건을 들춰내어 그 배우를 법적 조치를 취하겠다고 으름장을 놓았다. 원래 이곳은 폐경하지 않은 여성은 지성소를 오염시키고 신을 노하게 한다고 하여서 그런 여성의 입장을 금지하고 있는 사원이다. 인디라 간디 여수상조차도 남편이 파르시(조로아스터 교인)이어서 오리사주 뿌리의 자그나트 사원에서 문전박대(門前薄待)를 당했다.

더 거슬러 올라가자면 마하트마 간디도 그 뿌리의 사원에 동행하는 불가촉천민들 때문에 입장을 거부당했다. 이렇게 특정인물에게 성소를 오염시킨다는 이유로 출입을 거부하는 힌두 세계의 원칙은 일정하다.

성스럽게 고행하는 까와리들도 마찬가지다. 델리에서는 매년 칠월에 까와리라고 불리는 황토색 옷을 입고 꽃장식한 물지게를 지고 가는 사람을 볼 수 있다. 이 사람들은 하리두와르까지 도보로 그 지게를 지고 가서 강가(Ganga)의 성수(聖水)를 담아 고향으로 가지고 간다. 이 사람들은 브라만일 수도 있고, 크샤트리아일 수도 있고, 바이샤나 수드라 일 수도 있다. 똑같은 황토색 옷을 입고 가니 힌두 사원에서도 차별하지 않고 다 들어오도록 허락한다. 그런데 이 사람들이 고향에 가면 각자 자기 카스트에 맞게 각자의 동네로 돌아간다. 일단 고향에 들어가면 특히 불가촉천민은 브라만의 땅을 밟을 수 없다. 브라만도 물론 그들의 땅을 밟지 않는다. 이러니 아무리 고위직에 올라도 고향에서 사람 대접받으려면 천출(賤出)이 아니어야 한다.

한국인들은 인도에 오면 바라나시는 꼭 들르는 것 같다. 강둑에서 온갖 것이 뒤섞여 흐르는 강가, 특히 사체 화장, 관광 상품용인 브라만의 야간(夜間) 뿌자, 황금으로 지붕을 뒤덮은 힌두 사원, 그리고 바라나시 힌두대학교를 돌아본다. 그런데 이런 곳 중에서 사원들의 경우 수드라는 입장할 수 없다. 이러니 고위직에 있는 수드라 출신이 힌두의 제1의 성도(聖都) 바라나시에 오면 얼마나 황당하겠는가? 이로 인해 자연히 천민과 상층 카스트의 갈등과 반목이 깊어가는 것이다.

마단 모한 말비야라는 사람은 자신이 브라만이긴 했지만 수드라들이 강가 근처 사원에서 힌두신에게 뿌자(예배)를 할 수 없는데 대한 안타까움을 갖고 그 강물을 멀리 떨어진 사원으로 끌어들여서 힌두 신들에게 제사할 수 있는 기회를 주고자 시바사원을 학교 안에 건축하였다. 이곳이 1916년 마하트마 간디와 거의 동시대의 브라만인 마단 모한 말비야에 의하여 건립된 유명한 바라나시 힌두대학교이다. 이 학교는 힌두와 산스크리트 문학을 발전시키기 위해 설립되었다. 그 광활한 400만 평의 땅은 차로 돌아보아도 한나절 걸린다. 그런데 아쉽게도 공사가 완결되기 전에 본인이 세상을 떠나서 바라나시의 강물을 끌어들이는 일은 성취되지 않았다.

한국의 전직 장관이 인도에 왔을 때 이런 질문을 하였던 것이 기억난다. 천민 출신인 사람은 한반도의 열일곱 배나 되는 이 넓은 땅덩이를 떠나 머나 먼 곳으로 가서 카스트를 숨기고 더 높은 카스트인 척 살면 되지 않겠냐? 그럴 법한 이야기다. 그런데 19세기, 하다못해 20세기까지도 어쩌다가 그런 일이 가능하기는 했지만 상놈이 양반 흉내 내려다가 화장실에서 들통 나는 것처럼 어느 틈인가 하위 카스트 사람의 행태가 드러나기 마련이다.

누군들 불가촉천민으로 태어난 것이 억울하지 않으며 브라만이나 크샤트리아로 행세하고 싶지 않겠는가. 할 수만 있다면 고려 시대 만적의 메시지가 인도의 구석구석을 울릴 수도 있을 것이다. 실제로 자트나 야다브와 같이 훗날 세력을 형성한 카스트들은 자신들이 크샤트리아라고 주장하는 경우가 자주 일어났다. 그런 경우는 자티가 그래도 세력을 강력히 형성한 경우지만 일반적으로 하층 카스트 일개인이 상승 카스트 노릇을 하기란 불가능하다.

교육으로도 하위 카스트를 벗어나기가 절대로 쉽지 않다. 인도가 공화국이 되고 고시 제도가 도입되었어도 실제로 불가촉천민의 자녀들이 학교를 간다는 자체는 큰일이고 고시 합격을 바라는 것은 언감생심(焉敢生心) 꿈꾸기 어렵다. 쌀이 없어 굶는 사람이 우주선을 타고 달에 가는 것으로 비유할 수 있을까? 그래도 상대적으로 지난

20년 이상 이런 하층 카스트의 신분 상승은 괄목할 만하다.

우리가 불가촉천민이라고 부르지만 하층 카스트와 개화되지 않은 것으로 취급받는 부족은 인도 법제상 용어로 지정카스트(Scheduled Caste) 및 지정 부족(Scheduled Tribe)이라고 부른다. 1991년 인도 인구센서스에 따르면 지정카스트가 대략 15%, 지정 부족이 7.5%였다. 게다가 기타 후진 계급(other backward class)이 27% 더해져서 그 인구 비례에 따라 모든 공직, 학생선발의 특례가 도합 49.5% 적용되고 있다. 그러나 이것은 법제상의 문제고 사람들의 인식상의 문제는 아니다. 미국사회가 인종차별을 하지 못하도록 법제화되어 있지만 현실적으로는 사람들의 뿌리 깊은 인식으로 인해 철저하게 차별하는 경우가 많은 것과 같다.

한국인은 회사에서도 정부 기관에서도 상점에서도 각 직장에서 일하고 있는 인도인을 만난다. 그리고 그 사람이 종사하고 있는 직업으로 그 사람의 카스트를 추측한다. 저 사람은 장사를 하고 있으니 아마도 바이샤, 저 사람은 청소를 하고 있으니까 아마도 수드라, ……이런 식이다. 그러나 이런 식의 이해로는 그 사람의 카스트도 파악하기는 물론 어려울 뿐만 아니라 인도 사회변화를 읽기조차 어렵다.

델리대학교에서 샤다 바자라고 불리는 전(全) 인도의 도매상을 가려면 지나가야 하는 약 1~2km 되는 길이 있다. 이 지역을 말카 간지라고 부르는데, 회교도도 많고 돼지고기를 파는 정육점도 많다. 어떻게 회교도가 많은 지역에 돼지고기 정육점이 있을 수 있는가? 힌두 상위 카스트는 돼지고기를 먹지 않고, 회교도도 절대로 먹지 않는데 그럼 과연 누가 돼지고기를 먹기에 거의 열 개나 되는 돼지 정육점이 번성하는가?

저녁 때가 되면 많은 노동자들이 돼지고기를 사러 온다. 불가촉천민들은 내세에 재생하지도 못하는 존재이므로 물소 고기나 돼지고기 등을 먹어도 상관이 없다. 이들은 뜨거운 뙤약볕에서 죽어라고 일하다가 지치고 돈은 없고 그래서 힌두가 인정하는 닭고기, 양고기보다 훨씬 값싼 돼지고기를 사 먹는다. 돼지고기는 이들 노동자들에게는 가장 큰 에너지원이 되는 고마운 음식이다.

그러면 이 노동자들은 모두 불가촉천민들인가? 그런 것이 아니라 남들이 이 사람들이 어떤 카스트인지를 모를 때 돼지고기를 사먹을 수 있는 것이다. 카스트는 고향에 있는 집에서는 절대적으로 지켜지지만 집을 떠나면 상황에 맞게 변해도 된다고 생각하는 경우가 많이 있다.

그런데 한국에 온 인도인들은 한 번 돼지고기 맛을 알게 되면 아주 좋아한다. 한국에 유학을 갔던 브라만 출신의 한 인도 여학생이 처음에는 채식주의자라 한국에서 사는 것을 너무 힘들어했다.

"교수님, 한국에는 제가 먹을 수 있는 것이 별로 없어요!"
3년 후 한국에서 석사를 끝내고 돌아 온 후에는
'교수님, 쏘주와 삼겹살이 끝내줘요!'라고 했다.

힌디어로 "잡 압 빠르데시 자때호, 또 압 아프나 다름 오르 다띠 아프네 데시메 초르가르 주때해"(외국에 가면 종교와 카스트는 네 나라에 두고 가라)는 말이 있다. 이 말처럼 힌두교도들은 바다를 건너면 카스트의 효력이 상실된다고 믿고 있다.

미국에 있는 많은 인도 사람들이 각양각색의 서비스업에 종사한다. 친구가 아는 한 인도여성은 브라만 출신이면서 미장원을 하고 있다. 남의 머리, 손톱, 발톱을 자르는 직업은 카스트 중에는 정말 천민의 직업이다. 그럴 때 적용하는 것이 바다를 건넜으니 돈 버는 직업 자체가 더 중요하다고 생각하며 위안을 삼는다. 그러나 이들도 일단 인도에 오게 되면 인도의 카스트의 규범에 따라서 행동을 한다. 외국에서 그렇게 상냥하던 사람도 일단 인도 공항에만 도착하면 그 얼굴표정이 굳어지고 인도에 사는 다른 사람과 아주 똑같이 행동한다.

오염과 순결을 오가는 인도인

필자가 네루대학교에 근무할 때, 한국의 한 문화 재단에서 약 60 명 정도의 인사(人士)들이 학교를 방문한 적이 있다. 인솔한 자는 한 국인이라면 이름만 들으면 알 수 있는 저명한 분으로서 지금은 작고 하셨다. 이 분은 필자가 재단 방문단에게 특강을 했다고 극진한 예 우를 해주셔서 타고르의 "동방의 등불"을 친필로 써주셨다. 인도에 관한 특강을 하고나서 여러 가지 질문을 받았다. 인도인들이 무슨 카스트에 속하는지를 어떻게 아는지 묻는 질문이 나왔다. 그 다음날 그 자리에 있었던 한 인도 원로 교수가 나에게,

"김 교수님, 인도에서 누가 카스트를 물어봐요?"

"아시다시피 인도인들끼리는 절대로 안 물어 봐요."

인도에서는 카스트에 대한 언급을 하지 않는 것이 불문율이다. 그 첫째 이유는 예의가 아니기 때문이다. 어떻게 우리가 불가촉천민 출신에게 "당신의 계급이 뭐요?" 하고 물을 수 있겠는가? 둘째 이유 는 카스트는 인도인에게 기본 중의 기본이기 때문이다. 인도에서 카 스트가 존재하느냐고 묻는 것은 한국에서 김 씨나 이 씨 성이 있느 냐고 묻는 것과 같다.

이렇게 카스트가 일반적이기 때문에 한국인이 옷이나 차나 명품 으로 상대를 가늠하듯이 인도인은 말없이 상대를 가늠할 때가 너무 많다. 오래 인도 땅에 살다보니 한국에 들어가면 필자 자신의 옷차 림에 대해서 스스로 촌스러운 느낌을 가지지 않을 수가 없다. 하루 는 서울의 한 지하상가에 입을 옷을 사러 갔다가 위아래로 훑어보는

가게 주인의 노골적인 시선을 느껴야 했다. 카스트도 이와 비슷하게 인생의 근본 문제하고는 너무 거리가 멀고도 알고보면 유치한데도, 인격의 본질에 우선하여 실제적으로 개개인에게 지대한 영향을 미친다. 이러니 우리도 인도를 알고자 하면 카스트를 연구할 수밖에 없다.

2006년에 네루대학교에서 학생 간에 무력 충돌이 있었다. 인도의 대표적인 지식인인 네루대 대학원생들이 왜 이렇게 서로 멱살을 잡고 주먹다짐을 하게 된 것인가? 발단은 한 정당 소속의 학생들이 타 정당 소속의 학생들을 불가촉천민(不可觸賤民)이라고 무시했기 때문이다. 겉으로는 소속정당이 달라서 발생한 사건으로 보이지만 그 이면을 들여다보면 사회 정의의 문제를 포장하여 각 카스트 간의 정치적 이익이 얽혀 있는 복잡한 문제이다. 그래서 오늘날 카스트 문제는 사회문제이면서 인도 정치의 아킬레스 건(腱)이다. 이러한 카스트 문제를 대학 내 정치 판도를 중심으로 보면 사회의 정당 활동을 뺨치는 수준이다. 인도는 대학교 안에서 정당 활동을 허용한다. 일반적으로 네루대학교는 좌파이며 인도 공산당(C.P.I)의 학생 조직인 인도 학생 연맹 S.F.I(Students Federation of India)가 주로 집권하고, 힌두 평민당인 B.J.P.(Bharatia Janata Party)의 학생당인 A.V.B.P(Akhil Bharthiya Vidyarthi Parishad)가 주로 야당 노릇을 한다. 델리대학교는 주로 중도 좌파인 국민의회당의 학생조직 N.S.U.I(National Students Union of India)가 학생회를 장악한다.

앞의 사건이 겉으로 봐서는 두 학생 정당의 조직원 간의 충돌이다. 그러나 심층을 들여다보면 정말 전생에서 내세까지 끌고갈 만큼 오랜 세월 한 맺힌 하층 카스트와 누 천년 기득권을 유지한 카스트의 날 선 대결이다. 하층 카스트는 카스트 제도를 인정하지 않고 평등을 주장하는 마르크스주의를 힌두교의 교리를 대체하는 이데올

로기로 선택하는 경향이 분명하다. 하층 카스트 편에서는 힘없고 돈 없는 형편에 물가를 인상할 것이 아니라 무상으로 내놓으라는 요구다. 이러한 성향은 마드야 프라데시 주, 비하르, 자르칸드, 오리사 주 등에 번지는 낙살라이트라는 수천 명이 중화기로 무장된 모택동주의 게릴라들의 준동으로 더 확산되는 경향을 보이고 있다. 낙살라이트는 2005~2006년에는 박격포를 이용하여 수백 명의 게릴라들이 감옥을 두 번 공격하고, 열차를 12시간 이상 납치하는 일도 있었다. 주민들의 부정적인 반응 등으로 정치적으로 복잡하여 중앙 정부에서는 주 정부에 이 문제를 맡겨 놓았었지만 2013년에는 대공세를 감행하는 등 심각하게 받아들이고 있는 듯하다. 당연히 제도권에서는 하층민의 목소리를 반영하는 정당이 강력히 지지를 받고 있다. 이와 반대로 상층 카스트는 기존 인도의 정신적, 사회적 권위 유지에 힘쓰며 전통힌두의 보존이라는 이름으로 상층 카스트의 기득권을 유지하는 우파 정당으로 간다. 이래서 정당원 학생들 간의 싸움의 실상을 보면 상층 카스트와 하층 기스트 간의 싸움이 교내 정치 형태로 드러난 것이다. 어쨌든, 인도인은 상대의 카스트를 눈치 채고 속으로 경멸하기는 해도 말로는 묻지 않는다.

그 첫째 이유는 역설적이게도 인도가 카스트 사회이기 때문이다. 카스트는 오늘날 부정적인 개념으로 이해된다. 미국에서의 인종 문제가 심각해 인종문제를 거론하지 않는 것처럼 인도에서도 카스트 문제는 심각한 사회문제이기 때문에 카스트 문제를 잘 거론하지 않는다. 지금은 이렇게 골칫덩어리로 전락한 것처럼 보이는 카스트도 원래 긍정적인 역할이 있었던 것 같다. 고전적으로 인도는 카스트 제도를 '바르나' 제도라고 불러왔다. 이 바르나는 우리가 이해하기에는 카스트와 비슷하다. 하지만 이는 기능적 분화의 개념으로 긍정적인 측면이 있다. 기본적으로 브라만은 인간의 머리, 크샤트리야는 가슴, 바이샤는 배, 수드라는 발에 해당된다고 이해했다. 이 모든 존재가 유기적으로 필요하다는 것이 바르나 개념이라고 할 수 있다. 팔다리 없는 머리와 가슴은 힘을 쓸 수 없고, 머리 없는 몸통도 쓸모가 없는 것과 같다. 팔다리가 잘 움직이면 소화도 잘되고 두뇌도 잘 회전되어 상호간의 도움이 필수적이다. 서로의 중요성을 인정하고 협력한다. 이에 비해 카스트 개념은 발은 더럽고 배는 먹을 것을 탐하고, 머리는 하는 일없이 비듬만 생산하고, 가슴은 생각이 없다는 식이다. 상호간에 대립적이고 경직된 사고를 가지고 접근한다. 현대의 인도에 남아있는 그대로 카스트 개념은 후자의 개념이다. 그래서 한국 학생은 인도학생을 카스트로 등급을 매기며 구분하고 인도 학생은 얼떨결에 외국인에 의해서 등급이 나뉘어지는 결과가 되었다.

둘째 이유는 세속화(世俗化) 때문이다. 인도는 근본적으로 종교적 사회였다. 그런데 현대에 들어서 상층 카스트 중심으로 도시화하면서 종교적 요소와 멀어지게 되었다. 실용을 중시하는 대도시에서 종교적인 신앙보다는 이성적인 관계와 직업이 중요해졌다. 스리니바스(M. N. Srinivas)라는 세계적으로 저명한 인도의 사회학자가 있다. 그는 세속화를 이렇게 보았다. "힌두는 근본적으로 종교적 사회였기 때문에 오염(汚染)과 순결(純潔)(pollution: purity)을 기준으로 뭉뚱그려졌고 그 종교적 상황이 도시 사회 속에서 정치, 경제, 법적, 도덕적 측면에서 서로 서로에게 구별해야하는 상황으로 발전되어 세속화가 더 이루어졌다." 이를 다시 말하면 과거에는 기본적으로 종교 사회여서 종교적으로 오염되었느냐 순결하느냐만 따지면 되었다. 그런데, 오늘날 대도시는 종교적 규범대로 나누어지지 않을 뿐더러 접촉하는 사회의 범위도 엄청나게 넓어졌다. 우마차 타고 다니던 사람들이 시속 100km로 달리는 전철로 이동하면서 이동 반경이 커지다보니 한 마을 사람으로 인식하기 어려워진 것이다. 버스와 전철, 상가, 가게, 복잡한 환경 안에서 부딪치면서 나의 브라만의 고결함이 손상되었다고 화낼 수가 없이 환경이 변해버린 것이다. 낯선 이들을 수시로 만나야 하는 현대 사회의 특성상 카스트보다는 사회적 직책으로 만날 수밖에 없는 것이다. 실제로 요즈음은 수드라와 브라만이 함께 극장에 들어가고, 붐비는 전철에 타더라도 뭐라고 따질 수 없는 상황이 되었다. 이와 같은 변화는 힌두 상층 카스트에서 보기에는 혼탁한 상황이며 하층에서 보기에는 숨통이 트이는 상황이다. 이것이 오늘날의 인도 대도시의 모습이다. 종교적 상하관계, 직업적 상하관계가 혼재한 도시 속에서도 대략적으로라도 상대의 카스트를 읽어 나가야 한다. 어떻게 상대방의 상하층 카스트를 복잡한 대도시에서 구분할까? 채식과 육식, 직업, 생활양식, 이름으로 눈치껏 구분된다.

채식과 육식

한국인들이 채식주의라고 부를 때는 고기를 중심으로 한 식사를 하지 않는다는 뜻으로 쓰인다. 그래서 계란으로 만든 음식이나 어묵, 약간의 고기 조각이 들어간 음식을 육식이라고 생각하지 않을 수도 있다. 그런데 힌두 채식주의자의 채식 개념은 전혀 다르다.

첫째로 음식(飮食)에 관하여서는 금주(禁酒)에 철저한 채식(菜食)주의자일수록 상층 카스트다. 채식주의자라거나 금주주의자라는 말은 내가 상층 카스트에 속한다는 의미가 된다. 반대로 술과 육식(肉食), 특히 돼지고기와 쇠고기를 먹을수록 하층 카스트에 속한다. 물론 지역적으로 예외적인 경우도 있다.

예를 들면 켈커타를 중심으로 한 벵골리 브라만은 생선을 먹어도 그 위계질서에 전혀 여파를 주지 않고, 카시미르의 브라만에게는 양고기를 잘 먹는 것이 전혀 종교적인 약점이 아니다. 이런 경우를 제외하고는 일반적으로 상층 카스트는 육식을 하는 사람을 천시하는 경향이 있다. 특히 돼지고기는 이미 오염되어 있는 동물이라서 그 고기를 먹는 사람까지 오염시킨다고 믿고 있고, 쇠고기를 먹는 이를 천시하는 것은 소가 성스러운 동물이기 때문에 성물(聖物)을 잡아먹는 사람은 천민이라는 생각이다.

매년 10월 3일은 개천절, 한국개국기념일(The Day of Establishing Korea)이다. 그래서 뉴델리의 한국 대사관은 바쁜 날이다. 인도 부통령과 각계 요인, 각국 대사, 외교관, 기타 요인들이 참석하는 리셉션이 저녁에 열린다. 한국 편에서는 한국을 대외적으로 보여주는 중요한 행사다. 그런데 음식을 준비하는 한국 대사관을 혼동시키는 것은 채식(菜食)주의자와 육식(肉食)주의자의 비율이다. 준비를 철저히 하느라고 초청자들에게 채식주의자인지 육식주의자인지 표시를 요청하니 참석자의 2/3가 채식주의자라고 표시해서 응답해왔다고 한다. 이에 맞추어 음식을 준비하면 채식은 남아돌고, 육식은 동이 난다. 채식으로 표기해서 응답했던 인도인들이 정작 리셉션에 와서는 육식을 먹어치우기 때문이다. 아시아나 항공이 인천과 델리를 취항하고 있다. 델리를 오가는 국제노선 중에서 가장 세련된 항공이라서 한국에 대해서 자부심을 갖게 한다. 취항 초기 이 승무원들에게 가장 까다로웠던 문제가 바로 인도식 채식주의 즉, 계란조차도 포함되지 않은 철저한 채식을 공급하는 것이었다. 그런데 정작 숯불구이 양갈비구이가 지글지글 구워지고, 프랑스산, 칠레산 포도주, 스코틀랜드산 위스키의 향이 퍼지면 코와 입과 위장이 다르게 반응한다. 그래서 채식은 상대의 질문에 답하는 기록에 지나지 않는 것이고, 육식은 육체가 원하는 식사의 실천인 경우가 많다. 아마도 스리니바스(M.N. Srinivas) 같은 대학자가 인도의 세속화(世俗化)를 논할 때, 서구화된 상층 카스트가 얼마나 위스키와 육식으로 도시화될 수 있는지도 논해야 했을 것 같다. 물론 철저한 채식주의자가 없다는 말은 결단코 아니다. 인도에서는 철저한 채식주의자들에게 기내식을 닭고기가 들어간 음식으로 잘못 공급했다가 소송에 걸려서 항공료의 수십 배의 손해배상을 한 사건도 있었다. 맛있고 달콤하여 세계적 상품이 된 한국의 초코파이도 표면에 쇠고기 젤(beef gel)이라고 쓰인 것이 발견되어 인도 신문 톱기사로 방송까지 시끄럽게 떠들었던 것이 불과 몇 년 전 일이다.

따라서 이와 같은 예들은 채식을 절대적 원칙으로 고수하는 채식주의자들이 거의 없다고 이해해서는 안 된다. 이보다는 인구 수로 볼 때 채식에서 육식으로 많이 넘어가고 있는 실제 경향을 보여준다고 이해해야 할 것이다.

이발

또 하나의 상하층 카스트 구분은 그들이 감당하는 일에 얼마나 수공(手工)이 들어가는가이다. 소위 오늘날 3D 산업개념은 옛날에도 비슷했던 것 같다. 더러운 것은 오염시킨다고 여겼고 동물 도살(屠殺)은 죄악시하였다. 당연히 이러한 분야에 종사하는 이발사, 청소원, 가죽신을 만드는 사람, 백정 등은 천민취급을 받게 되었다. 정통 힌두교도들은 자기가 스스로 자기 수염을 면도하면 안 된다고 생각했다. 면도된 수염은 오염물이기 때문에 천민인 이발사가 해야 한

다고 생각하는 것이다. 그런데 1회용 면도기나 전기면도기와 같은
현대발명품의 등장으로 힌두들의 이런 고정관념은 혼선을 불러일으
켰다.

아무도 이발사를 시켜서 1회용 면도기를 쓰지 않으며 전기면도기
를 사용하지 않기 때문에 스스로 면도하면서 힌두 관념으로는 오염
이 되어버리는 것이다. 화요일은 머리나 수염에 칼을 대지 않고 이
발소도 공휴일이다. 화요일은 원숭이 신 하누만을 숭배하는 날이라
서 그 숭배자들은 절대 고기를 먹지 않고 이발을 안 한다. 따라서 예
전에는 이 날이 되면 인도 남자들이 수염이 긴 채로 돌아다녔다. 그
런데 1회용 면도기, 전기면도기로 인하여 이 사람들도 이젠 화요일
에도 얼굴을 깨끗이 하고 다닌다. 직장생활을 해야 하는 현대인의
입장에서 지저분한 수염을 깔끔하게 처리할 필요가 생긴 것이다. 델
리대 옆에 카말라 마켓이라는 큰 시장이 있다. 화요일 오후에 모임
이 있어서 아침에 그 시장에 있는 이발소에 이발을 하러 갔더니 문
이 닫혔다. 아차, 오늘은 화요일이지! 그래서 미장원에 가서 내 머리
를 좀 잘라줄 수 있느냐고 했더니 안 된다고 했다. 화요일의 이러한

금기의 문제가 여성에게는 해당되지 않는다. 그래도 그 미장원조차 높은 카스트의 주인아줌마는 돈 통만 지키고 있고 머리 자르는 이용사는 북동부의 아가씨들이었다.

사망

생사(生死)의 문제도 오염과 관계된다. 이런 태생(胎生)에 관련된 것은 오염에 들어간다. 탄생(誕生)이 오염이라면 사망(死亡)은 얼마나 더 큰 오염에 속할 것인가? 학교에 있다 보면 갑자기 머리를 빡빡 깎고 오는 학생들이 자주 보인다. 이렇게 깎는 이유는 두 가지인데, 하나는 탈모(脫毛) 현상 때문이다. 인도는 물이 거세서 머리가 잘 빠진다. 그런데 삭발을 하면 근모가 강해진다. 그래서 수시로 삭발을 한다.

이런 탈모 이유를 제외하면 삭발하는 경우는 장례(葬禮)다. 삭발한 학생들은 주변의 누군가가 사망하여서 장례식에 참석하고 오는 것이다. 사람이 사망하면 힌두들은 가능한 한 빨리 화장(火葬)을 진행시킨다. 이때 3세 이하의 아기들은 화장을 하지 않고 매장(埋葬)을 한다. 사망하면 가족들은 친지, 친구들에게 속히 부고(訃告)를 낸다. 전통적인 농촌의 힌두 가정에서는 부조(扶助)로서 장작 한 개씩 상가(喪家)에 들고 간다. 그런데 인도와 같이 12억 이상의 인구 대국에서, 델리 만 해도 한해 5만 구 이상을 화장을 해야 한다. 이 상황에서 시체 한구를 화장해야 하는 화목(火木)을 생각하면 화목 값도 비싸지고 인도의 히말라야 삼림(森林)도 남아날 수가 없다. 그래서 인도 정부는 전기화장장 시설을 확충하고 있다.

인도인에게 사망과 관련하여 중요한 날은 사망 2일째, 7일째, 10일째, 11일째, 12일째이다. 사망 2일째는 화장하는 날이다. 일단 성인이 사망하면 사자(死者)의 몸을 깨끗이 씻고 머리와 수염을 이발한다. 그러고 나서 수의를 입힌다. 이 사체를 '치타'라는 운구(運柩)에 얹어 '카판'이라고 불리는 붉은 수의를 덮고 나서 화장터로 향한다. 이때 염라대왕(閻羅大王) 야마의 도움을 요청하는 경을 낭송(朗誦)하거나, "람 람 사뗴"(람 신은 진리시다)를 외치며 남자만 줄지어 따라간다. 화장터는 동리에서 그리 멀지 않은 곳에 있다. 강이 있는 곳이면 제방에서 화장하는 것이 가장 이상적이다. 조객들은 화목과 새 옷을 가져온다. 이 세상을 떠나 환생한다고 믿기 때문에 망자(亡者)에게 새 옷을 기부하는 것이다. 이 화장터에 도착하면 장작을 쌓아올린다. 장작더미 위에 사체를 놓고 새 옷들을 덮고, 장남이 그 더미를 세 바퀴 돈다. 한 바퀴를 돌 때마다 성수를 사자의 입에 뿌리고 불을 붙인다. 망자(亡者)가 여자면 장남이, 남자면 막내아들이 불을 붙인다. 화장을 하면 그 재를 강물에 뿌린다. 불길이 사위는 동안 조객들은 베다 경전을 낭송한다.

인도 전 총리 라지브 간디(Rajiv Gandhi)가 타계했을 때 이러한 방식으로 화장하는 것을 TV로 생중계하였다. 인도의 전직 대통령들이 타계하는 경우는 여러 번 보았지만 TV에서 하루 종일 장례식을 방영하는 경우는 라지브 간디 이외에는 없었던 것 같다. 그는 1991년 5월에 타밀 타이거 자살 테러리스트에 의해서 폭사(暴死)되었다. 그는 모친 인디라 간디의 정책과는 달리, 스리랑카 정부군을 지원하여 타밀 타이거들을 진압시키고자 하였다. 그래서 그들의 반발을 사게 된 것이다. 한 타밀 여인이 몸에 폭발물을 가지고 인사하면서 자폭사(自爆)하여 라지브 간디의 사체는 산산조각이 났다. 이를 모아서 마하트마 간디의 화장터 라지 가트의 옆인 비르 부미에서 화장을 하였다. 델리의 5월 말 뜨거운 때에 그 오랜 시간 동안 그 많은 사람들이 애도하는 모습이 기억난다.

이렇게 왕가와 같은 가문의 장례식이라고 할지라도 누군가 세상을 떠난 집, 친척, 친지의 사망 근처에 조객으로 조문을 가면 그 사람은 오염된 것이다. 바라나시의 화장터에서 망자의 몸이 태워지면서 지지직하며 내 옷에 튀던 사람의 기름, 아직도 유쾌하지 않은 기억으로 남아있다.

사망 7일째에는 여성들의 정화제(淨化際)가 열린다. 여성들은 손, 발톱을 자르고, 처음으로 머리를 감고 목욕을 한다. 그리고 장례 기간 입었던 옷을 불태운다.

사망 10일째에는 남자들의 정화제로서 가족과 가까운 친지들은 머리를 삭발한다. 이때 머리는 오염되어 있으므로 이발사가 해야만 한다.

사망 11일째에는 오명된 가정에서 일반 가정으로 돌아가기 위해서 특별한 브라만 사제를 초청한다. 힌두들은 망자의 영혼이 10일간 살던 집 주위를 떠돈다고 믿는다. 그래서 영혼이 편안히 다른 세상으로 가려면 특별한 제사를 지내야 하는데, 이 특별한 제사를 맡는 사제는 죽은 자만을 다루는 다시 말하면 죽음의 사제다. 이 사제는 망자가 저 세상으로 가기 위해서는 필수(必須)적인 사제다. 이 사제를 '깐따하'라고 하는데, 한국인이 장의사를 싫어하듯이 인도인도 깐따하를 질색하고, 설사 목이 마르다고 해도 그 사람에게는 물 한 컵 주지 않는다.

사망 12일째는 '브라모 보즈'라고 하여서 주변인들을 초대하는데, 브라만이 음식을 먼저 먹고 약간의 돈과 음식을 받아간다. 이래야만 그 영혼이 편안히 다음 세상에서 환생한다고 믿는다. 사망의 독기가 그 사제와 브라만들을 통해 빠져나가는 것이다. 그리고 나면 다른 카스트 사람들이 음식을 나누어 먹는다. 이 12일째가 되면 그 가정은 오염 된데서 풀려나고 정상 생활로 복귀한다. 13일째에는 터어반을 넘겨주는 소위 "빠그리 세리모니"(Pagri Ceremony)를 한다. 인도의 정당 총재직이 바뀔 때 머리에 쓰는 터어반, '빠그리'를 그 후임자에게 씌어 준다. 수년 전에는 인도 평민당(B.J.P)의 아드바니당 대표가 벤카테시에게 넘겨주고, 올라즈나트에게 넘겨준 장면이 방영되었다. 왕이 즉위식을 하는 것과 같이 정당에서는 당권을 넘겨주고, 가정에서는 가부장권(家父長權)을 공식적으로 친지들 앞에서 인정받는 것이다.

여성 생리

여성의 생리도 오염에 포함된다. 여성의 월경은 힌두들에게는 상당히 중요한 의미를 갖는다. 과거 힌두교가 확장하기 이전에 있던 브라만교에서는 여성의 지위가 상당히 높고 여신의 절대성이 확립되어 있던 것으로 연구되어 있다. 이런 영향으로 초경(初經) 이전의 여아들은 항상 신성(神聖)을 가지고 있다고 여긴다. 그래서 여아들에 대한 대우가 좋다. 하지만 초경을 거치면 이미 그 여아는 오염되었다고 간주된다. 즉, 월경은 분비물 또는 배출물에 해당되어서 오염물질에 속하는 것이다. 실상은 월경과 더불어 한 생명이 사망했다고 여기는 것이다.

앞에서 말한 바와 같이 이런 생리는 사망과 관계된 것이 오염이다. 당연히 월경 기간 중인 여성은 오염되어 있는 것으로 간주한다.

따라서 그 기간 동안에는 아예 음식을 하러 부엌에 들어가지 않는다. 물론 가족도 그 부인이나 딸이 그 기간에 음식하는 것을 금기시한다. 부인이 그 기간에 해당될 때는 남편이 일을 하는 경우도 보았다. 여러 해 전 은퇴할 때가 된 인도 여교수 댁에 초대를 받아서 아내와 함께 방문하였다. 우리 외에도 세 가정이 더 초대를 받아 와 있었는데 외국인이라서 '불가촉천민'으로 취급받는 내 아내가 브라만 가정의 부엌에 들어갈 수가 없어서 음식을 내오도록 그 집 딸을 들여보내려는데 딸이 부엌에 들어가지를 않는 것이었다. 얼마 후 식사준비가 되어 안정이 되고나서 이 노 여교수가 내가 외국인인 것을 고려하여서 딸이 생리 중이어서 인도 가정에서는 이런 경우 부엌에 들어가지 않는다고 귀뜸을 해주었다.

물과 음식

물이나 음식을 주고 그에 대한 대응을 보면 상대를 읽을 수 있다. 상위 카스트 사람들은 음식을 하사(下賜)하기는 해도 상납(上納)은 받지 않는다. 낮은 카스트가 한 음식을 먹으면 오염에 해당되는 것이다. 그래서 모르는 사람이 주는 음식은 잘 안 먹는다.

우리 집에 자주 오는 박사과정 학생이 한 명 있다. 비하르 주 브라만인데, 내가 물을 주어도 한 모금도 안마시고 돌아간다. 이 학생의 문화 배경으로는 내가 교수여도 그건 직업과 인간관계의 문제일뿐, 그의 생활양식으로는 전통적인 브라만으로서 아웃카스트의 집에서 물을 마실 수 없는 것이다. 힌두 배경에서 자란 사람에게는 이 정도 일은 이상한 일이 아니다. 물이 이러하면 음식은 어떠하랴? 이 학생을 알게 된 지난 2년간 음식을 먹은 적이 한 번도 없다. 이 학생은 우리 집에 올 때마다 마늘냄새 때문에 구토가 난다고 나중에 고백했다. 그는 독실한 힌두교도로서 마늘뿐만 아니라 양파도 먹지 않는다. 나의 박사과정 동기가 란치에서 사업을 한다. 이 친구는 자르칸드 주 브라만인데, 나하고 절친한 사이지만 우리 집에서 주는 음식을 6~7년 전에 딱 한 번 맛없게 먹었고, 그 외에는 시내 음식점에서만 함께 먹었다. 이 친구는 아무 말도 하지 않지만 필자는 그 이유를 안다. 그래서 식사할 때는 집에서 하지 않고 밖에 나가서 좋은 인도 식당에서 한다. 이런 이유로 사업을 하는 식당조차 요리사는 브라만을 택하려는 경향이 강하다.

10여 년 전 필자가 네루대학교에 살 때 어떤 한국인이 전화를 해서 만나자고 했다. 그 사람은 요리사였는데 인도 요리를 배우면 한국에서 장래가 좋을 것 같아서 인도 고급 호텔 주방에서 인도 요리 실습을 익히는 사람이었다. 그런데 이유 없이 인도 요리사들이 자신에게 거칠게 대하고 음식에 손을 못 대게 하는 경우가 많다고 하는 것이었다. 말을 듣자니 이 사람은 브라만 요리사들의 텃세를 꽤나 받는 중이었는데 그 사람은 정작 이 부분은 생각지 못하고 있었다.

준비 없이 준비하는 인도인

한국에선 공식회의를 앞두고 소위 '높은 분'이 행차할 경우 해당 부처에서는 한두 달 전부터 자료를 모아 두툼한 회의 자료를 만든다. 필자도 한국 정부와 인도 정부의 국제회의용 자료집을 몇 권씩 가지고 있을 정도다. 그런데 이 모든 자료집은 한국 측이 준비한 것이다. 한국은 고위 공직자들이 지나치게 철저히 준비해서 하급자들이 지칠 정도다.

준비는 이렇듯 철저하지만 이렇게 철저한 준비에 들이는 공에 비해 공직자들의 리더쉽 부족으로 아쉬울 때가 있다. 그 정도의 고위직에 올랐으면 머릿속으로 정리하고 자신이 관장하는 범위 안에서 인도인에게 적절히 대응하면서 밀고 당기는 리더십이 필요해 보인다. 기업의 준비 문화 또한 정부에 못지않다. 모 그룹 회장이 뜨면 책이 한 권씩 만들어진다는 말이 다 있을 정도다. 내용을 듣다보면 별걸 다 준비한다는 생각이 든다. 여러 해 전 한 그룹 회장이 방문했을 때, 같은 계열사 직원 부인들이 총동원되어 호텔 로비에 한복을 입고 밤 12시 넘도록 도열해 있던 일도 있었다.

한국인이 이렇게 지독할 정도로 준비하는 데 비해 인도인은 지나치게 준비를 안 한다. 인도인들은 그렇게 자료에 공들이지 않는다. 사안별로 다르기는 하지만 인도 장관은 겨우 며칠 전에 자료를 챙겨보았을 수도 있다. 회의 전날쯤 자료를 챙기지 않았을까 생각된다. 서류는 중요시하지만 '서류를 위한 서류'는 준비하지 않는다. 공식적으로 인정되지 않는 서류를 작성하고 책으로 제작하느라 수고를 들이며 경비 손실을 초래할 일은 하지 않는다. 결국은 지도자가 타협하고 결정한 선이 마지막 타결점이며 정작 중요한 점이라는 걸 인도인은 잘 안다. 주유소에서 자동차 기름을 넣을 때 한국인인 나는 이미 돈을 빼들고 서있다. 이에 비해서 인도인은 뒤차가 기다리고 있는 것을 알아도 기름을 다 넣은 것을 본 다음에 차에서 내려 뒷주머니에서 부스럭거리며 그제야 지갑을 꺼낸다.

인도에서 오래 살다보니 저녁 초대를 받아서 가는 일이 자주 있다. 그런데 인도인의 파티에 초대를 받으면 그 시간 정각을 말하는 것이 아니라 대충 1시간의 폭을 가지고 오라는 뜻이다. 8시에 초대했으면 8시에서 9시까지는 그런대로 괜찮다. 처음에는 7시에 파티 시간이라고 연락받으면 7시까지 연회장에 갔다. 7시에 가면 손님을 접대할 주인조차도 연회장에 도착하지 않았고 이제 음식을 만들기 시작하려고 일하는 사람만 부산하게 움직이고 있다. 늘 우리 부부가 제일 첫 번째 손님이었다. 식사는 그때부터 준비하기 때문에 밤 9시 30분이 넘어야 식사가 조금씩 나오기 시작한다. 한국인들은 배가 고프다. 그래서 이를 아는 한국인들은 인도인들이 초대를 하면 일찌감치 라면 한 그릇을 끓여 먹고 가는 경우도 있다. 지나칠 만큼 준비하는 한국인으로서 무비에 가까운 인도의 문화풍토를 대하면 얼마나 당혹스럽겠는가? 정부든 회사든 간에 일의 내용문제와는 별도로, 준비하는 것만으로도 한국인은 충격의 연속이다. 무엇이 이러한 차이를 만들었는지 생각해 볼 필요가 있다.

운명 주의

인도인이 준비를 안 하는 첫째 이유는 운명주의적인 사고방식이다. 운명이란, 내가 노력하든지 안하든지 신이 예정해 놓은 길대로 가기 마련이라고 생각하는 것이다. 인도인은 운명을 철저히 믿는다. 자신의 운명은 이미 신이 부여한 것으로 그 운명대로 되어가고 있다고 생각한다. 신이 부여한 것이므로 준비하든지 안하든지 결과는 마찬가지로 이루어질 것이라고 믿는다. 힌디어로 "아가르 우빠르 왈래 네 자하 또 삽 구츠 틱 호자애가"(위에 있는 이가 원하면 모든 일이 잘 이루어질 것이다)라는 말은 그러한 사고를 잘 드러내고 있다. 10년 전, 네루대학교에 있을 때 한국의 원로 교수 한 분이 특강을 위해서 왔다. 특강을 위해서 인도 땅에 왔으니 얼마나 설렜겠는가. 다음 날 약간 긴장감을 안고 약속된 시간인 오전 9시 30분에 세미나실에 도착했다. 그런데 정작 책임을 맡은 교수는 9시 45분에 나타났다. 세미나 실은 커다란 구식 자물쇠로 문이 굳게 잠겨 있어서 그나마 도착한 몇 안 되는 학생들도 밖에 서서 기다리고 있었다. 이렇게 준비 안 된 모습을 본 그 원로 교수의 얼굴에 당연히 불쾌감이 흘렀다. 그런데 정작 인도인 책임 교수는 너무 편안하게 등장했다. 그리고 그제서야 관리인에게 학생을 보내어 열쇠를 받아오게 하고 특강 동안에 마실 차를 주문하라고 지시했다. 결과적으로 특강은 좀 늦게 시작했지만 그런대로 끝날 수 있었다.

이와 같이 인도인은 준비하는 것에 둔감한 편이다. 한국의 주간 에피소드도 있다. 한 번은 델리대학교에서 주관하는 '한국의 주간' 행사의 하나로 한국의 사진 전시회가 있었다. 그 전날 행사가 있어서 이 날 행사는 다른 사람을 책임자로 맡겼다. 아침 11시가 개막식인데, 9시 30분에 가보니 작품이 하나도 걸려있지 않았다. 이때부터

50점을 무슨 재주로 주제별로 배치하는가? 하다못해 개막식을 할 테이프와 가위도 준비가 되어 있지 않았다. 책임자는 10시에 필자의 독촉 전화를 받고 나서야 나타났다. 몇 명의 교수들과 학생들이 달려들어서 번갯불에 콩 볶아 먹듯이 준비를 하였다. 다행히 이러한 미진한 준비를 손님들이 알아보지 못하고 둘러보게 되어서 가슴을 쓸어내린 일도 있었다.

인도 사람들은 자신들이 잘못해서 결과가 나빠도 신이 원치 않고, 별자리가 나빠서 그런 부정적인 결과가 나온다고 생각한다. 회사에 늦게 출근해서 감봉을 당했는데, 그 날은 별자리가 나빠서 안 좋은 결과를 얻게 되었다고 여긴다. 자신이 불성실해서 그렇다고 생각하지 않는다. 이러한 운명주의적 사고는 자신의 잘못을 돌아보지 않아도 되고, 일이 안될 때 신의 탓으로 책임을 미룰 수도 있다. 농사를 지을 때도 마찬가지다. 강물이 자신의 농토에서 조금 떨어진 곳으로 흐르면 관개해서 물을 끌어올 생각을 하지 않는다. 신이 원하면 우리 논에 물이 흘러서 풍년이 되고 신이 원치 않으면 흉년이 된다고 생각한다. 그러니 필요한 일이 있어도 준비를 하지 않게 된다.

가부장제

인도는 기본적으로 가부장 제도를 유지하고 있다. 최근 들어서 대도시는 핵가족화하고 있지만 실제적으로는 대가족의 구성과 관계가 씨줄과 날줄처럼 빈틈없이 엮어져 있다. 일반 농촌에서는 최소한 할아버지, 할머니, 큰아버지, 큰어머니, 아버지, 어머니, 작은아버지, 작은어머니, 사촌 형제들, 조카로 구성되는 것이 일반적이다. 현재 도시 인구가 증가했다고는 하나 전체 인구의 30%를 넘어가지는 않으니까 실제로는 대가족 구성을 유지하고 있다. 게다가 소도시들은 농촌과 바로 연결되어서 가족 구성면에서 도시적이기보다 농촌적이므로 실제적인 핵가족의 비율은 더 떨어진다. 대가족에서 모든 중요한 결정은 가부장이 한다. 부분적인 일은 가부장의 결정에 따르는 것이 몸에 배어있다. 가부장은 중요한 일을 결정하고 내부적 관계를 조정하는 일을 맡아한다. 그래서 할당된 일을 넘어서 남의 일을 간섭하거나 도와주는 것은 바른 자세가 아니다. 이러한 정신자세를 직장에 적용해보면 가부장에 해당되는 인물은 회사 사장이거나 기관장이다. 그래서 자신들이 책임질 의견을 별로 내놓지 않고 모든 책임은 최고 경영자에게로 미루는 습성이 있다. 일이 잘못되더라도 누군가가 잘못해서 그렇지만 '나'는 그런 결과에 관심이 없다. 반대로 이야기하자면 자신이 책임을 지지 않는다.

카스트 제도

카스트 제도는 기능면에서 보면 기본적으로 계급적 분업과 같다. 그래서 개개인은 자기 계급과 기능에 해당되는 일만 하면 된다. 마누법전에 따르면 브라만은 머리, 크샤트리아는 가슴, 바이샤는 손, 수드라는 다리다. 다리가 머리나 가슴의 역할을 하고자 하면 안 되고 머리가 손의 역할을 하면 안 된다. 그런데 문제는 이런 계급 전반에 걸친 입장이 개개인의 삶의 자세에 영향을 미치는 것이다. 상위 카스트가 하위 카스트의 일을 하면 안 되고 하위 카스트가 상위 카스트의 일을 하면 안 되는 것처럼, 내가 남의 일을 간여할 필요가 없는 것이다.

이러한 전통적인 사고의 틀이 인도인이 준비를 안 하는 데 중요한 이유가 된다. 인도가 경제적으로 급격히 부상하면서 가시적인 구조는 산업화되는데 관습은 급변하는 산업사회와 맞지 않는 것이다. 그래서 나의 일이 아니면 그 일이 성공하든 실패하든 상관없이 손을 대지 않는다. 델리에서 흔한 게 쓰레기 문제다. 쓰레기는 철저히 "버리는 사람 따로 치우는 사람 따로"다. 델리 시내에 다니다 보면 새로 뽑은 깨끗한 차 안에서 달리면서 창밖으로 종이컵, 비닐 봉지, 과자껍질 등 모든 쓰레기를 길에 던져버리는 광경을 공공연히 본다. 경찰도 뭐라고 하지 않고 비난하는 사람도 없다. 그러려니 한다.

한 번은 한 공립학교 교장선생님이 학생들을 청소시켰다가 가장 큰 신문의 두 면에 걸친 비판을 받았다. 이 선생님은 공립학교 재정이 모자라서 청소원을 고용하지 않았다. 학교는 깨끗이 해야 하겠고, 해서 학생들에게 청소를 시켰는데 아니나 다를까 심각한 문제가 된 것이다. 탈카토라 수영장에 가면 샤워실에 물이 틀어져서 계속해서 물이 흘러도 잠그는 사람이 없다. 하루는 학과장실에 프린터를 설치해야 했다. 레이저 프린터를 설치할 사람은 이미 학과장 실에 있는데 주차장에서 차에 실린 프린터를 가져올 일꾼이 없었다. 프린터 설치할 사람은 자기가 프린터를 가져오지 않고 일군을 찾으러 여기 저기 돌아다니느라 일을 못하고 있었다. 한 번은 내 연구실이 일을 끝내고 지저분하여 필자가 빗자루를 들고 바닥을 쓸었더니 한 학생이 자기가 치우겠다고 했다. 잠깐 다른 일을 보러 갔다 돌아와 보니 그대로 있었다. 그 학생은 교수인 필자가 치우는 것을 보고 예의상 자신이 일을 맡았지만 브라만인 자신이 빗자루를 잡을 수는 없었던 것이다. 결국 청소원을 찾지 못해서 그냥 내버려둔 것이었다. 인도 사람들은 집 앞이 아무리 더러워도 잘 치우는 법이 없다. 청소원이 쓸어주기 때문이다. 중산층 집을 가보면 집 앞은 복잡하고 지저분하지만 그 집안으로 들어가 보면 정리를 깔끔하게 잘해 놓은 것을 볼 수 있다. 밖은 지옥, 안은 천국이다.

과시성향

인도의 국조(國鳥)는 공작새다. 네루대학교에 살 때 매일 교내에 있는 수십 마리의 공작을 보며 지냈다. 집 앞을 오가기도 한다. 이 공작새 수컷은 발정기가 되면 그 아름다운 깃털을 부채를 펼치듯이 펼친다. 무늬를 자세히 보면 각 깃털마다 짙은 초록색 바탕에 타원형으로 푸른색 보라색으로 장식되어 있는 것이 너무 아름답다. 그런데 그 아름답게 펼친 공작새의 뒤로 돌아가서 깃털의 뒤 꽁지를 보면 너무 볼썽사납다. 털 뽑아놓은 닭과 비슷하다. 인도인의 전면과 후면은 마치 공작새와 같이 차이가 많이 난다. 인도의 힌두 축제 때는 종교 행사를 위해서 수많은 신상을 만들어 놓는다. 그 때 그 신상들을 보면 정말로 화려하다. 그런데 바로 그 뒤를 보면 전혀 색칠도 되어 있지 않고 거칠게 남아 있어서 너무 대조를 이루는 것을 볼 수 있다. 인도인 개인적으로도 이런 성향이 있다. 인도인은 자신의 능력의 한계상 할 수 없는 일일지라도 질문을 받으면 자신이 할 수 있다고 말한다. 그 이유는 자신을 과시하고자 하는 데 있다.

네루대학교에서 있었던 일이다. 동료 인도 교수와 대화중에 필자의 컴퓨터는 그래도 작동이 괜찮다고 했는데, 이 사람은 즉각적으로 자신도 최신의 컴퓨터가 있다고 반응해 왔다. 한국인은 이런 것을 자랑하면 사람이 덜 되어 보인다고 생각하는데 인도인은 자신이 가지고 있다고 말해야 위세를 보이는 것으로 생각한다. 자신이 직접 하지 않고 남을 시키고, 빨리 하지 않고 천천히 해야 자신의 위엄이 지켜진다고 생각한다. 하다못해 길을 건널 때도 빨간불이 켜지고 기다리던 차들이 경적을 울려도 개의치 않고 천천히 걸어간다. 한국어과에 어떤 학생이 있었는데 한국어를 전혀 못하는 학생이었다. 그는 인터뷰에서 한국어를 잘한다고 큰소리를 쳐서 한국인이 없는 인도회사에 한국어 통역으로 취직이 되었다. 다른 한국어과 학생이 그 회사에 들어갔는데 그 학생은 한국어를 아주 잘하는 학생이었다. 그래서 회사에서 인정을 받고 한국에도 언어연수를 다녀오게 되었다. 그랬더니 처음의 그 학생은 자신은 한국에 언어연수를 가지 않았기 때문에 한국어를 잘못한다고 이유를 댔다. 결국 그 학생은 통역 대신에 그 회사에서 다른 잡일을 하게 되었다.

요즈음 인도에서 한국어과 학생들은 취업이 아주 잘되는 편이다. 한국어를 잘 못하는 학생들조차도 높은 월급으로 오라클(Oracle), 휴레드 팩커드(HP), 아이비엠(IBM) 등 다국적 기업에 취직이 된다. 그래서 한국어과 학생들은 자기가 한국어를 잘 못해도 월급을 많이 받아야 된다고 생각한다. 실력이 좋아서 좋은 직장에 취직한다고 생각하지 않고 운이 좋거나 아니면 아는 사람이 많아서 취직이 된다고 생각한다. 그래서 학생들이 실력을 쌓기 위해 공부하며 준비하기보다는 교수들에게 잘 보여야 된다고 생각한다. 그런데 그런 학생들은 취직이 되도 얼마 안가서 해고된다. 이제 학생들은 한국어 준비가 되어 있지 않으면 결국 회사에서 어려움을 겪게 되는 것을 알게 되었다. 준비 없이 즐기고 있다가는 결국 뒤처진다는 것을 배우고 있다.

사회주의

　인도의 사회주의는 우타르 프라데시주의 스라바스트, 코사믹, 코살이라는 지역에서 기원전 5세기경 불교의 시작과 함께 시작되었다고 할 수 있다. 이 지역은 크샤트리아의 지배를 많이 받는 지역으로 가뭄, 홍수 등으로 가난이 심하였다. 고타마 시타르타는 크샤트리아 출신으로서 백성들의 가난으로 인한 고통을 보고 고민하는 가운데 인생이 결국 생로병사(生老病死)로 되어 있고 이 한계를 벗어나는 해탈의 경지에 이르게 되었다. 이는 계급사회로 꽉 조여 있는 힌두교 특히 피지배계급에게는 평등사상을 주장하는 놀라운 소식이었다. 이 불교사상은 기원전 2세기인 아쇼카 왕 때 가장 왕성하게 퍼지게 되었고 아쇼카왕은 멀리 스리랑카에 불교사상을 전하고 남아시아와 동남아시아에서 불교가 뿌리를 내릴 수 있는 토대를 마련하였다. 기원후 5세기, 6세기 굽타 왕조 때는 불교의 전성기로서 발전하여 아잔타 엘로라 석굴이 만들어졌다. 그 후에 7세기에서 12세기 사이에 불교의 영향력이 감소되고 불교가 서서히 사라지게 되었다.

　불교가 인도에서 사라지게 된 이유는 여러 가지가 있지만 그 중에서 주요한 내적 원인은 8세기 샹카라 차리아(Shankara Charya) 운동을 들 수 있다. 이 운동은 인도에 있었던 중요한 사회주의 운동 중의 하나이다. 상크라 차리아는 남인도 브라만이었다. 그는 힌두 전통이 복잡하고 또 브라만 중심으로 되어 있어서 피지배계급인 수드라 등은 거의 인간 취급도 받지 못하는 것을 지적하였다. 또한 이 피지배계급들이 불교로 개종하는 이유는 결국 브라만들이 수드라를 지나치게 배척하고 힌두의 길을 차단한 잘못임을 설파하였다. 남인도에서 브라만들이 그의 말을 듣지 않자 북인도로 와서 다시 힌두교 브라만들의 잘못된 점을 지적하며 폐해를 개선할 것을 촉구하였다.

그는 마타(Matha)라는 자신의 기관을 설립하여 전 인도를 중심으로 힌두 사회운동을 벌여 힌두교의 순수성을 유지하며 불교의 영향력을 줄여 나갔다.

근대 사회에 와서도 이러한 흐름에 속하는 많은 사회주의 운동가들이 있었는데 그 중에 비베카 난다, 네루, 암베드카 등을 들 수 있다. 이중에서 인도의 초대 수상 네루는 모든 백성들에게 기회가 제공되는 계급 없는 사회주의 국가 건설을 목표로 삼았다. 현재에도 인도 헌법 전문에 보면 "인도는 사회주의 공화국"으로 되어 있다. 델리에서 요즘은 아폴로 병원이 최고 시설을 자랑하지만 국영 의료원으로서 시설이 제일 잘 되어 있는 전인도의학연구소(AIIMS: All India Institute of Medical Sciences)병원은 인도인뿐만 아니라 외국인들에게까지 거의 무료다. 필자의 친구인 이 병원의 심장 외과 의사는 이 국립 병원의 의료비가 인도 사립병원의 10% 정도이고 미국의 1%에 불과하다고 했다. 공무원들이나 교수들까지도 모두 살 집을 공급해 주고 또 공무원들은 몇 년씩 휴직을 해도 다시 복직을 할 수 있다. 필자가 사는 교수 아파트의 앞집의 교수는 해외에 객원 교수로 나갔는데 2년이 지났는데도 돌아오지 않았고 그 집은 아직도 그 교수의 집으로 비어있다. 만일 공무원인 아버지가 공무 중에 돌아가시면 그 아들이 대신 같은 자리에 채용될 수 있다. 아들이 너무 어리면 성년이 된 이후에 직업을 이어 받을 수 있다. 그 동안 부인은 남편의 월급의 절반을 계속 받는다. 아들의 학력이 못 미치면 사환일이라도 준다. 그래서 인도인들은 월급이 적어도 학생들은 공무원을 선호한다. 이렇게 보장이 되다 보니까 일이 잘되든지 안 되든지 개의치 않는다.

No Problem!

인도에서 가장 많이 듣는 말의 하나요 한국인이 믿을 수 없는 말이 No Problem이다. 한국인은 이 말뜻을 잘 이해하지 못하는 경우가 있다. 이 말의 진의는 문제가 터질 때까지는 문제가 없는 것이다. 2000년대 후반 군대까지 동원되어서 치안을 유지해야 하는 사건이 있었다. 거주 지구 내에 있는 불법 상점에 대한 대법원 철거 판결이 난 것이다. 델리에 있는 수십만 호에 달하는 불법 상점이 졸지에 봉인되고 사업을 중지해야 하니까 상인 연합회는 조직적인 데모를 시작하고 몇 차례에 걸친 파업을 선언했다. 이 덕에 필자도 감자, 양파를 세 배에 가까운 값으로 사먹어야 했다. 그런데 이러한 결과는 예상되는 일이었고 정당, 의회는 사전에 문제를 풀어나갔어야 했다. 그런데 인도에서는 '사전에'라는 말이 안 통한다. 왜냐하면 그 심각한 사건이 터지기 전까지는 아무 일이 없기 때문이다. 이 철거 판결에 대한 항의로 차가 불타고, 몇 사람이 죽고, 교통이 완전 마비되고, 시민 생활이 정지되었다. 그래서 이제 Problem! 하고 문제를 해결할 일을 준비하기 시작한다.

인도인의 해석은 더 재미있다. 힌디어로 '노'는 아홉이다. 그래서 인도인이 노 프라블럼이라고 할 때 이미 아홉 가지 문제가 있다는 것이다.

필자가 가족들과 같이 보드 가야로 여행을 갔을 때였다. 돌아오는 기차 편이 예약이 되어 있었는데 기차를 타려고 하니 이름이 없다는 것이다. 그런데도 거기에 있는 역무원은 'No problem'이라고 말하였다. 정말로 아홉 가지 문제덩어리였다. 결국 경비를 더 지불하고 새로 기차표를 끊어서 돌아오긴 했지만, 인도인의 노 프라블럼은 다른 의미를 갖는다.

철저히 준비하는 인도인

인도인은 자기 이익이 관련되면 아주 지독하게 철저히 준비를 한다. 예를 들면 취직이나 인터뷰 등을 준비할 때는 정말로 철저하다. 어떤 학생은 교수 임용을 위한 인터뷰를 위해서 필자에게 자기도 기억을 못하는 옛날에 발표했던 페이퍼를 찾아서 추천서에 써줄 것을 여러 번 당부하였다. 결국 그 성화에 못 이겨 시간을 내어 그 일을 해 준 적이 있다. 학생들도 준비하는 일에 허술해 보이지만 이력서나 추천서를 받는 일을 할 때면 세세하게 아주 작은 경력이라도 빠뜨리지 않고 준비해서 자신을 최대로 드러낼 수 있도록 최선을 다한다. 델리의 많은 사람들이 겪는 일이지만 때때로 전화요금이나 전기요금이 터무니없이 많이 나올 때가 있다.

몇 년 전 한 번은 전기요금이 너무 많이 나와 전기요금 청구서를 들고 델리 전력공사에 찾아간 적이 있다. 그런데 그곳에 가보니 필자 외에도 많은 인도 사람들이 같은 문제로 많이 와 있었다. 이들은 모두 전기요금 청구서를 몇 년씩 모아놓은 파일을 가지고 와서 대조하며 이야기를 하는 것이 아닌가. 서류만 믿는 사회이기 때문에 서류 정리는 정말로 철저하게 해 놓는 인도인들을 볼 수 있다. 한 번은 인도 사람에게 고장 난 시계를 좀 고쳐달라고 부탁을 했다. 그는 시계 수리공이 그 시계를 고치기가 어렵다고 시계를 도로 가져왔다. 어느 날 그는 고장 난 그 시계가 필요 없으면 자기를 달라고 했다. 그래서 주었더니 며칠 후 아주 깨끗하게 고쳐서 잘 차고 다니고 있었다. 자기 것이 되면 어떻게든지 고치고 아껴서 쓰지만 남의 것은 상관이 없다.

준비가 없는 자세에 대해 사전에 또는 사후에 책임을 지게 하려고 서명을 받는다. 그래서 인도인은 서명하는 일을 지극히 꺼려한다. 서명은 종국적으로 책임을 져야 한다는 것을 의미하기 때문이다. 반대로 말하자면 일이 분담되면 그 책임을 맡은 개개인에게 서명하게 하면 준비가 잘된다. 사후 서명인 경우는 일에 대한 자세까지 달라지게 만들어 준다.

2년 전에 학계에 중요한 재단 이사장이 오셨다. 그 일행을 델리 대학교 근처에 있는 세포이 반란 진압 기념탑에 모시고 간적이 있다. 이 탑은 영국 군대가 인도 반군을 무자비하게 진압한 후에 전사한 영국군 장병을 추모하며 세운 기념비다. 이곳에는 인도의 문화재이기 때문에 경비원이 배치되어 있는데, 무료입장인 이곳에서 외국인인 우리를 보고 돈을 요구했다. 그래서 당신 이름을 쓰고 서명하라고 했더니 오히려 잘못했다고 싹싹 빌었다. 서명이 없으면 책임이 없어서 자유롭지만, 서명을 하면 항상 최악의 경우를 예상하여 신중해진다.

약자를 존중하는 인도인

　　동아시아학과에서 강의하다 보니 학교에 일본인도 자주 다녀가고 중국인도 많이 온다. 일본이 유엔 상임이사국으로 진출하려는 강력한 의지를 보이고 야스쿠니 신사 참배 문제는 한국과 중국을 늘 예민하게 자극시키고 있다. 한국은 일본의 무자비했던 군국 통치를 경험했다. 게다가 일본의 우경화와 더불어 전투기, 전함 등의 국방력 증강을 보면 한국인이 평화를 지향하는 유엔의 상임이사국으로 일본이 진출하는 것을 찬성하기는 쉽지 않다. 자신들의 잘못을 뼈저리게 인정하는 독일조차도 히틀러가 만들어 놓은 침략적 이미지로부터 평화의 이미지로 돌아서기까지 더 오랜 세월이 요구될 것이다.

인도는 이러한 국가들과는 상반된 이미지를 가지고 있다. 간디, 데레사 수녀로 상징되는 평화의 이미지다. 실제로 인도는 주변국을 침공한 적이 없고 내부적으로 군사 쿠데타가 일어난 적도 없다. 그러나 마냥 순한 것도 아니었다. 영국에 대한 비폭력 저항은 무력으로는 도저히 굴복시킬 수 없는 힘이었다. 이러한 긍정적인 이미지는 제국주의 시대에 비폭력 저항과 냉전 시대에 약소국의 이익을 대변해오는 건전한 도덕적 기준이었다. 이와 같은 인도의 국제적 이미지는 우연히 형성되어 나온 것은 아니다. 인도의 가치관, 인간관, 사회관과 관계가 있다. 필자도 인도인을 알게 되면서 다행으로 여기는 것은 적어도 인도인의 인간관이 건전하다는 것이다. 인도는 인종적 차별을 당하는 쪽에 있어 왔기 때문에 인간을 차별하지 않고, 가난을 알기 때문에 물질로 사람을 차별하지 않는다. 이렇게 인도인의 성품은 약한 자들을 존중하는 방식으로 잘 발전해 왔다. 그러한 뿌리에는 종교적 이유가 있다.

내세의 준비

힌두교의 주된 삼신(三神)은 창조의 신 브라마와 이 세상을 운행하는 비쉬누, 파괴의 신 시바로 되어 있다. 창조의 신 브라마는 인간의 모든 행위를 적고 관리하는 치타굽타(Chitagupta) 신에게 특정인의 행위가 어떠했는지 확인한 후에 다음 세상에서 어떠한 존재로 탄생시킬 것인지를 결정한다. 이 세상에서 선(善)을 쌓은 자는 더 고귀한 존재로 이 세상에서 죄를 지은 자는 동물이나 벌레, 혹은 파리나 모기와 같은 해충으로 태어난다. 이것이 힌두교에서 이야기하는 업보(業報) 까르마다. 하루는 몰고 다니는 차를 고치러 갔는데 기다리는 동안 모기들이 계속 얼굴과 다리에 달려들었다. 그래서 손바닥으로 이들을 잡으니까 시크교도인 거구의 사장이 빈정거리듯이 모기를 죽이냐고 했다. 업보에 익숙한 인도인은 생물체를 죽이는 것을 부담스러워한다. 이에 따르면 사람들은 전생에 지은 죄나 공덕에 따라서 이 세상에서 고통을 받기도 하고 풍요를 누리고 살기도 하기 때문이다. 그래서 가난하거나 불쌍한 사람을 볼 때도 그들의 전생(前生)에 대해 평가한다. "오! 전생에서 무슨 죄를 졌기에 저렇게 고생하는가, 저 사람이 불가촉천민으로 태어난 것을 보면 전생에서 나쁜 일을 한 것이 틀림없군!" 불가촉천민들은 이것이 신에 의해 부여받은 것이기 때문에 이러한 고통의 굴레에서 벗어날 수 없다. 신이 부여한 유일한 돌파구는 이 땅에서 현재 주어진 직분대로 순종하며 살아나가는 것이다. 그러면 다음 세대에 신이 더 나은 존재로 환생시켜준다. 그래서 오늘의 신분이 운명적일지라도 창조주를 원망하지는 않는다. 지금의 모습은 전생(前生)에 내가 행한 잘못 때문이니까.

힌두교의 시각에서 볼 때 인간은 좋은 일보다 나쁜 일을 많이 하게 되는 것으로 본다. 경험적으로 성악설의 흐름을 인정하고 인간의 죄도 인정한다. 그래서 사람들은 대개 나쁜 일을 한 대가로 가난하고 억눌리고 고통 받는 신분으로 태어나게 된다. 인도인들이 이러한 사람들을 돕는 가장 큰 이유도 나의 내세(來世)를 준비하는 것이다. 그러므로 인도인들은 애써서 남을 돕는다.

며칠 전 학과장으로부터 긴급 메일을 하나 받았다. 내용은 카르나타카의 다와드라는 한 채석장 마을에서 일하는 노동자들이 그 돌가루의 폐해로 희귀한 암에 노출되어 있으니 모든 교수들은 이 내용을 다른 사람들에게 전파하자는 것이었다. 이러한 종류의 메일을 동료 인도 교수들로부터 간간히 받을 때가 있다. 인도 교수들은 심각하게 그러한 사람들을 도와주고자 한다. 하루는 한국어를 배우는 필자의 학생들로부터 한국 학생들은 이상하다는 소리를 들었다. 그래서 왜 그러냐고 물었더니,

"교수님, 우리는 시각장애자들이나 앉은뱅이가 있으면 그 사람들을 도와주려고 나서는데요, 함께 서있는 한국 학생들은 우리 소매를 잡아당기며 저 사람들 없는 다른 쪽으로 가자고 해요!"

하는 것이었다. 한국 학생들이 장애자를 대할 때 눈에 띄게 꺼림칙한 표정을 짓거나 재수 없는 사람들 대하듯 하는 것이 인도 학생들의 눈에 뜨인 것이다.

거지

힌두들은 신들에게 자주 제사(푸자)를 드린다. 그러고 나서 반드시 가난한 사람들에게 먹을 것을 나누어 준다. 이를 닥쉬나라고 한다. 이 닥쉬나가 시행되지 않았으면 힌두들은 뿌자(예배)가 아직 안 끝났다고 여긴다. 사람들이 거지에게 먹을 것을 나누어주기 때문에 거지들은 사원 주변에 가면 충분히 음식을 얻어먹을 수 있다. 특별히 신도들이 많이 몰리는 화요일과 토요일은 거지들이 포식(飽食)할 수 있는 날이다. 화요일은 원숭이 신인 하누만을 섬기는 날이다. 그래서 매주 화요일에는 코너 플레이스에 있는 하누만 사원에만도 1,000명이나 넘는 거지들이 몰려온다. 그러면 신도들이 사원의 제물(프라사드)이나 기름에 튀긴 빵(뿌리) 등을 이들에게 나누어 준다. 토요일도 철(鐵)의 신 샤니를 섬기는 날이다. 그러면 거지들은 샤니

신을 섬기는 사원들로 찾아 간다. 너무 거지들이 몰려오기 때문에 이들을 정리하기 위해 경찰들이 배치된다. 경찰들은 거지들과 음식을 먹으려고 온 사람들을 줄 세우고 소요를 막는다. 이들을 위한 이동식 화장실도 설치해 준다.

델리 시는 이러한 거지들의 자녀들을 시립 학교에 보내도록 도와주고 있다. 거지들은 지역마다 수입이 다를 수밖에 없지만, 어떤 거지들은 하루의 수입이 300루피 정도 된다. 어린 아이들을 내세워서 벌어들이는 수입도 있어서 이들은 아무리 무료로 교육을 시킨다고 해도 자녀들을 학교로 보내지 않는다.

인도에서 거지가 가장 많은 도시는 데레사 수녀가 있었던 켈커타다. 두 번째가 수도 델리이다. 델리에 있는 거지들은 주로 오리사주, 비하르주, 마디아프라데주에서 온다. 이들은 일종의 소작인들이 대부분이다. 홍수나 가뭄으로 살기가 어렵게 되면 도시로 몰려와서 인력거꾼이 되거나 그것도 어려우면 거지가 된다. 델리에는 약 30만 명의 거지가 있는 것으로 추정되고 있다. 북인도의 여름은 40도가 넘는 것은 기본이다. 반대로 겨울 날씨는 여간 추운 것이 아니다. 난방시설이 변변히 없기 때문에 한겨울에는 뼈가 시리다. 집안에서도 추운데 겨울밤에 이 거지들은 기차역이나 버스역 등의 차가운 시멘트 바닥에서 무명의 침대 덮개를 깔고 잔다. 영상 4~5도가 열흘 정도 계속 되면 수백 명이 얼어 죽는다. 겨울마다 실라 딕싯 델리 시 총리는 목재로 열 곳의 긴급 대피소를 만들어 이들이 얼어 죽는 것을 피하게 한다. 하지만 당장의 추위를 피할 수는 있어도 이들은 결핵이나 천식으로 고생하다가 50세까지도 살지 못하고 일찍 죽는 경우가 대다수다. 또 이들은 어린아이들까지 담배나 마약에 중독되어 있는 경우가 많다.

경찰들도 거지들은 쫓아내지는 않는다. 차에 타고 있으면서 차도에서 구걸하는 거지에게 돈을 주면 도로 교통법 위반이다. 하지만 그러한 이유로 처벌된 경우는 하나도 없다. 거지가 너무 많기 때문에 처벌할 수가 없다. 정부도 그만한 수입을 줄 대책이 없다. 그래서 요즈음은 오히려 거지를 직업의 하나로 분류하기도 한다. 한 거지에게 돈을 주면 모든 거지들이 떼거리로 몰려와서 돈을 달라는 것을 경험했을 것이다. 게다가 1루피를 주면 왜 5루피나 10루피를 안주냐며 억울하다는 표정을 보인다. 문둥병자 거지들도 많다. 이들도 구걸을 하는데 이들은 절대로 사람들을 만지거나 행패를 부리지는 않는다. 옛날에는 코너 플레이스나 잔 파트, INA 시장과 같은 상가 주변에 있던 거지들이 이제는 북부 델리에까지 거리마다 늘어나고 있는 것을 보게 된다.

인도의 경제적 부상과 함께 거지가 줄어드는 것이 아니라 수도 델리에서는 거지로 살아도 살만해지니까 지방에서 계속 유입되어 들어온다. 이들은 사람들이 돈을 주면 감사하다는 말 대신에 "바구완 뚜마리 발라 카레"(신이 당신에게 축복해 주시기를)라는 말을 한다. 내가 이 돈을 받음으로 당신은 복을 쌓게 될 것이라는 것이다. 실제로 신을 열심히 숭상하는 사람들은 이렇게 거지들에게 적선하는 일에 아주 열심이다. 그래서 인도의 거지들은 살 만하다. 거지들은 올바른 신앙생활을 하는 데에 아주 필요한 존재들이다. 거지들이 없으면 찾아서라도 도와주어야 하는데 사원 근처에는 늘 거지들이 즐비하니 신도들에게는 얼마나 복을 많이 받을 일인가?

다르다

　한국인도 불쌍한 사람을 보살피는 정은 깊다. 그런데 다른 점은 무엇인가? 한국인은 같지 않으면 틀렸다고 여긴다. 한국인은 자신들의 삶의 양식과 다르면 다르다고 받아들이지를 못한다. 다른 것은 잘못된 것이라고 생각한다. 몇 년 전 아버지가 인도인이고 어머니가 한국분인 한 자녀가 한국을 방문하였다. 부모님의 좋은 교육으로 그 자녀는 성품이 착하고 영어, 한국어를 아주 잘하는 아이였다. 어머니 나라인 한국에 가서 지하철을 탔는데, 앞에 앉아 있는 한국 학생들이 이 아이의 얼굴이 까맣다고 자기네들끼리 빈정거리며 말하는 것을 들었다. 그 학생들은 이 아이가 외국인이라서 못 알아들을 것이라고 생각했었던 것 같다. 이 아이는 이러한 한국 문화로 인해 큰 충격을 받았다. 결국 그 아이는 미국에 가서 정착하였다. 한 포럼에 참석하였더니 인도인 경영자가 한국인은 '다르다'는 것을 '틀렸다'라고 인식한다고 열변을 토했다. 그 예도 재미있었다. 경영진이 함께 앉아 있는데 회사 사장이 인도인 경영자의 콧수염 기른 것이 깨끗하게 느껴지지 않는다고 한마디 했다. 그랬더니 동료 경영자들이 사장님이 그렇게 말씀하셨으니 빨리 수염을 자르라고 했다고 한다. 인도에서는 수염을 기르는 것이 오히려 남자로서는 정상이다. 그런데 자신들이 수염을 안 기른다고 해서 지저분하다고! 인도에서는 이렇게 다른 사람들을 이상하게 쳐다보지 않는 것은 물론, 절대로 똑같아지도록 요구하는 법이 없다. 다양한 민족이 함께 섞여 있기 때문이다. 가난한 사람도 재산을 가진 정도가 다른 것이고, 다른 인종도 혈색과 문화가 다른 것이고 장애인들도 손발 쓰는 행태가 다른 것이다. 이들이 틀린 것이 아니다. 이들을 이상하게 보지 않을 뿐더러 오히려 장애인들 같으면 적극적으로 도와주려고 한다. 다른 것을 틀렸다고 보지 않고 다양한 것들 중에 하나로 인정하는 인도인들이다. 그래서 이미 무거울 대로 무거운 세상사의 짐 위에 편견을 덧씌우지 않는 것이다. 세상의 모든 어려운 사람들은 인도인의 신앙실천의 대상들인 것이다.

할당제

인도 카스트 제도에서 가장 낮은 직위인 수드라 계급을 불가촉천민(不可觸賤民)이라고 부른다. 다른 계급과는 아주 차이가 나게 취급한다. 이 수드라 계급에도 정결한 수드라가 있고 부정한 수드라가 있다. 부정한 수드라는 힌두 중 내세에서도 재생이 불가능한 카스트에 속한다. 인도의 대다수 사회적 비극은 이 계급과 관계된다. 대표적으로 여류작가 아루난다타 로이가 쓴 '작은 것들의 신'이라는 작품이 그렇다. 이 작품은 한마디로 카스트계급 속에서 인간이 동물보다 못한 취급을 받는 데서 오는 비극적 사회를 그렸다. 하지만 이 계급에서 나온 큰 인물도 많다. 초대 법무장관 암베드카 박사는 세계적으로 알려진 인물이고 나라얀 전 대통령도 그렇고, 발라 크리슈난도 인도 대법원장으로서는 처음으로 이 계급 출신으로서 임명되었다. 지방의 경우 불가촉천민은 마을의 브라만들이 사는 곳에서부터 멀리 떨어진 곳에서 살고 있는데 이들은 그들의 윗계급인 브라만 집에는 함부로 갈 수 없다. 그렇지만 브라만들이 그들의 노동력을 필요로 하면 언제든지 무료로 봉사해야 한다. 이보다 더 무시 받는 층은 부족(Scheduled Tribes)들이다. 요즘은 많이 개화되기는 하였지만 이 부족(Scheduled Tribes)들은 창, 칼, 활을 쓰고 원시인처럼 취급받는 낙후된 지역의 주민들이다. 전 인도에 약 9천만 명에 가까운 부족들이 있는데, 인구의 8.8% 정도라고 추정된다. 이들은 마을에서 아주 떨어진 산지나 외진 곳에서 사는 사람들로 인간의 집단에 끼지 못한다고 여겨져 왔다.

인도의 헌법을 만든 암베드카 박사는 불가촉천민 출신이다. 델리의 유명한 건물 중 하나가 인도 의회다. 대통령 궁 옆에 있는 인도 의회 안을 가보면 초대 수상 네루와 초대 내무 장관 파텔, 그리고 법무장관을 지낸 암베드카의 거대한 동상이 안뜰에 만들어져 있다. 암베드카 박사는 어렸을 때 목이 말라도 학교에서 우물의 물을 마실 수가 없어서 집까지 뛰어와야 했다. 인도의 여름은 시원한 에어컨을 틀어도 견디기 힘들다. 그런데 그 더위에 물을 마시기 위해서 집으로 뛰어와야만 했던 그가 얼마나 계급 제도에 한이 맺혔을까 추측하기 어렵지 않다. 그가 기초한 헌법에는 불가촉천민 위원회 구성이 명시되어 있다. 그 규정을 보면 낮은 계급의 사람들을 희롱하거나 차별 대우하는 것을 엄격하게 금하고 있다. 지금도 이 헌법의 규정은 아주 확고하여서 누구든지 이러한 낮은 계급의 사람들을 차별하는 것이 헌법기구인 불가촉천민 위원회에 보고되면 그 당사자는 지위의 고하에 상관없이 처벌을 받게 된다.

델리대학교의 어떤 학생이 미국으로 유학을 가게 되었는데 그 전날에 이런 보고가 들어가서 델리공항에서 잡혀 미국 유학이 취소된 경우도 있다. 인도의 공직 및 입학 제도에는 이러한 불가촉천민과 부족민들의 진출을 각기 15%와 7.5%씩 취업 또는 입학을 보장하고 있다. 2006년에 시끄럽게 제기된 문제는 이외에도 경제적, 사회적으로 낙후한 계급들에게 27%의 할당을 하는 것이다. 이를 합치면 49.5%가 소위 특례로 입학이나 취업을 하게 된다.

무시 받는 몽골계에 대한 우대

인종적 차별을 별로 하지 않는 인도인들도 몽골계통의 사람들은 무시하는 경향이 있다. 아리안계들이 가장 인종적으로 우월한 듯한 자세를 보인다. 그 다음이 드라비다계, 마지막으로 몽골계다. 몽골계는 한국인도 들어가고, 일본인, 중국인, 몽고인, 베트남 등 등, 그리고 인도 내외 주변으로는 네팔, 시킴, 마니푸르, 아삼, 트리푸라, 나갈랜드 등등이 속한다. 보드가야라는 지방에서 온 한 학생은 자기가 어렸을 때 중국인과 악수를 했더니 할머니께서 즉시 집으로 데려가 목욕을 시켰다고 한다. 중국인들은 쇠고기, 돼지고기 등을 먹기 때문에 오염된 인종이라고 생각하기 때문이다. 인도와 중국의 국경 지역에 살고 있는 부족이 있다. 인도인들은 이들을 '보티아'(Bhotia)라고 부르는데 이는 '정글에서 사는 야만인'들이라는 뜻이다. 이들은 대개 네팔 족이나 인도의 북동쪽 지역 사람들인데 삼등 국민 취급을 받는다. 필자는 1988년에 인도에 오게 되었다. 그 후 6개월 후에 가족들이 오게 되었는데 네루대학교 앞의 아파트를 얻고자 하였다. 필자를 위해서 집주인을 만나려고 했던 인도 북동부 마니푸르 출신의 학생이 문전 박대를 당하는 것을 본 적이 있다. 이러한 배경에는 인종적 차별이 있다. 하지만 정부는 이들에게 사회적으로 특혜를 준다. 그래서 북동부 출신 학생들은 델리대학교에 입학할 때 일반 학생보다 평균 성적이 20~30점이나 모자라도 합격이 된다.

2장

필자의 딸들이 한국에 가서 놀란 점은 한국 사람들은 일단 만나면 다른 사람들의 외모에 대해서 대놓고 이야기한다는 것이다. 인도에서는 절대로 그 사람들 앞에서 예쁘다는 말을 하지 않는다. 예쁘다는 말이라도 상대방을 무시하는 말이라고 생각하기 때문이다. 특히 여성을 예쁘다고 하는 것은 능력보다도 외모를 기준으로 평가하는 것이다. 여성을 성의 대상으로 여긴다는 의미가 포함되어 있어서 썩 인격적인 평가로 여기지 않는다. 인도는 사람들을 옷이나 외모로 판단하지 않는다. 인도의 카스트 제도는 원래 바르나 시스템인데 바르나는 색이라는 뜻이다. 흰색은 브라만을 상징하는데 대개 계급이 높을수록 얼굴이 하얀 것을 볼 수 있다. 대개 상층 카스트 사람들은 얼굴이 상대적으로 하얗다. 또 카시미르, 펀잡 지역 사람들은 오래 전 그리스와 접촉으로 신체가 더 서구적이다. 알렉산더 대왕의 침공 당시 약 2만 명의 그리스인이 인도에 잔류한 것으로 알려져 있다. 자와할랄 네루는 카시미르 브라만 승려계급 출신이다. 그는 정말로 잘 생겼다. 그의 외동딸 인디라 간디도 고상하고 그 손자이었던 라지브 간디나 증손자인 라훌 간디도 말할 나위가 없다. 구자라트, 벵골 지역, 라자스탄 사람들도 잘생겼다. 거기에 비해 드라비다 족이 주류를 이루고 있는 남인도 사람들은 그 모습이 다르다. 까맣고 코가 낮은 경우가 많다. 하지만 북인도인들이 그들을 무시하지 않는다. 남 인도인들은 두뇌가 비상하고 사고가 합리적이고 더 냉철하다는 것을 인정한다.

인도에서 살다가 한국에 가게 되면 갑자기 외모와 옷에 신경을 많이 써야 한다. 인도인들은 결혼식이나 리셉션 같은 큰 행사가 아니면 옷을 입는 데에 별로 신경을 쓰지 않는다. 사회 전체의 GNP가 아직 의상에까지 신경을 쓸 수준이 아니기도 하지만 음식과 마찬가지로 의상도 장식적인 면보다는 실용적인 측면이 강해서이기도도다. 네루대학교에 있을 때 하루는 한국 교수들이 총장을 면담하게 되었다. 한국인들은 언제나 그렇듯이 한 여름에 땀을 흘리면서도 넥타이 정장을 하고 왔다. 정작 맞이하는 네루대 총장은 노타이 반팔 와이셔츠에 인도 가죽 샌들(채플)을 신고 있었다. 이러한 인도인의 의상은 간간히 오해를 불러일으킨다. 하지만 평소에도 교수들은 쿠르타와 바지, 그리고 슬리퍼를 신고 학교에 강의를 하러 온다. 부분적으로는 쿠르타와 바지를 입고, 슬리퍼를 신는 것이 굶어죽던 민중과 함께 하는 좌파 지식인의 상징이기도 하고 돈과 권력과는 상관없이 학문에만 신경 쓰는 학자들의 모습이기도 하다.

1980년대 후반 필자가 대학원에서 학위과정을 할 때, 강의를 위해 들어온 교수가 자신은 마르크스주의자라고 선언하고 나서 수업을 시작했던 것이 기억난다. 힌두 브라만의 기득권을 포기하고 굶주린 백성들과 함께 하겠다는 인도 지식인의 양심고백과 같은 말이었다. 전통적으로 브라만들은 상의는 벗고 아래는 도띠(치마같이 둘러서 입는 하의)를 입는다. 도띠와 꾸르따를 입으면 인도 힌두 우파 성향이 강한 것이라고 판단해도 된다. 여자들이 많은 보석을 하고 장식을 하면 상류계급의 여성으로 대우받게 된다.

결혼 - 종교 예식

인도인의 종교와 관계된 인생 예식은 크게 출생, 결혼, 장례 세 가지다. 이 세 가지 의례는 인도인에게는 종교 대사(大事)다. 이 세 가지 중에 결혼은 산스크리트어로 비바하(Vivaha)라고 한다. 종교적 의무(다르마)를 완성하는 과정이다. 필자는 델리대 젊은 강사의 결혼식 초대를 받아 간 적이 있다. 신랑이 백마를 타고 왔다. 그 앞뒤에는 한밤중에도 찬란하게 비추는 샹데리아를 수십 개씩 켜서 화려한 퍼레이드를 하고 있었다. 그 앞에서는 요란한 악대의 연주에 맞추어 친구들이 신나게 춤을 추어댄다. 이같이 인도 결혼은 어느 곳에 못지않은 즐거운 잔치다. 하지만 내용을 알고 보면 인도의 결혼은 종교 예식이라고 보는 것이 더 정확하다. 즉, 결혼은 인도인에게는 한 남성과 한 여성의 사랑의 결합이라기보다는 양가(兩家)의 선택이다. 신이 창조한 인간 존재로서의 의무를 수행하는 과정의 일부다. 다시 말하면 인생사를 거치면서 반드시 겪어야 하는 도리(道理: 산스까르)다. 결혼은 인간 성정(性情)으로 볼 때 당연하다. 왜 인도인들에게는 종교적 의무에 포함되었을까? 인도인의 결혼은 윤회(輪回)와 관계가 있다. 그래서 힌두들은 결혼이 없으면 윤회가 완성되지 않는다고 본다. 힌두들은 인생의 기간을 네 단계로 나눈다. 브라마차리야(Brahmacharya: 학생기(學生期)), 그리하스티야(Grihasthya: 가장기(家長期)), 산냐사(Samnyasa: 고행기(苦行期)), 바나프라스타(Vanaprastha: 은둔기(隱遁期))다.

이 중에 결혼은 두 번째 단계인 그리하스티야에 속한다. '그리'라는 말은 '집'이고 '하스티아'는 '행사', '책임'이니까 결혼을 해서 가정을 돌볼 기간에 해당된다. 결혼이 있어야만 가장(家長)이 된다. 자녀를 두며 부모를 모신다. 집안을 돌보는 인생의 부분이 완성될 수 있다. 이래서 결혼은 종교, 철학, 사회적 배경을 가진 의례다. 이런 점에서 인도의 결혼은 개인주의적인 부분이 철저히 배제되어 있다. '나'를 위해서 결혼하지 않고 부모와 집안을 위해서 결혼하는 명분이 앞선다. 대도시에서조차 이러한 결혼이 95%는 넘을 것이다. 그래서 부모가 자녀 배필을 결정하는 데 가장 큰 영향력을 행사한다. 그렇다고 여성 편에서 희생하듯이 중매결혼에 응하는 것이 아니다. 학생들을 보면 중매결혼은 당연하다 여기고, 그러면서도 그 기대감, 즐거움도 상당하다. 이혼율은 낮다. 기본적으로 부모가 나에게 최상의 배필을 얻어 들일 것이라는 믿음이 있다.

결혼을 하지 않고 독신으로 남는 예외적인 경우가 힌두 승려가되는 산야시(Sanyasi)이다. 작년까지 인도평민당(B.J.P)에서 유명한 힌두 극우파 여성 지도자 우마 바라티는 산야시다. 실권자인 아드바니(L.K. Advani)의 정책에 회의장을 박차고 나가는 격렬한 항의를 한 대가로 결국 제명처분되었던 힌두 여승 정치가다. 그런데, 이런 산야시는 이생에서는 결혼하지 않지만 이미 전생에서 결혼을 한 적이 있다고 믿는다. 그래서 신과 인간의 중재자로서의 역할을 할 수 있는 것으로 간주된다. 만일 산야시도 아니면서 결혼을 하지 않고 늙는다면 신이 기뻐하지 않는다고 여긴다. 인도와 같이 철저히 종교적인 국가에서 결혼하지 않는 것은 여간 뱃심이 필요한 일이 아니다. 전 총리 아탈 비하르 바지파이도 결혼을 하지 않은 독신이었다. 하지만 그는 남성이었다. 여성이 결혼하지 않는 경우는 가문의 수치로 여겨진다. 그럼에도 불구하고 미혼으로 남는 여성들이 생겨난다. 물론 교육을 잘 받은 층에서다. 전 델리대 동아시아학과장은 하버드대에서 석사, 콜럼비아대에서 박사를 한 저명한 중국학 전문가인데, 독신 여성 학자다. 네루대에 있을 때도 프랑스어과, 일본어과, 역사학과 등등에 여성 학자들이 결혼을 하지 않고 독신으로 생활하고 있었다. 이와 같이 남성 우위의 세상과 철저히 남성 중심적인 힌두의 흐름을 잘 알게 된 여성들이 독신으로 남는 경우가 있다.

힌두들이 인생을 살면서 성취해야 하는 목표는 까마(사랑), 아르타(부), 달마(의무)이며 그 인생의 궁극적인 목적은 목샤(Moksha: 구원)다. 그런데, 결혼을 안 하면 이 구원이 이루어질 수 없다. 이 말은 인도에서 결혼은 죽음과 관계있다는 말과 같다. 내세에 잘 환생하기 위해서는 죽음의 순간이 중요한데, 어디에서 죽느냐, 누가 화장 절차를 진행하느냐, 장례 이후의 절차를 어떻게 마감하느냐가 중요하다. 그러기 위해서는 결혼을 하고 자녀를 가져야 한다. 인도인은 어디서 죽기를 원하는가? 바라나시와 가야가 최선의 선택이다. 바라나시는 원래 가장 많은 인도인들이 숭배하는 시바신의 도시다. 사람들이 사망하기 전까지 여기서 머물다가 세상을 떠나면 시바의 세계로 들어가게 된다. 일종의 죽음을 대기하는, 힌두식 개념으로는 내세로 들어가기 위해 기다리는 3000년 전에 형성된 고대도시다. 한국의 언론기관들이 빼놓지 않고 방영 또는 보도하는 장면이 바로 이 바라나시의 화장터다. 막내딸의 절친한 인도 친구는 부모가 모두 인도 행정고시 출신의 고관이다. 그런데, 그 아버지가 수시로 바라나시에 가 있었다. 왜 아버지가 바라나시에 주로 가있느냐고 이상해서 물으니까, 할머니가 돌아가실 때가 되어서 바라나시에 방을 얻어서 모시고 있다는 것이다. 인도에 살다보니 필자도 여러 번 가보게 되었다. 강가 강에 햇살이 살포시 퍼져 나가는 이른 새벽 이미 하얀 천이 덮인 시신들의 행렬이 연이어 있다. 배에서 잠시 내려서 지켜보노라면 시체의 재인지 장작의 재인지 구분할 수 없이 무수한 재부스러기가 하늘로 솟구쳐 올랐다가 내 머리에도 떨어진다. 죽음으로 인해 한줌의 재로 사라져가는 사람들의 행렬을 내려다본다. 결코 유쾌하지 않은 형언할 수 없는 감정에 젖게 된다. 그런데, 정작 화장을 담당하는 사람들은 이생에서 저승으로 보내는 인간의 가장 극적인 상황도 빨리 해치워야 하는 하루의 노동에 불과하다.

한국인들이 불교 순례로 인해서 수시로 방문하는 곳은 바라나시보다도 보드가야다. 이 보드가야는 통상 부처님의 해탈로 유명하다. 그래서 한국, 일본, 대만, 태국, 스리랑카, 티벳, 베트남 등등 모든 불교의 영향을 받은 국가에서 순례를 한다. 하지만 이곳은 원래 바라나시가 시바신의 도시인 것처럼, 힌두의 삼대신의 하나인 비시누신의 도시로 유명한 곳이다. 정작 인도인들은 부모가 살아있는 동안에는 절대로 안가고 싶어 하는 곳이다. 델리에서 열차를 타면 보드가야에 가기 전에 도착하는 역이 가야(Gaya)역이다. 인도인은 일생에 한 번은 가야에 가서 비쉬누 신에게 망자(亡者)를 위하여 헌수(물을 바치는 것)를 해야 한다. 헌수를 하면 세상을 떠난 부모의 영혼이 직접 이 물을 받는다고 믿는다. 이런 이유로 인해서 인도인은 부모 생전에 가야를 순례하는 것은 살아 계신 부모님 앞에 제사상을 만드는 격이니까 당연히 순례하기를 꺼린다.

부모가 세상을 떠난 사람들이 제사를 위해서 가야를 특별히 방문하는 기간이 있다. 힌두력으로 7번째 달인 아스윈에 15일 간인데, 이를 삐뜨리 빡시라고 해서 가야에 방문하여 망자를 위하여 제사를 지내는 기간이다. 시체를 화장한 후 행하는 12일 간의 장례 후 마감 절차를 산스크리트어로 '슈라드 까르마'(Shradh Karma)라고 한다. 이 의례가 끝난 이후로 일생 중 한 번 이상은 가야를 방문해서 제사를 드려야 부모에 대한 도리를 다하는 것이 된다. 그래서 사후의 제사 문제로 가야는 붐빈다. 한국에서는 보통 바라나시가 죽음과 연관되어 알려져 있다. 하지만 가야를 중심으로 비하르, 오리사, 웨스트 벵골 지역으로는 가야가 임종, 제사에 더 관계가 많다.

결혼과 죽음의 관계는 무엇인가? 죽음 직전과 직후의 절차를 행하지 않으면 그 영혼이 내세로 들어가지 못하고 구천(九泉)에 떠돌아다닌다고 생각한다. 이 의례를 못 거친 영혼은 떠돌이 귀신이 되는 것이다. 하지만 떠돌이 귀신도 가야에서 물과 젯밥을 받으면 저세상에 갈 수 있다. 이러니 어느 부모가 내세에 들어가지 못하고 귀신이 되어 떠돌아다니고 싶겠는가? 이 제사 의례를 아들이나, 아들이 없는 경우는 외손자가 행해야 한다. 그 말은 사람은 반드시 결혼해서 아들이나, 외손자가 있어야만 된다는 것이다. 이래서 결혼은 당대 남녀의 사랑의 결실이 아닌 내세의 환생과 연결된 중요한 신앙적 의례로 간주되는 것이다. 자녀의 결혼은 부모가 내세에 들어갈 것인지 못 들어가고 떠돌이 귀신이 될 것인지 하는 부모 자신들의 문제와 밀접한 관계가 있다.

절차

인도의 결혼은 처녀의 아버지가 신랑감을 찾는 데서부터 시작된다. 일단 신문에 광고를 내든지, 친지를 통해 수소문을 한다. 요즈음은 인터넷이나 결혼상담소(Shadi.com, Bharat Matrimonial, matchmakers 등) 등을 통해서 만나는 경우가 늘어나고 있다. 힌두에서의 결혼은 같은 카스트, 같은 카스트 내의 자티(sub-caste)에서 한다. 그렇지만 사촌 등의 친척 간의 결혼은 금지되어 있는 족외혼(族外婚: exogamy)이다. 이 첫 단계 때 가장 중요한 절차는 과거 한국의 분위기와 비슷한 사주(四柱)다. 인도의 점성술에서 9개의 행성은 각기 다른 수치를 가지고 있고, 이에 대응되는 인간의 출생 일시가 계산된다. 그래서 신랑 신부 후보의 출생일시에 맞추어 따져서 브라만 사제가 확인을 한다. 태생시를 의미하는 '낙샤뜨라'와 '라간', 즉, 두 사람의 출생 일시에 따라 수치가 매겨지고 이 결과는 합산수치로 나온다. 이때 합산된 수치가 대충 20~40이 넘으면 결혼할 수 있다고 여긴다.

일단 사주가 괜찮으면 신랑의 아버지는 신부 집에 결혼 지참금을 얼마나 줄 수 있는가를 묻는다. 결혼 지참금은 영어로 다워리(dowery)라고 하고 힌디로는 '다헤즈'라고 한다. 꼭 돈만 해당되는 것이 아니고, 집, 차, 전자제품, 가구, 옷 등이다. 대도시에서는 삼성, LG의 TV, 냉장고, 현대의 산뜨로 싱 자동차 등이 단골 메뉴에 들어가 있다. 시골에서는 경제 규모가 작고 가난한 경우도 많아서 자전거, 시계, 라디오, 오토바이 등도 요구하는 품목에 들어간다. 결혼 지참금 요구는 현실적으로 중하류 층에 엄청난 경제적 부담을 주는 것은 확실하다. 그래서 인도의 형법으로 이러한 결혼 지참금 요구는 처벌받도록 되어 있다. 하지만 실제로 수천 년 세월 동안 관습화된 신랑 아버지의 결혼 지참금 요구를 어떻게 막는가? 게다가 이러한 요구는 개인집 응접실에서 이루어지는데 대화 내용을 녹음하기 전에는 무슨 재주로 사법 당국이 형사 처분을 할 수 있겠는가? 또 딸을 사랑하는 신부 측 부모 입장에서 딸의 결혼을 희생시켜가면서 경찰에 고발할 사람은 아무도 없다. 무엇을 얼마나 못해주는가가 고민이 될 뿐이다.

이렇게 신랑 측이 신부 쪽에 결혼 지참금을 받는 근거는 마누법전에 있다. 이 고전에 따르면 결혼은 여덟 가지의 형태가 있다. 그 중에 딸을 시집보내면서 신랑 측으로부터 그 대가를 받는 결혼은 비속한 결혼이다. 딸을 팔아버리는 것과 같은 것이라 가문 있는 집안에서는 시행할 필요가 없다고 본다. 반대로 딸을 시집보내면서는 딸의 부모가 신랑 측에 선물로 많은 물품을 함께 보내는 결혼은 고귀한 결혼 양식으로 여겼다. 이러한 전통이 세월이 흐르면서 세태가 바뀌어서 신랑 측에서 결혼 지참금을 받는 것을 당연시하게 되었다. 더 나가서는 많이 요구하고, 결혼 지참금으로 신랑 집안의 사업재기의 기회로 삼는 경우도 있다. 요즈음 대략적으로 지참금 규모를 보면 신랑이 인기가 있는 IT 기술 인력이면 5,000만 원이 최저다. 행정고시 합격자의 경우는 2~3억 원, 일반 지주 계급의 경우는 3,000만 원 정도다. 대학 전임강사의 경우는 한참 싸졌으니 대학 교수보다는 사업가를 우대하는 물질 중심의 세태를 반영한다. 이 경우 대략 2,000만 원 정도가 최저선이다. 이제는 세월이 흐르다 보니 필자가 가르친 제자들이 인도 대학교에 교수로 임용된다. 그 중의 한 사람이 결혼할 때 호기심으로 끈질기게 물었더니 대충 4,000만 원 정도를 신부 측에서 받았다고 한다. 물론 삼성과 LG의 TV나 냉장고 같은 전자제품과 현대 자동차의 산트로 싱을 한 대 포함해서 그렇다. 이렇게 받은 돈으로 신랑 측은 돈 한 푼 안들이고 결혼식을 진행시킬 수 있다.

이렇게 해서 신랑 신부 부모들이 동의를 하면 요즘은 현대식으로 조금 변모된 약혼식으로 들어간다. 이를 샤가이(Shagai) 또는 우르반(Urban) 또는 채카(Chkeka)라고 한다. 일종의 약혼반지 교환 예식이다. 몇 년 전 매일 신문에 오르내리는 아쉬와리아 라이(Ashwaria Rai)와 아비세익 바찬(Abisheik Bachan)의 경우도 약혼식 내용이었다. 아비세익 바찬은 인도의 신화적인 배우 아미답 바찬의 아들인데, 과거에 또 다른 미녀 배우 까리스마 까푸르(Karisham Kapoor)와 약혼을 했다가 여자 쪽의 요구로 파혼을 당한 바 있다. 이 말은 신부 쪽의 이의제기로 인해 샤가이가 무효화된 것이다. 그 당시에는 요즘과는 달리 아비세익 바찬은 아버지 이름 덕에 영화계에 겨우 붙어있는 무명의 청년에 불과하여서 까리스마 까푸르의 어머니가 탐탁히 여기지 않다가 결국 파혼을 선언한 것이다. 그런 것이 전화위복이 되어 세계 최고의 미녀와 결혼하게 되었다. 이런 약혼이 끝나면 틸락(Tilak)을 행하게 된다. 틸락은 약혼식의 연장이라고 할 수 있다. 이때는 '띠까' 예식을 행하게 된다.

바라트(Barat)

한국에서도 결혼식 하객의 규모가 종종 화제가 된다. 인도에서 하객은 단순한 하객도 있지만 그 주력은 결혼 행사의 일부에 들어가는 하객 군단이다. 이를 바라트라고 부른다. 이 하객의 출현은 본격적인 결혼 예식에 들어간다는 뜻이다.

인도 땅에서 사는 한국인들은 예외 없이 밤에 이루어지는 요란하고 화려한 인도의 결혼 행렬을 최소한 대여섯 번, 많으면 수십 번을 보았을 것이다. 얼마나 화려하고 신나는지 지나가다가 한 번 구경해 보고 싶은 생각이 든다. 트럭에 실린 이동식 발전기에 이삼십 명 정도의 인력이 이동식 샨델리아를 머리에 이고 움직인다. 또 수십 명의 악대가 트럼펫과 북 등등을 "빠바 바밤" 요란하게 연주한다.

신랑은 페르시아의 왕자와 같은 흰 비단 옷에 터어반을 쓰고 백마 위에 동자 하나를 앞에 태우고 천천히 행진한다. 이 때 신랑과 그 친척은 수십 명에서 수백 명, 경우에 따라서는 수천 명에 달하는 신부 집 방문객 군단을 형성하여 버스를 타고 온다. 이 규모가 클수록 집안이 크다는 의미이므로, 전통결혼에서는 가능한 한 최대 규모로 형성하여 신부 집을 방문한다. 수백수천 킬로미터 떨어져서 많은 수가 못 오는 경우는 버스 한 대, 아니면 두세 대가 오는 것이 기본이다. 이 바라트가 신부 집에 들어선 후 만찬을 즐긴다. 그 동안 결혼 예식 자체는 만답(Mandap)이라고 불리는 일종의 정자에 신랑 신부와 가족 친지들과 함께 앉는다. 대도시에서야 전문 연회장을 따로 빌려서 그 안에 콘크리트로 정자 모양으로 만들어 놓았지만, 농본국가인 인도에서는 원래 네 기둥을 굵은 대나무로 만들고 그 지붕은 볏 집단으로 엮은 한국의 원두막에 가까운 모양이 원형에 가깝다.

현대화된 요즘에는 이 정자 안에 가구, 돈 보따리, 전자제품 등 결혼 지참물을 한쪽에 쌓아 놓고 한꺼번에 결혼 절차를 진행한다.

결혼 절차로는 첫째가 '깐야단'(Kanyadan)이다. 깐야(Kana)는 처녀, 단(Dan)은 기증이니까 우리말로 직역하면 '처녀 기증'이지만, 더 섬세한 의미는 가속(家屬)인 딸을 다른 집안으로 그 모든 권한을 넘겨준다는 뜻이다. 이는 자신의 가족구성원이었던 딸에 대한 종교적, 법률적 권한의 이양을 의미한다. 인도 최남단의 도시 이름도 깐야 꾸마리이다. 하여간 이 단계는 신부의 아버지가 딸을 신랑에게 넘겨주는 절차다. 아버지의 딸에 대한 사랑, 어머니의 딸의 장래에 대한 염려는 각별하여서 이때 신부 집안은 마음 아픈 이별의 분위기다. 신부도 부모님을 떠나는 절차라서 많은 눈물을 쏟는다. 참석한 모든 사람도 거의 예외 없이 격정적으로 흐느낀다. 이 깐야단은 양가의 가까운 가족, 친지 정도만 배석한다.

그 다음에는 그 자리에서 '빠니 그라한'(Panigrahan)이라고 하여서 신부의 아버지가 신랑의 손에 물을 조금 준다. 빠니는 물이니까 고동(conch)에 물을 담아 다른 한쪽 끝으로 조금 준다. 신랑은 손에 이 물을 받고 이 여자의 남편이 될 것을 물을 손에 조금 쥐고 약속한다. 물은 인도인에게는 신성한 것이다. 이와 같은 약속을 신부와 신부 집에 하고 나면 '신두르단'(Sindurdan)으로 진행한다. 신두르를 해준다는 뜻이다. 신두르는 영어로 vermilion이라고 하는데 주홍색이 나는 천연가루를 물에 이겨 만든 것이다. 신랑은 신부의 머리 앞 가르마에 붉은 색 가루를 물로 살짝 이긴 것을 발라준다. 유부녀의 상징은 세 가지인데, 머리에 이와 같이 바르는 것을 신두르라고 하고, 실로 꿴 까만 색 목걸이를 망갈 수트라(Mangal Sutra)라고 하며, 마지막이 발가락 고리이다. 헌데, 목걸이나 발가락 고리는 눈에 뜨이지 않지만 신두르는 머리 가르마에 칠해져 있으니까 한 눈에 보인다. 그래서 여성이 아무리 젊고 아름다워 보여도 청년들은 신두르를 한 여성에게는 접근하지 않아야 한다.

이 신두르단이 끝나면 '사트 바찬'이라고 하여서 신랑 신부가 그 가족들 앞에서 일곱 가지 맹세를 하는 예식이 있다. 산스크리트어로 사트는 일곱, 바찬은 맹세다. 그 내용을 보면

첫째, 신부(신랑)는 나의 인생 반려자다.
둘째, 신부(신랑)는 나에 대한 모든 권한을 갖는다.
셋째, 나는 무엇을 하든지, 나의 부인(남편)과 상의한다.
넷째, 나는 오직 신부(신랑)만을 나의 여인으로 취한다.
다섯째, 모든 종교의례를 부인(남편)과 동행한다.
여섯째, 우리는 일곱 번째 윤회까지 함께 할 것이다.
일곱 번째, 모든 일들은 부인(남편)과 함께 할 것이다.

그리고 나면 브라만 제사장이 베다경전을 아그니 신(불의 신) 앞에서 외우는 의식으로 예식의 종결부에 이른다. 그리고는 신랑의 '차다'라고 부르는 일종의 솔 자락을 신부의 '준니' 자락에 묶는다. 이 정자 안에 펴있는 모닥불같이 보이는 성화(聖火)라고 부르는 불 주위를 오른쪽에서 왼쪽으로 일곱 바퀴를 천천히 걸어서 돈다. 이로써 결혼의례는 끝나게 된다. 인도인들은 부부가 있을 때에 항상 남편이 오른쪽, 부인이 왼쪽에 서야 한다. 그래서 부인를 부를 때 '바망가니', 즉 '왼편에 있는 반려자'라고 부른다. 힌두들도 일곱을 완벽한 숫자로 좋아한다. 북극성을 비쉬누 신의 숭배자 두르브 성(星)이라고 하고, 북두칠성을 삽따리쉬, 즉 7인의 성자라고 한다.

'나'가 결혼한다

도시 젊은이들이 달라지고 있다. 글로벌화한 사고 속에서 경제적 어려움에 직면할 경우 그들은 이를 해결하기 위해 실제적 대처를 한다. 그 과정에서 글로벌화한 도시 젊은 층의 일상은 전통적 관습과 부딪히며 사회적 마찰음을 내고 있다.

2012년 9월 초 델리가 시끄러웠다. 한 젊은 남성이 토막살인된 채 버려졌다. 살해당한 젊은이는 파라스 바신이라는 하리야나 주에서 경영학을 전공하는 학생. 이 젊은 남성은 비슷한 연령대의 대학생 아내와 행복하게 살고 있었다. 이 젊은이들은 부모의 반대를 무릅쓰고 부부가 되었다. 결혼식도 없이 인도 특별법에 의한 법원 등록으로 법적 부부가 되었다. 하지만 아내의 부모는 강력히 반대하고 바신에 대해 분노하고 있었다. 카스트가 서로 다르기 때문이다. 범인이 아직 밝혀지지 않았음에도 불구하고 인도인들은 그 범인을 당연히 아내의 가족일 거라고 여기고 있다. 앞날이 창창한 젊은이의 죽음은 '이루어질 수 없는 결혼'을 한 대가로, 이른바 'honor killing(가문의 명예를 지키기 위한 살인)'의 성격을 띤 것이다.

이렇듯이 21세기 인도의 젊은이들은 전통적인 관습을 무릅쓰고 결혼을 한다. 이와 관련하여 주목할 것은 인도의 결혼형태가 급격히 변화하고 있다는 사실이다. 오래된 중매결혼으로부터 중매로 시작된 연애결혼, 그리고 순수 연애결혼의 형태로 확산되고 있다. 이런 변화상은 한국인이 신문지상으로 접하는 것보다 광범위하고 그 문제의 정도가 결코 가볍지 않다. 최근, 결혼에 관계된 사회적 문제들과 마찰이 그 어느 때보다 빈번히 발생하고 있기 때문이다. 가문보다는 '내'가 우선인 사고방식이다. '내'가 내 아내와 살고, '내'가 내 남편과 살 것이라는 생각이 젊은이들의 무의식 깊숙이 똬리를 틀고 있다는 점을 간과할 수 없다. 이런 입장은 무엇보다 교육을 받은 여성들에게서 뚜렷이 나타난다.

인도인에게 결혼이란?

결혼은 힌두 사회에서 남녀를 불문하고 절대로 개인의 선택 사항이 아니다. 가족과 소속된 계층 또는 카스트에 대한 의무다. 그래서 인도의 혼인법에 따르면 힌두의 결혼식은 동의가 필요 없는 종교적 헌신(sacrament)으로 분류된다. 일종의 예배 같은 것이다. 그래서 동의하는 절차가 없다. 동의와 관계없이 둘은 부부다.

이 같은 힌두의 결혼에서 흥미로운 점은 딸의 결혼이 가문의 영향력과 밀접한 관계를 맺고 있다는 사실이다. 부모뿐 아니라 오빠, 남동생, 외삼촌, 오촌 아저씨 등의 영향력을 행사하는 집안의 대사다. 그러니 카스트가 서로 다른 젊은이들의 결혼 문제를 앞두고 사회적 마찰이 클 수밖에 없다. 남자와 여자가 높은 카스트이기 때문에 결혼에 쉬운 경우는 없다. 낮은 카스트 집안도 높은 카스트 사람과 결혼하는 것은 천륜을 어기는 것으로 여긴다.

그에 반해 기독교와 무슬림의 결혼은 인도에서 동의가 필요한 절차(agreement)이다. 결혼식 중에 반드시 신랑과 신부는 결혼에 '네' 하고 동의를 해야 한다. "네" 하는 순간에야 법은 두 사람이 불

가분의 부부관계로 맺어졌음을 선언한다. 이때 영화의 한 장면처럼 '아니오' 하고 신부가 도망가면 부부로 인정받지 못한다.

종교적으로 힌두교도의 결혼은 두 사람이 하나가 되어 인생의 목적인 달마(의무), 아르타(부), 까마(성애), 목샤(구원)를 이루는 것이라고 힌두 결혼법은 정의한다. 힌두 결혼의 모델은 신의 결혼에서 시작한다. 힌두교에서 가장 선두가 되는 삼신은 창조의 신 브라마, 보존의 신 비쉬누, 파괴의 신 시바다. 인류의 시조 마누는 이들 중 창조의 신 브라마가 교육과 예술의 여신 사라스와티와의 결혼으로 탄생한다. 이런 연유를 간직한 힌두의 결혼은 가장 오랜 역사를 갖는 예식에 들어간다. 현재의 혼례도 리그베다에 나타난 것과 별반 다르지 않다고 본다.

여성의 문제다

신들도 갈등을 겪으면서 결혼한다. 창조의 신 브라마는 사라스와티와 결혼하기 위해 배우자 감시를 위한 다섯 개의 머리를 갖는다. 이것으로 볼 때, 브라마는 여신에게 집착한 신이다.

시바의 경우는 장인의 무시를 받는다. 한량취급을 받은 것이다. 자존심이 상한 열녀 아내 사티는 자살해버린다. 그래서 사티(과부 화장제도)가 시작된다. 이처럼 인도인의 결혼과 관계된 문제들은 여성을 중심으로 이해해야 한다. 영어에서도 결혼을 matrimony(mother+action)라고 하여 여성의 문제로 여기는 것은 결코 우연의 산물로만 치부해버릴 수 없다. 힌두들은 여성은 본질적으로 사악하며, 정신적으로는 오염돼 있다고 본다. 리그 베다에서는 "여성은 정신 훈련이 돼있지 않고 지성에는 무게가 없다"고 하였다. 여성은 "감정과 정념에 자신을 통제할 능력이 없으며 제사에는 부정하다"는 것이 고대 경전의 가르침이다. 마누법전에서는 여성의 존재를 더욱 폄하하여 여성을 처형하는 것을 가볍게 여기는 내용도 나온다. 뿐만 아니라 여성의 베다 독경을 금지하거나 제사에 대한 권한을 허락하지 않는다. 또 여성의 불완전성 때문에 여성을 독립적으로 두어서는 안 된다는 계율도 있다. 철저히 남성에게 의존해야 한다. 여성은 결혼 전에 아버지가 보호해야 할 의무를 진다. 아버지가 없다면 오빠들이나 남동생들이 보호해야 할 의무를 진다. 남동생들조차 누나는 자기들이 보호해야 할 대상이라고 생각한다. 누이가 남동생을 돌봐야 할 대상이라고 여기는 경우를 본 적이 없다. 게다가 딸이 결혼을 못하는 것은 그 가문의 수치로 여긴다. 그래서 아버지나 오빠, 남동생은 딸과 누이를 반드시 결혼시켜야만 하고, 결혼을 한 후에는 남편이 여자를 보호해야 한다.

무엇이 변하는가

큰딸이 인도 학교에서 11학년 다닐 때, 하루는 뛰어들어와서
"아빠! 네나가 결혼했대!"
같은 반 친구 네나가 결혼한 소식을 전한 것이다. 어린 나이에 결혼을 하면 아이를 낳고 키우는 것 외에는 할 수 있는 일이 없다. 여성을 가정에 구속시키는 결과를 가져 온다. 인도에서 결혼이 담고 있는 여성에 대한 기대감은 무엇일까? 락시미처럼 남편에 순종하고 집안에 부를 불러들이고 아들을 잘 낳고 잘 키우는 며느리. 이에 따

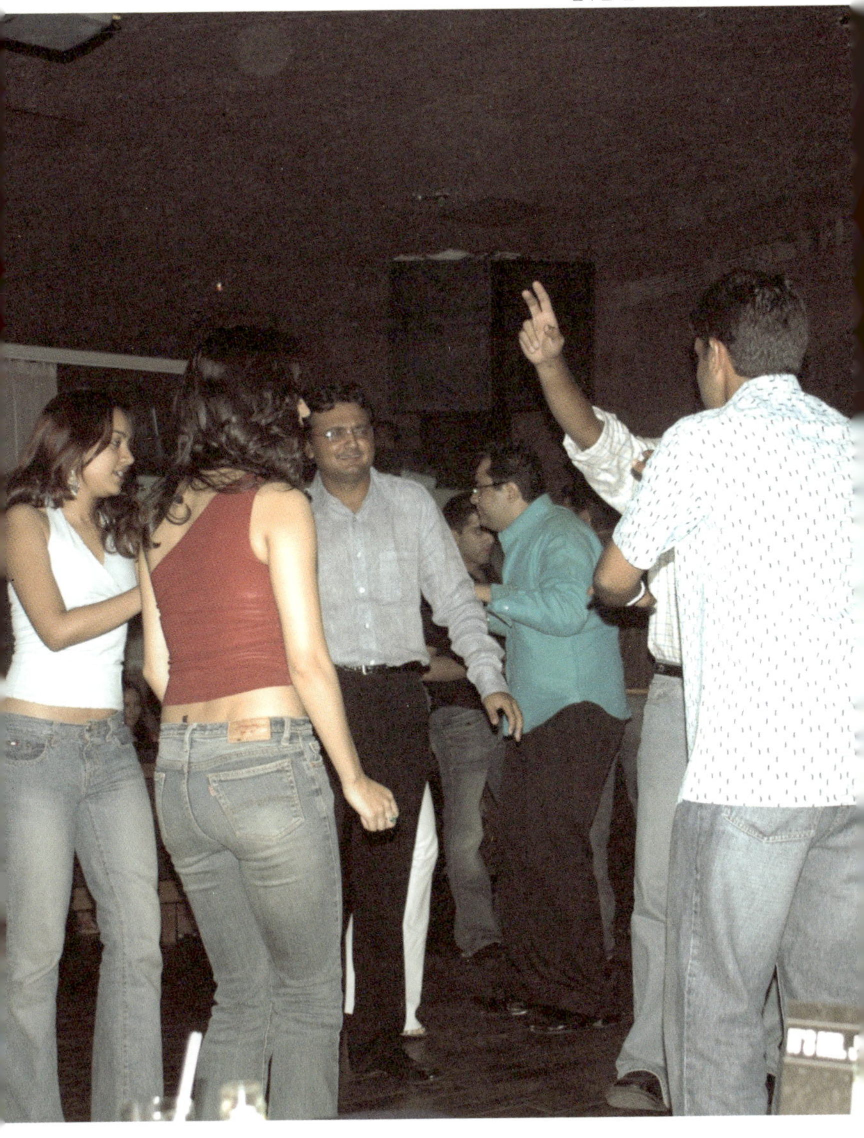

라 결혼 지참금을 많이 가져오고 여러 해 동안 지속적으로 가져올 수 있어야 한다. 또 여자는 순결하여 남자관계가 없어야만 한다.

그런데 이제는 바뀌고 있다. 여성 배우자는 반드시 직업을 가져야 한다. 20년 전에 한국의 유명 일간지 취재진이 인도의 결혼에 대해 집중 취재한 적이 있다. 당시 박사과정에 있던 필자도 동행하며 인터뷰를 도왔다. 바산트 비하르에 있던 한 가정에 어떤 며느리를 데려오기를 원했는가 질문했다. 그 상류층 인도인 가정에서는

"우리는 먹고 살만큼 재력이 있다. 전업 주부가 필요하지 돈을 벌어야 하는 여성이 필요한 것이 아니다!"

라고 말했다. 그 며느리는 전형적인 아리안인에 아름답고 교육이 잘 된 여성이었다. 이렇게 십 년 전까지만 해도 가장 우수한 젊은 여성들은 가정주부가 되도록 '선발' 되었다. 여학생들의 교육은 전업 주부가 되기 위한 과정에 불과하였다.

하지만 2000년대에 들어서 이러한 시각에 엄청난 변화가 나타나고 있다. 모든 젊은 여성은 직업을 위해 교육을 받아야 한다. 이제는 전문직업을 가지고 일하는 여성이 가장 우수한 여성이다. 따라서 결혼에 대한 입장이 바뀌었다. 여성들의 지위도 바뀌고 있다. 가장 우수한 신부감은 의사, 변호사 또는 다국적 기업에서 일을 하는 전문직 여성이다. 이러한 여성들의 수입은 십만에서 수십만 루피다. 현재는 자신의 전문적인 일을 갖고 있는 여성, 그래서 수입이 많은 여성이 최상의 결혼 후보다.

카스트를 넘어선다

요즈음은 배우자의 경제력이 가장 중요하다. 여자가 좋은 직장을 가지고 있으면 카스트에 상관없이 결혼대상자로서 인기가 있다. 가장 선호도가 떨어지는 신부감은 집에서 결혼만 기다리고 있는 여성이다. 따라서 선택의 폭도, 양가 결합의 폭도 바뀌고 있다.

카스트도 물론 중요하지만 우선순위에서 급속히 밀려나가고 있는 것은 분명하다. 그보다 직업, 학력, 성격, 가정 배경, 인물 등이 더 중요한 고려대상이다. 대도시에 살고 있는 젊은이들은 같은 카스트, 같은 계급의 사람을 만나기 쉽지 않다. 그래서 신문의 Matrimonial 또는 인터넷의 Shadi.com 등을 통해서 맞선을 보기 시작한다. 특히 미혼자들에게 Shadi.com의 인기는 절대적이고 폭발적이다. Shadi는 결혼이라는 힌디어다. 시작은 카스트와 자티가 맞아야만 한다. 이것은 자티 자체가 중요하기 때문이 아니라 자연스런 접근을 통해 양가의 부모가 결혼에 동의해야 하기 때문이다. 부모와 당사자에게 실제로는 좋은 직업, 경제력, 그리고 성품이 더 중요하다.

젊은 남녀도 신문이나 인터넷을 통해서 만나는 것을 안전하다고 믿는다. 일단 연결이 되고 첫 만남에서 서로 호감을 갖게 되면, 몇 개월간 사귀어 보다가 결혼을 할 수 있기 때문이다. 그런가 하면, 다니는 직장에서 서로 만나는 일도 흔해졌다.

그런데 신문에 경력을 허위로 올려서 문제가 일어나기도 한다. 필자가 아는 젊은 여성은 몇 년 동안 신문과 인터넷에 결혼 후보자로 이름과 배경을 올렸다. 하루는 사진이 근사한 남자로부터 연락이 왔다. 기쁘게 만나고 가슴을 설레며 다음 약속을 했다. 그런데 그 사람이 신문의 다른 면에 자신을 다른 이름으로 소개하며 다른 배우자를 찾고 있는 것을 보게 된 것이다. 실로 경악할 만한 일이다. 그녀는 사기결혼을 당하지 않은 것이 얼마나 다행인지 모른다고 했다.

핵가족이 늘고 있다

필자가 사는 델리대 교수 아파트 앞집은 부부가 교수인데 자녀가 없다. 윗집은 딸이 하나, 그 윗집은 아들 하나 딸 하나…… . 주위를 아무리 둘러봐도 교육받은 사람들치고 자녀 둘 이상 있는 집을 좀처럼 찾을 수 없다. 대도시 전문직종의 자녀들은 서울처럼 너무 고비용을 감당해야 하는 아이들이 되었다. 사립 유치원, 초, 중, 고에 매월 30~40만 원을 내야한다. 이 아이들은 브랜드 셔츠를 입어야 하고, LG나 삼성 모바일 폰을 써야 한다. 적어도 차는 현대의 i10 이상은 있어야 한다. 먹는 것도 맥도날드 햄버거, 피자, 배스킨라빈스 아이스크림…… . 이런 아이들은 자신의 입장이 너무 분명하다. 여학생들은 정색을 하고, "나도 우리집에서 외딸로 비싸게 교육 잘 받았는데, 왜 시댁에 묶여 살아요?" 시댁의 짐을 질 생각이 새끼손가락만큼도 없다. 그러니 자기들이 버는 것으로 따로 나가 살아야 한다. 게다가 낳는 자녀들은 하나이고, 많으면 둘이다. 한마디로 너무 비싸지고 있다. 게다가 이 아이들을 돌볼 시간이 없다. 그러니 핵가족으로 변해가는 것이 당연하다.

델리의 집값이 너무 비싼 것도 이유다. 어제는 한국인 박사과정 학생이 이사를 했다. 방 두 개에 만오천 루피, 올드 델리에서 삼층

꼭대기 허름한 방 두 칸에 30만 원! 올라도 너무 올랐다. 가족 한 명이라도 더 느는 경우 월세가 더 비싸진다. 집 주인들이 오른 물가를 모두 월세에 반영한 결과다. 전에는 무료나 마찬가지였던 전기요금, 수도요금이 어깨를 짓누른다. 이러니 직장을 갖고 결혼을 해서 이루는 가정은 핵가족인 것이다.

비하르, 우타르 푸라데시에서 온 학생들에게 몇 명의 가족이 사는가를 물었다. 대략 부모에 자녀 셋, 또는 넷, 하지만 실상은 훨씬 큰 대가족 제도를 유지하고 있다. 할아버지나 증조할아버지가 집안의 가장이다. 그런 배경에서 유학 생활을 통해 전문직을 얻은 젊은이들이 델리에서 자란 집안의 딸들과 마찰이 없을 수가 없다.

혼전 동거가 늘고 있다

델리는 서울처럼 순수 델리 사람은 많지 않다. 거의가 유입된 인구다. 특히 인도-파키스탄 전쟁 이후에 유입된 펀잡 사람들이 델리의 경제권을 장악하고 있다. 이제는 경제와 맞물려 비하르, 우타르 푸라데시 등 인근 주에서 상당수가 유입되고 있다. 이렇게 많은 사람들이 유입되는데 델리가 유지되고 발전되는 것이 신기할 정도다. 델리의 인구는 2011년 1천6백80만 명 정도로 발표되었다.

유입된 인구의 젊은이들 가운데 복잡한 카스트를 고려하여 부모들의 간섭 아래 결혼하는 대신 마음에 맞는 사람과 동거하다가 때가 되면 헤어지고 새롭게 다시 결혼하는 경우가 늘어나고 있다. 사회가 이러한 추세를 인정하는 것은 아니지만 젊은이들 사이에는 조용히 번져가고 있는 현상이다.

2012년 8월 신문에 한 살인사건이 인도 전역에 퍼졌다. 뭄바이에서 팔라비라는 25세의 여성 변호사가 델리에 사는 부모님 모르게 변호사 남자친구와 동거하고 있었다. 하루는 팔라비가 직원들과 회식 후 거의 밤 12시쯤에 집에 돌아갔다. 그런데 남자친구가 그 다음 날 새벽 5시 30분에 집에 돌아와서 살해된 여자친구를 발견하였다. 살인범은 잡혔지만, 이 사건은 인도 정부 고관인 아버지에게 치명적인 불명예를 안겨주었다.

전 인구의 절반이 25세 미만인 젊은이들의 나라에서 대도시의 경제력이 있는 젊은 남녀의 만남은 이상하지 않다. 하지만 동거가 늘어나는 것은 인도 어른들이 볼 때 이만저만 큰 걱정거리가 아닐 수 없다.

이혼이 늘고 있다

'델리'라고 하면 '이혼 수도'라고 부른다. 인도의 이혼율은 아직 선진국에 비하면 지극히 낮은 수준이다. 그렇지만 델리 한 도시를 보자면 해마다 9,000건의 이혼이 이루어진다. 2005년경의 두 배다. 뭄바이나 벵갈루루의 약 5,000건도 작은 수치가 아니다.

이혼 청구자는 주로 여성이다. 연령은 20대에서 30대 중반이지만 간혹 40대나 50대도 나타난다. 석사과정 학생에게 물으니 부모님은 이혼했다고 한다. 막내의 가장 친한 친구 부모님도 이혼한 경우, 둘째의 친한 친구도 이혼한 경우, 심지어 큰딸의 반 친구는 그 자신이 결혼하고 이혼했다. 이처럼 주변에 이혼녀가 흔해졌다. 여성도 결혼할 때 이혼을 예상한다. 이들 중 상당수의 사고는 '서로의

견해가 맞지 않으면 이혼한다' 다. 그 이유는 각자 직장을 가지고 일하기 때문에 서로를 이해하려고 노력할 만한 시간과 마음의 여유가 없다는 것이다. 빨리 헤어지는 것이 서로의 장래에 도움이 된다고 보는 것이다. 이들은 시댁의 짐을 질 생각을 조금도 하지 않는다. 이미 자신의 일만 해도 허덕이는데, 남편의 가족의 일을 챙기는 것은 상상할 수가 없다. 그래서 이혼 청구자의 80% 이상이 여성이다.

이혼과 관련하여 흥미로운 점이 있다. 인도의 결혼에서 신부가 가져오는 금은보화의 변화를 보면 이혼을 하는 경우를 염두에 둔다는 것을 알 수 있다. 결혼 지참금이라고 부르는 것은 다우어리(dowry)라고 부른다. 이것은 시댁에 대한 선물로서 소유권이 시댁 또는 남편에게 있다. 그런데, 새댁이 가지고 있는 패물, 돈 등이 있다. 이것은 스트리단(Stridhan)이라고 한다. stri는 '아내'이고, dhan은 wealth, 즉 '부'다. 말 그대로 아내의 재산이다. 이것은 이혼할 경우 다시 가져오는 것이므로, 딸의 부모는 마음 놓고 딸에게 주고 싶은 것을 스트리단으로 준다.

전통 = 고통

이러한 결혼 양태의 변화는 여성이 혼자 살아도 될 만한 경제력을 갖게 된 데 있다. 여성들은 지금까지 이어 내려온 전통의 부정적 요소를 잘 알고 있다. 여성은 그 '죽어 사는' 시집살이를 할 이유가 없게 되었다. 남편을 신같이 여길 이유가 없게 되었다.

현재도 대다수의 여성은 시댁 집안의 압력 속에 살아야 한다. 필자는 필자의 학생 중의 한 명이 결혼한 지 1년 내에 아기가 없자 이혼하려는 것을 보았다. 심지어는 아기를 가진 상태로도 이혼하여 혼자 아기를 키우려고 한다.

2012년 9월 21일자 타임즈 오브 인디아는 인도 엘리트 경찰의 한 맺힌 살인사건을 보도했다.

요인 경호경찰인 24세의 비제이 쿠마르가 리볼버로 과거의 사돈댁 사부인과 36세의 처남에게 총격을 퍼붓고 나서 자신도 자살해버린 것이다. 무엇이 이 전도 양양한 엘리트 경찰관으로 하여금 한을 품게 하였을까? 이것은 결혼 지참금 때문이었다. 그의 손위 누이 라차가 2002년에 알리푸르의 학교 교사였던 처남과 결혼하였다. 그런데 결혼한 지 1년 반 후, 그 사랑하던 누이는 독약을 마시고 자살해버렸다. 그 당시 15세 불과했던 비제이는 이를 갈고 복수를 다짐한다. 그 처남은 단지 1개월간 형을 살고는 보석으로 너무 가볍게 빠져나왔다. 그 후에 바로 재혼하여 자녀도 두고 살고 있었다. 아마 상당한 결혼 지참금을 받고 의기양양하게 백마에 다시 올라 밴드의 요란한 동행을 받았을 것이다. 비제이 쿠마르는 한이 맺힌 누이를 생각하며 때를 기다렸다. 그는 경찰선발 시험에 합격하여 요인 경호대에 배치되었다. 그리고 복수를 한다.

이러한 보복 살인은 특별하지만, 결혼 지참금 문제로 인한 직간접 살인은 흔히 일어난다. 2010년 통계를 보면 자그마치 8,000건이 넘는 결혼 지참금 살인이 있었다. 살인 방식만 하더라도 종전에는 부엌에 밥하러 들어갔을 때 석유를 사리에 붓고 불을 붙이는 것이었다.

그런데 요즘은 시댁식구들의 지독한 구박으로 자살하게 만드는 것이다. 이 결혼 지참금 살인은 가난해서 일어나거나 하층 카스트를 비롯한 무지한 집안에서만 일어나는 것이 아니다. 인간의 천성이 악해서인지 모르지만, 배운 사람이 더 이기적이고, 부자가 더 무섭다고 했던가. 교육받은 층, 부유층에서 더 흔하게 일어난다.

인도에는 결혼 지참금 금지법이라는 특이한 법이 있다. 영어로는 Dowry Abolish Acts라고 한다. 이에 따르면 결혼한 지 7년 이내에 아내가 불분명한 사유로 사망하고 아내의 부모가 결혼 지참금 문제로 인한 사망이라고 주장하면 남편은 그 사유를 밝혀야 하며 그렇지 못한 경우 결혼 지참금 문제로 인한 살인으로 간주되는 것이다. 오죽 결혼 지참금 문제가 심각했으면 이러한 법이 제정되었을까. 결혼 지참금 살인을 염려한 생명보험법도 있다. 아내가 결혼한 지 1년 이내로 사망하면 생명보험에 가입했다고 해도 배우자는 그 보험금을 받을 수 없다. 말하자면, 돈을 노리고 신부를 살해하는 의도 자체를 봉쇄하고 있다.

요컨대 인도 결혼과 관련하여 발생하는 이러한 일들은 변화하는 인도 사회에서 결코 가볍게 지나칠 수 없는 모습이다.

인도의 다양성은 익히 잘 알려져 있다. 그래서 신의 존재를 인정하는 것은 기본이며 인생은 한줌의 재로 돌아간다고 여긴다. 그러기에 인도인과 돈은 어울리지 않을 거라 생각하기 쉽다. 그러나 인도인은 지극히 물질적이다.

물질적인
인도인

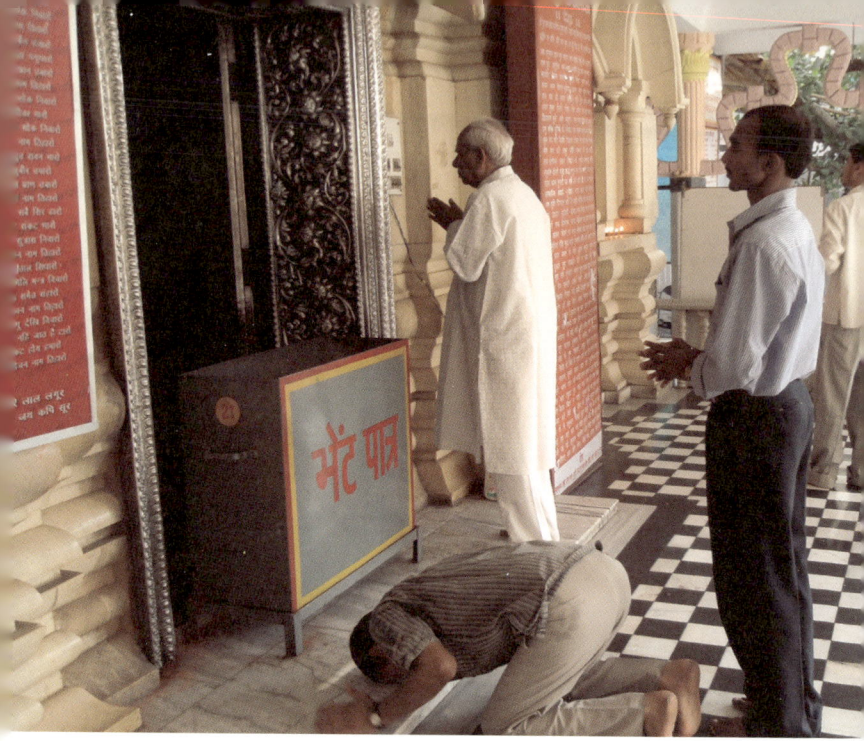

🕌 13. 종교적인 인도인, 물질적인 인도인

종교적인 인도인, 물질적인 인도인

　인도인은 종교적이다. 신의 존재를 인정하는 것은 기본이며 인생
은 한줌의 재로 돌아간다고 여긴다. 그러기에 인도인과 돈은 어울리
지 않을 거라 생각하기 쉽다. 그러나 인도인은 지극히 물질적이다.
이렇게 어울리지 않는 상반된 두 측면을 동시에 갖고 있는 인도인을
제대로 이해하기란 그리 쉽지 않은 일이다.

종교적인 인도인,
High Thinking

　수년 전 달라이 라마가 대학을 방문하였다. 학생들의 질문에 답하면서, 우주의 원리에 대하여 풀어서 설명하기를, "우주의 근원인 전일 자를 자각하고 그것과 자기 안에 있는 인간의 본체인 전일자와의 합일을 믿으며 그 근본의 실재를 인식하고 체험해야 한다." "남에게 고통을 주면 온 우주가 고통이며 결국 내가 고통을 받게 된다."고 했다. 이 내용은 인도인의 철학을 잘 보여주는 말이다. 그러나 이 내용이 새로운 것은 아니다. 사실은 기원전 7~8세기경에 완성된 베다의 끝부분인 우파니샤드 철학의 정수를 설명한 것에 불과하다. 우파니샤드는 산스크리트어로 "함께 앉는다"는 뜻으로서 그 핵심은 범아일여(梵我一如)다. 우주의 궁극적 실재와 인간은 하나다.[12] 그래서 오늘 남에게 고통을 주며 내 이익을 챙긴 것은 결국은 부메랑이 되어 다시 나의 고통으로 돌아온다. 이 범아일여의 우파니샤드에서 비로소 우주의 궁극적인 원리이며 절대자이며 실재인 브라만의 개념과 법과 윤회, 전생과 해탈과 업보 사상이 무르익었다.

　하지만 위정자가 바뀌든지 말든지 입에 풀칠하기도 힘든 당대의 무지몽매한 백성들에게는 이 같은 내용이 너무 어려웠다. 이 어려운 철학을 인도인의 뇌리 속에 각인시킬 수 있었던 것은 인도인들이 가장 사랑하는 대서사시 '마하바라타'와 '라마야나'의 공이 컸다. 초기에는 궁정시인이 노래했을 법한 내용을 서민들이 쉽게 읊조리게 되면서 힌두 사상과 신앙이 인도인의 생활에 배어들게 된 것이다. 간간히 TV 드라마 중에 마하바라타나 라마야나가 나오면 인도인의 신경은 온통 그리로 쏠린다. 우리가 보기에는 유치한 만화영화 같지

---

12)　교육도서, 대세계역사 4, 도서출판 교육도서, 서울, 1989.

만, 인도인은 이를 보고 전율하며 시바나 크리슈나에 대한 신앙심이 용솟음친다. 평소 말이 없고 조용한 사람도 힌두 신앙 이야기가 나오면 갑자기 눈을 반짝이며 힌두 경전을 읊조리며 대단한 신앙인들로 변하는 것을 경험한다. 이 중 라마야나는 힌두들이 숭앙하는 신람의 무용담이다. 인도인의 무의식적인 사고 속에 람(Ram)과 그 아내 시따(Sita)는 늘 살아있다.

인도의 젊은 여자들은 라마야나에 나오는 '람'과 같은, 한 여인만을 사랑하는 준수한 신랑을 만나고 싶어 한다. 건장한 젊은 남자들은 남편을 신과 같이 받들고 지조를 지키는 '시따' 같은 신부를 이상적인 아내로 생각한다. 21세기 첨단 우주과학 시대에 천만 인구를 헤아리는 세계의 대도시 델리에서, 종교적 금식은 여전히 중요한 실천 덕목이 되고 있다.

매주 월요일마다, 결혼한 여자는 남편의 무병장수를 위해서 금식을 한다. 음식을 끊으며 기도하니 남편을 향한 그 정성이 얼마나 지극한가. 여전히 남편은 아내의 주인이다. 미혼 여성들은 좋은 남편을 만나기 위해서 금식을 한다. 요일에 따라 금식일이 다르니 친구가 먹는 음식에 군침이 돌아도 금식을 지킨다. 델리대학교에는 매일 베네통의 티셔츠와 Levi's 청바지를 입고, Reebok 운동화를 신은 예쁜 여학생들이 수만 명씩 들끓는다. 주변의 도미노 피자나 바리스타, 맥도널드에도 남녀학생들의 토론과 로맨스가 넘친다. 그런데 이러한 학생들의 대다수가 매주 한 번씩 이와 같은 이유로 금식을 한다. 금식의 대상은 물론 각종 신들이다. 월요일은 가장 강력한 신 시바를 섬기는 이들이 금식을 한다. 화요일은 원숭이 상의 하누만의 날인데 청년들은 이 원숭이 형상의 신을 통해 아무도 따를 수 없는 근력을 얻기 위해 금식을 한다. 40대 이후의 금식은 이상한 것이 아니지만 발랄한 10대 후반, 20대도 금식을 한다. 그러니 이론적으로 인도인들은 10대부터 70~80대까지 시대를 막론하고 모두 종교적이다. 농촌은 어떤가? 더 종교적이다. 달라쿠안 방면, 델리의 서부로 움직이는 사람들은 아마도 7월부터 8월 초까지 황토색 옷을 입고 꽃무늬 장식을 한 물지게를 맨 수천수만 명의 행렬을 볼 수 있다. 까와리라고 불리는 이들은 대개 농촌 젊은이들이다. 이들은 야무나강이나 강가의 근원지에 가서 자기 집까지 성수를 길어서 어깨에 메고 행렬을 한다. 이 성수는 절대로 땅에 닿으면 안 된다. 그래서 잘 때에도 대나무로 만든 걸이에 걸어 놓는다. 이 성수를 가져와서 집에 모셔둔 신들을 닦고 신에게 드리며, 이웃이나 친척들에게도 나누어 준다. 물지게는 집 베란다 등에 걸어둔다. 신앙심이 깊은 사람들은 이 성수를 조금 큰 항아리에 담아오기도 하는데 워낙 먼 길을 가야 하므로 많이는 가져오지 못한다. 어떤 젊은이들은 물지게 대신에 배낭에 간단하게 매고 오는 사람들도 있다. 점점 현대화되고 있는 것이리라. 몇 백킬로나 되는 길을 걸어오면서 발바닥은 붓고 피가 베이기도 하지만 이는 신에 대한 열정과 헌신으로 오히려 영광의 상처들이다. 발에 붕대를 감고 절둑거리며 순례의 길을 걷는 이들을 위해서 각 동네마다 먹을 것과 길거리에 잠을 잘 수 있도록 준비해 준다. 이 순례자들은 자기들의 신에게 기도제목을 놓고 기도한 후 이 기도제목이 이루어지면 신에 대한 답례로 아니면 간절한 기도 제목을 위해서 순례를 한다. 이들은 시바 사원이 있는 히말라야 산맥까지 가서 물을 길어 온다.

도시거나 농촌이거나 늙거나 젊거나 이들은 모두 종교적이다. 전세계의 상품이 들어오고, 한국의 전철이 달리는 등 인도는 현대화되었다. 하지만 그러한 현대화가 사상의 서구화를 의미하지는 않는다는 것을 실감하게 한다.

인도인의 생활,
Simple Living

이 인도인의 종교성은 현실 생활에서 어떻게 반영되는가? 한마디로 생활의 단순성, Simple Living이다. 인생의 궁극적 목표는 해탈이고, 형이상학적이다 보니 오늘 먹고 잘 수 있다면 더 바랄 것이 무엇이랴. 종교적이고 철학적인 삶은 단순하고 소박할 수밖에 없다.

Simple Living은 외형상의 생활을 지칭하는 것이기 때문에 우리말로는 검소한 생활이라고 번역하는 것이 정확할 것이다. 이것은 오늘날도 유효한 오래된 paradigm이다. 마하트마 간디는 high thinking, simple living의 대표적인 인물이다. 복잡하고 편리한 기계 문명을 거부하고 불편함을 감수하는 검소한 생활로 일생을 마쳤다. 간디 박물관의 물레가 이를 보여주고 그가 입었던 카디가 이를 보여준다. 그래서 '간디안'이라고 불리는 많은 이들이 지금도 그의 철학과 생활을 실천하고 있다. 현 집권여당인 국민 의회당 총재인 소냐 간디 여사는 본래 이태리 여성이지만 항상 검소한 사리를 입어 백성들과 함께 하는 자세를 보여준다. 전 수상이었던 야당의 아탈 비하리 바지파이도 정치인으로서 simple living의 삶을 살고 있는 인물이다. 현 수상 만모한 싱은 남산골샌님 타입의 검소한 삶을 살고 있다. 그는 정치를 하기 전에는 델리대학교 교수였는데, 수상이 되기 전까지 800cc 소형 마루띠 자동차를 손수 운전하며 다녔다. 세계적으로 유명한 화가 후세인(Hussain)의 simple living 일화도 유명하다.

영화배우 Babbar가 새로 지은 집 벽에 자신의 일생을 그림으로 그려달라고 부탁했다. 화가 후세인은 집의 벽들을 남겨 놓으면 시간이 날 때 와서 그리겠다고 했다. 어느 날 경비원이 밖에 누더기 옷을 걸친 맨발의 노인이 찾아왔다고 그에게 알렸다. 나가 보니 후세인 (Hussain)이 그렇게 초라한 행색으로 그림을 그리러 온 것이다.

한 번은 네루대학교에 있을 때 학생들에게 '살기 위해 먹느냐!', '먹기 위해 사느냐!'고 묻자, '어떻게 먹기 위해 살 수 있습니까?'라고 반문하며 모든 학생들이 웃은 일이 있다. 배가 고파도 인생의 목적과 먹을 것을 비교하지 않는 인도인들이다. 그래서 인도인들은 짜빠띠 몇 장에 달, 알루 지라, 샐러드 정도로 아주 간소하게 식사한다. 부자나 가난한 사람이나 별반 차이가 없다. 그래서 한국인 집을 방문하는 인도인들은 큰 냉장고 안에 무엇이 들어있느냐고 의아해한다. 단순하게 살면 될 것을…… 하는 표정을 하고서 말이다.

현실적인 인도인, 돈을 밝히는 사람들

이렇게 종교적이고 힌두 신앙적인 인도인들이 돈을 밝힌다. 오히려 돈 문제에 아주 민감하다. 종교적인데 돈을 밝히는 인도인! 어떻게 이해해야 하는가?

인도인들은 모든 사람, 각 사람들이 적이 아니라 친구라고 믿고 있다. 대부분의 인도인들은 무뚝뚝해 보이지만 전반적으로는 남을 잘 도와주고 친절한 편이다. 다른 사람들을 돕기 위해 몇 시간이건 며칠이건 할애한다. 박사과정의 한국 유학생을 도와주기 위해 한국어 전공학생 한 명을 소개해준 적이 있다. 사흘 일정으로 잡았던 여행이 3주일이 넘게 되었다. 물론 약간의 사례는 있어도 금전적 계약까지 명시된 관계는 아니다. 하지만 인도 학생은 한국 학생을 성심껏 도왔다. 인도인은 자신에게 불쾌하게 대하는 사람과도 관계를 끊거나 적으로 만들지 않는다. 인도인은 설사 싫은 사람과도 끝까지 관계를 유지하고자 한다. 이렇게 남을 돕는 데 아낌없이 마음을 쓰는 것과는 달리 돈에 대해서는 아주 인색하다. 자기 돈이든 남의 돈이든 한 번 주머니에 들어가면 절대로 나오지 않는다. 인도인은 왜 이토록 돈을 밝히는 것인가?

아이러니컬하게도 이들이 종교적이기 때문이다. 힌두 신앙적 환경이 돈을 중시 여겼기 때문이다. 기원전 2세기경에 편찬된 인도 최고의 법전이 마누 법전이다. 이 마누 법전에 따르면, 인생의 목표를 세 가지로 규정한다. 달마-종교적 생활규범, 아르타-부(富), 까마-성애(性愛)가 그것이다. 다른 말로 하자면 인생의 목적을 종교적, 경제적, 감각적으로 구분한 것이다. 이 세 가지는 서로 균형을 이루면서 추구되어야 한다. 그리고 그 가운데도 서열이 있다. 무엇이 가장 먼저인가? 아르타, 즉 돈이다. 경제적 기반을 가장 중시하였고 그 다음이 정신적 삶이었다. '사는 것'이 우선이 되고 그 다음에 '더 낫게 사는 것'이 중요하다. 물론 여기엔 역사적인 배경이 있다. B.C. 2세기 이후에 꼬띨리야라는 모리야 왕국 개국공신의 통치이념의 영향으로 이때부터 가시화된 것이다. 이것이 오늘날까지 인도인이 중요한 가치의 기준을 삼는 잣대가 되고 있다. 이렇게 보았듯이 '돈'을 중시 여기는 사고방식이 잘 먹고 잘 살려고 하는 현실적인 요구로 나타나는 현상이 아니라는 것이 흥미롭다. 힌두 종교의례를 따라 살려니까 자연히 돈이 중요해진 것이다.

돈은 신이다.

그러면 인도인의 돈에 대한 자세는 어떤가?

인도에서 돈은 신이다. 돈을 잘못해서 땅에 떨어뜨리면 주어서 이마와 땅에 대고 절을 한다. 돈은 신이기 때문에 함부로 취급하면 안 된다. 또 함부로 써도 안 된다. 될 수 있으면 아껴서 쓰고 돈을 모아야 한다. 힌두 사원에 가면 제사장이 힌두 교도들에게 1루피나 50파이사의 동전을 하사하는 경우가 있는데 이것을 집에 있는 돈 통에 넣어 두면 돈이 불어난다고 생각한다. 어려운 일이 생기면 사원의 주지승에게 찾아가 의논하고 그 일의 해결을 위해 사원에 기부를 해야 한다. 거의 모두가 힌두 명절인 명절날에는, 가족이나 친척들에게 선물이나 돈을 주어야 한다. 그래야 종교사회에서 신앙심이 깊은 사람으로 인정된다. 8월 18일은 락샤 반단이라는 명절이다. 이때는 자매들이 형제들에게 형제자매 관계를 맺는 뜻으로 형제의 팔에 성스러운 실을 매준다. 매년 이맘때 요란스런 장식이 된 줄을 남자들이 매고 다니는 것을 본 적이 있을 것이다. 오빠로 모실 테니 험한 세상으로부터 여자인 자신들을 지켜달라는 뜻이다. 요즈음에는 딴 생각을 품고 접근하는 남자에게 얼른 실을 매어주어 관계를 정리할 때도 쓴다고 한다. 이때 남자들은 실을 매어준 여자들에게 선물이나 돈을 주어야 한다. 이러한 행사에도 남자들은 돈이 필요하다. 이렇게 필요한 돈을 평소에 모아 놓아야 한다. 그래서 평소에는 안 먹고 안 쓴다.

자녀 탄생, 특히 여아 탄생은 돈 나갈 일이 쌓였다는 것을 의미한다. 여아는 부의 유출구(drainage of wealth)다. 여자 아이가 태어나면 그날로부터 아이의 결혼을 대비해서 저축을 시작한다. 결혼식 때에는 결혼식 준비를 위해서 그동안 고이고이 모아 두었던 모든 돈을 물 쓰듯 아낌없이 써야 한다. 결혼식 때 쓰는 돈의 액수로 그 사람의 사회적 지위가 인정을 받게 되기 때문이다.

학교에서 1m 가량의 작대기 네 개를 세워 천으로 그늘을 만들고 거기서 신발 뒤축을 고치는 수선공이 딸 결혼 때문에 돈 걱정을 하였다. 그래서 얼마나 드느냐고 물어보니 최소한 2락(lakh), 즉 약 500만 원이 든다고 한다. 허리가 휘도록 지참금을 주어서 시집을 보내도 명절 때 친정집에 오면 부모나 형제들이 또 돈을 주어야 한다.

결혼식 때에는 말 타고 있는 신랑의 목에 돈을 줄줄이 걸어준다. 우리가 보기에는 유치해 보이지만 인도인들에게는 돈이 아주 귀한 신이기 때문이다. 축하 선물도 돈이다. 금액이 많지는 않지만, 501 루피, 1,001루피 등을 준다. 결혼식 때 신랑 행렬 앞에서 친척들이 축하의 춤을 추면 돈을 뿌린다. 결혼식 때에는 가까운 친척들이 돈을 주는데 이 친척들이 결혼할 때는 그 두 배로 갚아야 한다. 그래서 아무리 부자라도 평소에 지독하게 돈을 더 모으려고 애를 쓴다. 인생의 의미를 논하고 검소한 생활을 하지만 돈에는 양보가 없는 인도인은 이런 문화에서 비롯되었다고 할 수 있다.

그러면 인도인과의 교제는 어떻게 할 것인가? 철학과 현실을 이원적으로 적용하면 도움이 될 듯하다. 모든 문제는 대화와 토론을 통해서 해결한다. 돈 문제는 주고받을 일이 없는 것이 가장 좋다. 그러면 아마도 오래 오래 좋은 관계를 유지하며 지낼 수 있을 것이다.

돈을 주고받을 경우 상세한 규정을 상호간에 미리 정해 놓는 것이 좋다. 더 주고 억울해 하지 말고, 규정대로 주고, 준 후에는 잊어버려라. 감사해하지 않는다고 야속해 하거나 괘씸해 할 필요도 없다. 인도인은 자신의 신앙에 충실했을 뿐이다. 돈 받을 일은 가급적

이면 만들지 않는 것이 좋다. 돈에 대한 인도인의 생각을 염두에 두고 한국인을 믿지 않을 때가 많다는 사실을 명심해야 한다. 그러나 돈을 받아야만 할 때는 규정, 법규, 동의서 등 문서화된 대로 따르는 것이 힘이 덜 든다.

인도인의 윤리

인도인들은 추운 겨울에도 새벽에 일어나서 찬물로 목욕을 한다. 일종의 성결의식이다. 부인들은 부엌에 들어가기 전에 목욕재계하고 음식을 만들기 시작한다. 새벽에 기도를 시작하고 밤에도 기도로 하루를 마감한다. 매주 화요일마다 시바 신에 대한 신앙으로 금식하고, 특히 그날은 고기는 조금도 입에 대지 않는다. 특히 여성들은 남성의 건강, 장수를 위해 금식을 많이 한다. 술의 신이 있기는 하지만 술 취해서 길거리에서 비틀거리는 사람들을 발견하기가 어렵다.

장마철이 시작되면 길거리에 주황색 옷을 입고 꽃 장식을 한 물지게를 지고 가는 시바 숭배자(까와리)들이 길을 메운다. 앞에서 언급한 바와 같이 그들은 리시케시 등 신성한 강물을 길러 순례를 떠났다 돌아오는 행렬들이다. 수백 킬로미터를 맨발이나 슬리퍼로 걸어가기 때문에 발바닥에 피가 나서 붕대를 감고 그 위에 피가 배이기까지 걸어가는 순례객들이다. 뿐만 아니라 틈만 나면 북인도인들은 잠무의 바쉬누 데브사원으로 순례 여행을 떠난다. 참으로 종교적인 백성들이다.

그런데 다른 한편으로는 상황에 따라 거짓말을 하여 외국인들을 혼란스럽고 의아하게 할 때가 있다. 바로 오늘 아침에 있었던 일이다. 학술회의에 참가했던 한국인 교수들이 바라나시 여행을 하고 돌아왔다. 오토릭샤 운전사는 끝까지 따라와서 50루피를 더 내라고 했다. 그래서 얼마를 주었느냐고 물었더니 250루피를 주었단다. 뉴우델리 역에서 우리 집까지 80루피인데 그 3배를 받고도 더 내라는 것

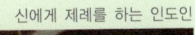

신에게 제례를 하는 인도인

이다. 그래서 한소리 하려고 하니, 그 운전사는 너무 먼 거리를 돌아오느라 그런 거라고 했다. 하지만 그 교수에게 물었더니 그 오토릭샤가 중간에 고장 나서 고치느라고 시간이 걸렸다고 했다. 당사자를 옆에 놓고 거짓말을 하다니. 한 학생이 수업에 결석을 했기에 그의 친한 친구에게 왜 네 친구가 수업에 오지 않았냐고 물었더니 고향에서 친구가 와서 함께 나갔다고 했다. 다음날 만난 당사자는 나를 보자 고열이 나고 머리가 아파서 수업에 못 온 것이라고 했다. 자기 볼일보느라고 바빠서 결석하고는 아파서 불가피하게 수업을 빠졌다고한 것이다. 그 학생은 물론 필자가 자기 친구에게 이미 결석한 이유를 물어 본 줄 몰랐었기 때문에 편안하게 거짓말을 하였다. 이렇게 인도인은 쉽게 거짓말을 하고 또 그러한 거짓말이 드러나도 별로 대수롭지 않게 여기는 모습을 보인다. 물론 모든 인도인이 그런 것은 아니지만 그래도 왜 이런 일이 빈번하게 발생하는가. 서로 간에 거짓말을 해도 그냥 지나치는 경우가 많이 있다. 이와 같이 델리에 사는 한국인들은 인도인이 거짓말을 잘한다는 점 때문에 종종 마찰을 빚는다. 왜 종교적인 인도인에게 그런 일이 일어나는 것일까. 단순히 교육받지 못한 사람에게 국한되는 현상은 아니다. 그러한 거짓말을 옳다고 하는 인도인도 없지만 그르다고 하는 사람도 별로 없다.

이는 서로 다른 윤리관 때문이다. 한국인들은 인도인을 대할 때인도의 문화와 한국의 문화가 다른 것처럼 한국의 윤리관과 인도의윤리관이 다르다는 사실을 간과하여 거짓말 한 번을 보고 그 사람의모든 것을 평가해 버린다. 통상적으로 인도인의 윤리를 이야기할 때한국의 윤리관을 기준으로 말하는데, 그 기준은 유교적이거나 기독교적인 기준이다. 인도를 연구하던 서양학자들도 힌두교리에는 도덕적 가르침이 없다고 결론 내린다. 왜냐하면 힌두교리에는 성경에서 이야기하는 십계명(十誡命)이나 불교가 말하는 팔정도(八正道)가 없기 때문이다. 도둑질 하지 말라, 남의 아내를 탐하지 말라. 거짓 증거하지 말라 등의 윤리의 근간을 이루는 계율이 힌두교리에는 없고 그래서 비윤리적일 수가 있다고 생각한 것 같다. 그러면 인도인의 윤리는 기독교적 또는 유교적 시각의 윤리와 어떻게 다른가?

종교 교리가 윤리를 우선한다

인도에서 불가촉천민 중에서 가장 위대한 사람들은 네루 정부에서 법무부 장관을 역임한 암베드카 박사와 케이 알 나라얀 전 대통령이다. 암베드카르는 영국 변호사 출신으로 콜롬비아 대학에서 박사학위를 받았다. 그리고 인도 헌법의 기초를 잡은 사람이다. 델리에 인접한 우타르 프라데시 주를 여행하는 이들은 마을마다 양복을 입고 동그란 안경을 쓰고, 책을 한 권 끼고 있는 중년 신사의 동상을 쉽게 발견할 것이다. 이 사람이 암베드카 박사다. 개인의 노력으로는 최고의 학식과 지도력을 발휘한 인물이다. 그러나 그도 카스트의 벽을 넘지 못하였다. 그는 '카스트를 둘러싼 장벽은 난공불락이며 힌두교의 핵심에는 '이성'이나 '도덕' 따위가 존재하지 않는다고 단언했다.[13] 현재 살고 있는 교수아파트 같은 동에 노 여교수가 있었다. 이분은 매일 아침저녁 길거리의 대여섯 마리의 개에게 사비로 우유, 과자, 빵을 사 먹이는가 하면 추울 때는 담요까지 덮어주고, 수의사에게 데려가 주사를 맞힌다. 그런데, 같은 동네 하인 숙소에 사는 일꾼 자녀들에게는 얼마나 매몰찬지 모른다. 델리대 정문에

---

13) 스탠리 월퍼트, 인디아, 그 역사와 문화, p.216.

서 마주보이는 야산 공원에는 원숭이들이 수천 마리가 산다. 아침저녁으로 사람들은 이 원숭이들을 위해서 최소한 500루피어치의 바나나를 사서 골고루 산 속을 누비며 던진다. 그러면 주변 빈곤층 굶주린 아이들이 원숭이와 싸워가며 몇 가지씩 집어간다. 이때 바나나를 던져준 사람은 큰소리로 아이들을 야단치며 쫓아낸다. 또 어떤 사람들은 새들을 위해서 모이로 수 kg씩 콩 등의 곡류를 갖다가 던져준다. 그러면 또 이 아이들이 쫓아가 그 콩을 손으로 급하게 긁어 모아간다. 그러면 다시 사람들은 심한 욕설을 하며 아이들을 쫓아낸다. 동물은 먹이면서 굶고 있는 사람은 신경 쓰지 않는 인도인의 윤리와 도덕을 어떻게 이해해야 하는가. 동물에게는 측은지심을 보이는데 사람에게는 보이지 않다니!

이와 같이 윤리관의 문제를 제기하는 근거의 하나는 카스트다. 인도에서 불가촉천민은 힌두교 사회의 최하층을 형성하고 있다. 힌두들의 가장 기본적인 의례의 기준인 정(淨), 부정(不淨)의 개념에서 볼 때, 가장 부정하다고 인정되는 버림받은 집단이다. 브라만들은 이들에게 스치기라도 하거나, 그림자만 지나가도 자신이 더럽혀진다고 생각한다. 대도시야 어차피 기능 중심으로 경제적 이득을 위해 긴박하게 움직이니까 이런 점이 무시된다. 하지만 인도의 70%를 점하는 농촌에서는 아직도 철저하다. 일부 극도로 정결 노이로제에 걸려있는 브라만들은 불가촉천민을 멀리서 바라보는 것조차 금기시했다. 상위 카스트 사람을 섬기기 위해 불가촉천민이 가까이 다가갈 경우조차 어떤 형태로든지 자신들이 접근한다는 신호를 주었다. 그러면 상위 카스트 사람들은 자리를 피한다. 동물이 가까이 올 때는 이처럼 피하는 일은 전혀 없다. 이렇게 인간을 동물보다 못한 존재로 취급하는 카스트의 관념적 장벽을 대할 때 우리의 윤리관은 흔들릴 수밖에 없다.

여러 해 전 한국에 상영된 인도 영화 "Bandit Queen"이라는 영화가 있었다. 여마적 두목으로서 국회의원까지 되었다가 암살된 불가촉천민 여성의 실화다. 그 영화감독은 헐리우드 영화 '엘리자벳'을 제작한 셰카 카푸르로서 사회 고발적이면서도 위인전적인 영화다. 그 영화에는 이 여자를 동네 브라만들이 돌아가며 능욕하는 처벌 장면이 나온다. 이렇게 불가촉천민에 대한 상위 카스트의 비인도적, 비윤리적 처벌은 실제적으로도 많이 자행되어왔다. 법적으로는 불법이지만 관습법으로 용납되는 것이다. 그 수치심과 한으로 인해 뱃사공 카스트 촌부가 여 마적이 되어 브라만들을 죽인다. 이처럼 관습법적인 처벌이 아무리 용인된다고 하더라도 천민 여인을 윤간하는 내용은 윤리적으로 받아들여질 수 없다. 하지만 종교적으로는 허용되는 곳이 바로 인도다. 동네 판차야트의 판결에 따라 이런 윤간도 가능하고, 결혼한 신혼부부도 강제 이혼시키기도 하고, 경우에 따라서는 명예살인을 더 순결한 힌두로 인정하고 자부심을 갖기도 한다.

인도인의 윤리는 상대적이다

이와 같이 인도인의 윤리와 힌두의 도덕성은 실제의 사건에 따라 시시비비가 달라지며 그때그때의 사회 환경에 따라 결정된다. 다시 말하면 상대적이다. 이에 비하여 한국의 도덕과 윤리는 해야 할 일과 해서는 안 될 일이 분명하다. 좋은 것과 나쁜 것의 기준과 대비가 확실하다. 거짓말하면 나쁘다. 남의 물건을 훔치면 안 된다 등. 인도인에 대한 한국인의 평가는 절대적인 기준의 가치관을 가진 사람이 상대적인 가치관을 가진 사람을 평가하는 것과 같다. 한국인은 당연히 한국인의 가치관을 기준으로 인도인의 행위를 보고 분노하고 정죄한다. 인도인들은 그렇게 심각하게 여기지 않는다. 왜냐하면, 그들은 한국인이 가지고 있는 가치관과는 다른 가치기준을 가지고 있기 때문이다. 인도인의 가치기준에서 볼 때 거짓말하는 것은 옳지 않을지 몰라도 죽을죄는 아니다. 우리의 판단기준과는 다른 것이다. 예를 들자면 거짓말도 상황에 따라서 옳게 받아들여진다. 물건을 훔치거나 비도덕적 행위를 하는 것도 때에 따라 높게 평가받을 수도 있다. 한 학생이 한국의 대학에 간 적이 있다. 그곳 기숙사에서 한국 국내 전화는 걸 수 있지만 국제 전화는 걸지 말라는 주의를 받았다고 한다. 그런데 그 학생은 비밀번호를 알아내어 아무도 모를 것이라고 생각하고 수십만 원에 해당되는 국제 통화를 했다. 결국 인도의 전화번호가 발각되었고 많은 돈을 물어내야 하는 상황이 되었다. 그런데 그 학생이 사실을 말하고 아버지에게 돈을 달라고 하자 그 아버지는 화를 내며 줄 돈 없다고 소리쳤다고 한다. 그 아버지는 힌두 승려였다. 아들이 남의 전화를 몰래 사용한 일보다 돈이 나가는 것이 심각한 잘못이라는 사고다. 돈이 나가는 것이 잘못인 것이지 남의 전화를 몰래 사용한 것은 잘못이 아니라는 결과가 된 것이다. 이것이 델리 시내에 수많은 도전(盜電)이 발생하고, 도적질한 사람들이 오히려 데모하는 경우가 일어나는 이유다.

자신의 업보가 윤리보다 중요하다

업(까르마)과 윤회는 오늘날까지도 여전히 인도인의 종교 및 생활 철학의 기본 사상이다. 대다수의 전통적 힌두 교인들은 이 업보 사상을 깊이 이해하고 인정하고 있다. 반복해서 다시 태어나고 죽는 다는 생각을 받아들이고 나면 처음엔 낮은 신분에 처해 있던 사람들도 자신의 선행에 대한 보상으로 높은 신분, 다시 말해 가장 자부심이 강한 브라만 신분으로도 다시 태어날 수 있다고 믿는다. 불가촉천민은 자신의 낮은 신분에 대해 왜 불평할 수 없는가? 그 사람들은 잘 교육된 힌두 교리에 따라 자신들이 전생에서 악행을 일삼았을 게 틀림없다고 믿는다. 전생의 업으로 인해 현세에서 벌을 받고 있다고 믿는 것이다. 이 업보 사상이 인도에서는 보편적인 정의의 법칙이다. 가난하고 굶주린 사람의 비참한 처지는 업보에 따른 것이다. 부유하고 힘 있는 사람들도 그 업보에 따른 것이다. 업보의 윤리를 믿는 경우, 사람들은 자신의 비참한 처지에 대해 불평할 이유가 없다. 부자들도 가난한 자를 불쌍히 여겨 구제해야 할 이유가 없다. 이는 모두 그들 자신이 전생에서 했던 일의 결과이기 때문이다. 기독교인들이 천국에 들어갈 것을 믿고 불교도들이 극락세계에 들어갈 것을 믿듯이 현대의 인도인들은 대부분 이 업을 믿는다. 당연히 비참한 존재로 다시 태어날 가능성이 있는 업보를 두려워한다. 이 업보에 따른 삶은 인간관계에서 맺어지는 윤리나 도덕의 문제를 넘어선다. 정부가 정하는 형법도 문제가 되지 않는다. 윤리도덕이나 법보다도 업보를 담는 힌두 교리가 더 중요하다.

업보의 고리를 끊을 수만 있다면 무엇인들 못하겠는가? 그러나 바로 여기에 딜레마가 있다. 힌두교 교리상으로는 업보의 고리를 끊는 방법이 윤리와 거리가 멀기 때문이다. 바가바드 기타에는 영웅적 전사인 '알준(Arjun)'과 크리슈나(Krishna)의 대사가 나온다. 알준은 자신의 삼촌과 사촌을 죽여야 하는 전쟁 앞에서 갈등한다. 그의 왕사인 크리슈나는 그 친척, 친지들을 공격하여 진멸시키도록 설득한다. 여기에 힌두의 윤리 근거가 있다. 공적인 임무를 수행하는 존재와 그들과 사적 관계를 가지고 있다는 점, 게다가 죽여야 하는 당위성의 문제가 겹친다. 알준은 왕자요 장수로서 태어났기 때문에 공인으로서의 의무를 다해야만 한다. 어떻게 개인적인 관계를 이유로 사촌들을 징벌하기를 주저하는가. 비겁하게 회피해서는 안 된다. 결국은 사촌들을 진멸시키는 것이 정당화된다. 어떤 모양으로든지 실천을 하는 것이 도덕성을 이유로 안하는 것보다는 낫다고 본다. 단지, 또 다른 업보가 쌓이지 않는 절제된 방식으로 행동하는 것이 필요하다.

대략 AD 1세기경에 기록된 바가바트 기타에 이러한 업의 고리를 끊는 방법이 두 가지가 보인다. 바로 카르마(Karma)와 박티(Bhakti)다. 카르마는 앞에서 말한 바와 같이 업보에 따른 수행이고, 박티는 헌신이다. 이 두 가지 방법은 모두 행위의 실천 그 자체에만 초점을 맞추고 있으며, 결과는 중요하게 생각지 않는다. 즉, 성공이나 실패에 얽매이지 말고 냉철하게 그리고 욕망과 목적을 버리고 행동하라는 것이다. 크리슈나는 알준에게 "욕망에서 벗어난 이여, 오직 육체만으로 행동하는 그에겐 어떠한 죄도 쌓이지 않는다. 그는 오직 숭배만을 위해 행동하기에 그의 카르마는 모두 녹아 없어진다. 이제 당신은 업보에 대한 두려움을 떨쳐버리고 무슨 일이든 할 수 있다. 그 비결은 자신의 요가 수행을 행동에 적용시키고 일상생활에 전념하는 동안에도 행동의 동기에서 벗어나 모든 행위를 사심 없이 해나가는 것이다. 만약 필요하다면, 그리고 의무가 그것을 요구한다면, 생명을 죽이는 행위까지 서슴없이 행해야 한다. 하지만 이런 행위에는 어떤 증오나 원한 또는 흥분도 개입되어서는 안 된다. 그러면 피가 홍수처럼 흘러내린다 해도 당신의 영혼에는 아무

오점도 남지 않게 될 것이다."[14] 이러한 가치 기준이 가져오는 결과는? 끔찍하게도 신앙의 이름으로 무자비한 일을 행할 수 있게 된다. 중세의 카톨릭이 신의 이름으로 또는 하나님을 위하여 수많은 사람을 처형한 반인륜적인 행위가 가능했던 것처럼 감정의 개입이 없이 순수 신앙의 실천으로 살인이 가능해지고, 그보다 덜한 비도덕적인 행위는 더 말할 나위 없이 이행이 쉬워진다. 적어도 이러한 흐름이 인도인의 윤리관 형성에 절대적 영향을 미친 것은 분명하다. 인도의 해방 당시 힌두와 무슬림의 살육은 백만 단위를 헤아린다고 알려져 있다. 이것이 개인의 신념으로 작용하면 극단적인 행동으로 19세기 말 인도의 애국자 띨락은 '바가바뜨 기따'의 이 부분에서 큰 감동을 받은 것으로 알려져 있다. 마땅히 행하여야 할 상황이 되었을 때 행하는 행위에는 비윤리, 부도덕, 반인륜이라는 사고를 뛰어넘는다고 믿는 것이다. 그래서 그의 추종자들은 열혈당원이 되었다. 만일 인도인들이 바가바트 기타의 가르침을 따른다면, 영국 식민통치의 형법을 넘어서 행동하는 것은 너무 당연한 결과였다. 착취당하는 인도 민중을 보며 법과 윤리, 도덕의 문제를 운운하는 것은 기만에 속하였다. 마하트마 간디는 힌두 광신자에게 암살되었다. 그가 바로 푸나 브라만 암살단 일원이었다. 이 암살자의 형이 수년 전에 영자 일간지 힌두스탄 타임즈와 인터뷰를 하였다. 한국에서 김구 선생의 암살자는 끝까지 매국노로 간주되는데 비해서, 이 간디의 저격자는 종교적인 열성분자로 인정된다. 그의 형은 지금도 인도와 자신들의 신앙을 위해서 간디 저격은 옳았다고 믿고 있다. 지금까지도 많은 인도 젊은이들에게 '힌두교 애국주의자'로 간주되고 있다. 이러한 종교적 원칙과 윤리의 갈등은 적법한 법적용도 무의미하게 만들곤 한다. 수년 전 오리사에서 문둥병자들을 돌보는 호주의 기독교 선교사

---

14) ibid. p.151, 515.

스탠리와 그 두 아들이 차속에 갇혀 불에 타서 목숨을 잃은 사건이 일어났다. 원숭이 신 하누만을 숭배하는 바지랑 달의 소행이었다. 정부는 빗발치는 도의적 윤리적 비난과 국제적 압력 속에서 범인 8명을 구속했다. 지방법원에서는 주범 다라 싱에게 사형이 선고되었다. 고등법원에서는 종신형으로 판결이 났다. 그런데 문제는 이러한 법적인 조치와는 상관없이 다라 싱은 그 지방의 영웅이 되었다. 신앙적인 투사로 인정된 것이다. 신앙의 실천을 위해서는 살인도 가능하고 정당하다. 이 바지랑 달 못지않은 힌두 열혈당원은 뭄바이를 중심으로 한 쉬브 세나다. 그들의 임무는 신성한 인도 땅에서 온갖 더러운 외국의 영향, 특히 이슬람교와 기독교를 제거하는 데 있다. 이들은 미스 월드 대회나 발렌타인 데이와 같은 서구적인 흐름의 행사를 극력 반대한다. 기업들 특히 코카콜라나 맥도널드 같은 기업의 진출을 적극 저지한 바 있다. 그러한 흐름 속에서 힌두들이 무력으로 수많은 회교도나 기독교도를 살상, 능욕하는 것도 거리낌 없이 할 수 있는 것이다. 결국 카르마는 최악의 반사회적 행위를 하는 근거를 제시해 주고 있다.

결과가 아닌 과정이 중요하다

총리로서 실권이 얼마나 되느냐, 1인자냐 2인자냐 하는 많은 비판이 있었지만 3회에 걸쳐 총리를 맡은 만모한 싱은 경제학자요 관료로서 참으로 검소한 삶을 사는 것으로 유명하다. 그 부인을 본 적이 있는데 참 검소했다. 전직 재무장관, 총리 등 재정 관계의 요직을 거친 이로써 어떻게 이렇게 정도(正道)를 걷는가? 침착하고, 진실

되고, 객관적인 이미지를 유지하고 있다. 이 인도 수상의 식사는 차 파티 두 세장이다. 혹시 어설픈 다수의 인도 정치인을 보고 부패했다고 할지 모르지만 과거와 현재의 상당수 인도 지도자들은 헌신적이고 진실하다. 그러한 성격은 상당 부분 고대인도 철학의 영향 덕분이라고 할 수 있다.

현대 인도의 지도자들은 결과 중심적이지 않고 할 바를 해야 한다고 믿는 카르마의 영향을 받고 있다. 만일 이러한 지도자를 만났을 때 부정한 방법이나 뇌물로 설득하려고 하면 오히려 부패한 인물로 평가받을 수도 있다. 이러한 카르마에 따른 행동 방식은 수많은 인도의 지도층 인사들에게 긍정적인 영향을 미쳤다. 그 특징 중의 하나가 결과에 신경 쓰지 않고 일하는 것이다. 소가 걸어가듯이 묵묵히 가고 결과에 별로 집착하지 않는다. 대학의 학술 교류 협정을 예로 들자면, 한국 대학은 협정을 맺는 것이 중요하고, 인도 대학은 얼마만큼 진행되어 가느냐가 중요하다. 그래서 일 자체가 이들에게는 신앙이요 가치관이기도 하다. 일을 잘 해내는 데 신경을 쓰면서 결과를 중시하지 않는 태도는 현대 인도의 경제 정치 안보에 중요한 기준이다. 우리가 요구하는 결과를 고수하고 이에 맞추어 나가려면 원치 않는 길을 걸어야 할 때가 많다. 이에 비해 인도인은 힌두 신앙의 영향으로 결과를 중시하지 않으며 카르마에 맞는 행동을 중시한다. 공사를 구분하는 자세와 비슷하다. 이런 자세는 좋다. 마땅히 해야 할 일을 한다는 명분을 따르기 때문이다. 그러나, 자기 자신이나 가족의 이익, 나아가 인도와 힌두의 이익만을 위한 행동을 추구하기 때문에 상대방을 고려하지 않고 이로 인해 상대방에게 피해를 입히는 일이 흔히 일어난다. 게다가 인도인은 그렇게 피해를 입힌 데 대해 양심의 가책조차 느끼지 않는다. 이같이 인도인은 상황에 따라 자신을 합리화, 정당화할 수 있는 근거가 분명하다.

인도인의 성윤리는 엄격하다

수년 전 한국 신문에 절에서 남근상이 출토되어 스님들이 절에서 파계를 한 듯한 인상을 주는 기사를 보았다. 이는 불교에 영향을 준 힌두교의 남근 숭배의 흔적을 엿볼 수 있는 소식이었다. 힌두교는 금욕적이어서 성의 문제를 다루는데 지극히 보수적이다. 인도인은 한국의 유림과 흡사한 면모를 보인다. 남녀유별은 기본이고, 하다못해 전통적으로는 제수와 시아주버니, 며느리와 시아버지는 얼굴을 마주보아서는 안 된다. 그런데 당혹스러운 것은 신성한 신을 섬기는 자리에 떡하니 남근상이 놓여서 많은 사람들의 숭배를 받고 있는 점이다. 그리고 카주라오의 신상들을 보면 너무 묘사가 노골적이다. TV를 보면 군무가 너무 선정적이다. 이렇게 극에서 극을 달리는 대조적인 모습으로 인해 인도인의 성윤리를 이해하는데 혼돈의 소지가 있다. 인도인에게 가장 숭배를 받는 신들은 시바와 크리슈나다. 공교롭게도 이 두신이 공통적으로 염문이 많은 신들이다. 원래 파괴의 신 시바는 금욕의 신이다. 시바 자신이 수천 년 동안 명상에 들어가 움직이지도 않는 선(禪)의 신이다. 그래서 이마에 가로로 세 줄의 흰색을 그은 시바 숭배자들도 금욕적이다. 그런데 이 시바신이 전술한 바와 같이 시바 링감이라고 불리는 남근상의 형태로 인도인들의 숭배를 받고 있다. 이 시바가 수천 명에 달하는 브라만 성자의 아내를 유혹했다는 이야기도 전해진다.

그리고 시바와 더불어 인도에서 가장 널리 알려진 또 다른 힌두 신들 가운데 하나인 크리슈나는 인도에서 가장 보편적으로 알려져 있는 신이다. 아그라로 가는 중간에 있는 마투라는 곳에서 밤에 탄생했다는 이 신은 항상 검은 얼굴의 모습으로 그려지는 신이다. 신화에 따르면 그는 자신을 숭배하는 1만 6천 명이 넘는 소젖을 짜는 여자들과 결혼하고 16만 명에 이르는 자식들을 낳았다고 전해진다.

　이러한 신들의 염문에 대한 해석은 힌두 신앙에 관한 것이지만 인도 남성들에게 여성들에 대한 적극적인 입장을 갖게 하였다. 그렇다고 성윤리가 자유로울 것이라고 생각하는 것은 금물이다. 인도인의 성윤리는 사회제도적으로 엄격하고 남녀가 유별하다. 힌두자체 교육에서도 남성에게는 여성에게 관심을 갖지 않도록 훈련하고, 여성이 울리는 발찌의 은방울 소리를 듣고 자리를 피하도록 했다. 남녀의 문제는 동서고금을 막론하고 상호간에 관심을 갖는 것은 비슷하지만 인도인은 오랜 훈련과 사회관습으로 남녀유별(男女有別)에 철저하다. 우리의 가치관으로는 당연한 일이라 해도 인도인의 시각에서는 다른 이유로 부정적인 결과를 초래할 수 있다. 인도인들이 가지고 있는 가치관은 다르다는 것을 인식하면 상황을 이해하는데 도움이 될 것이다.

권력 지향적인 인도인

우파니샤드 철학에서는 권력이 지식보다 우월하다고 했다. 적어도 현실 세계에서는 권력이 지식보다 우월하다는 것을 간파한 것이다. 그래서 인도인들은 정치적이고 권력 지향적인 면에서 잘 훈련되어 있다. 이런 성향 때문에 항상 국제 사회 지도부에는 인도인들이 있다. 권력에 대한 감각이 뛰어나기 때문이다. 이 권력은 국제적으로 보자면 핵무기의 문제도 되고, 안전보장이사회 상임 이사국의 문제도 된다. 국내에서는 정치권력이기도 하고 회사에서의 권력이기도 하다. 학교에서는 교장의 권력이기도하고 학부모회장의 권력이기도 하다. 인도인은 권력에게 다가가는 법을 잘 알고, 상호간에 권력의 경계선이 어디에 그어져야 하는지를 천부적으로 감지해낸다. 또한 권력을 쥐게 되면 권력이 없는 자를 어떻게 다스려야 하는지

인도 최고 명문대인 델리대 세인트 스테판즈 컬리지

잘 안다. 인도인에게 권력은 무엇인가, 인도인은 왜 권력 지향적인가, 그 권력관계는 어떻게 형성되어 있는가.

상하관계

전통적으로 한국의 상호 관계는 수직적으로 형성되어 왔다. 군위신강(君爲臣綱)·부위자강(父爲子綱)·부위부강(夫爲婦綱) 등의 삼강오륜을 비롯한 유교적 전통 덕이다. 그래서 대학에서 학술 내용을 토의하는 세미나에도 연배가 높은 선배 학자의 발표에 대한 비판은 쉬운 일이 아니다. 인간관계를 깨고 싶지 않으면 가급적 그런 비판은 피하는 것이 낫다. 아니면 '분수를 모르거나, 인간의 도리를 모르는 놈'으로 여겨질 수 있기 때문이다. 이것은 계급사회의 특징이다. 반상의 신분 구분이 엄격한 신분제사회에서 갑자기 계약사회로 들어서니 질서를 깨뜨릴 정도로 지나치게 평등을 주장하거나, 반대로 평등한 관계이면서도 알아서 서열을 유지한다. 수천 년의 세월을 두고 토착화되어온 질서에 서구의 민주주의가 급속히 이식, 전파되다보니 잉태될 수밖에 없는 문제일 것이다.

인도의 카스트 제도도 수 천년동안 강력히 이어져 내려온 절대적인 수직적 사회 세습제도였다. 그래서 계약사회로 변화된 오늘날도 인도인 두 사람이 만나면 탐색전이 이루어지고 서열이 매겨진다.

오래 전 네루대학교에 있을 때의 일이다. 학교 앞 아파트에 살던 때 위층에 친하게 지내던 은퇴한 인도 공군 대령이 있었다. 그 분의 아들이 한국에서 일하고 있어서 우리를 아주 반가워했다. 필자가 살던 아파트의 집주인은 유명한 회사의 사장으로 집주인의 처남이었다. 둘 다 그 당시 50대 후반에서 60대 초반의 비슷한 연배였다. 하루는 우연히 그 아파트 앞에서 이 두 사람을 동시에 만나게 되었다. 필자는 당연히 서로 반갑게 인사하리라고 생각하고 이 두 사람을 서로 소개시켰다. 그런데, 필자와는 그렇게 반갑게 인사하던 그 두 사람이, 서로 인사하는 순간, 목소리 톤이 바뀌고 조심스럽게 자기소개를 하였다. "전 ×××공군 ○○부대장입니다." "○○○회사 사장 ×××입니다." 그리고는 나이가 연장이었던 공군 대령이 오히려 사장에게 더 깍듯한 예우를 하는 것이었다. 후에 깨달은 일이지만, 그 짧은 순간에 이들은 상대방의 카스트와 사회적 지위를 확인하며 서열을 정리하고 있었던 것이다.

오늘날과 같이 평등을 기본으로 하는 민주화된 사회에서 카스트적 수직관계가 어떻게 작용할 수 있는가 의구심이 들 것이다. 그러나 인도에서 상하관계의 문제는 조선 시대 반상의 구조보다 훨씬 공고한 수직적 구조다. 인도의 수직적 카스트 제도는 심리적, 전통적, 사회적으로 긴밀히 엮여 인도인을 지배하고 있다. 그래서 인도인은 태생적으로 상하관계를 유지하고 무의식 속에서 그에 준하는 예우를 갖춘다. 이 상하관계의 인식이 내면적으로는 권력 지향적 성향을 띠게 하고, 겉으로는 권력과시로 나타나는 것이다.

권력 파악

인도인을 만날 때 대충 네 다섯 가지 질문을 던지면 상대를 알 수 있다. 첫째, 어디 사느냐. 둘째, 아버지(남편)가 뭐하시냐, 셋째, 어느 대학교, 고등학교 나왔느냐, 넷째, 이름이 무엇이냐 이 모든 것은 통상적인 질문처럼 들린다. 그런데 이 질문들은 상대에 대한 거의 모든 것을 파악할 수 있는 내용이 들어있다.

서울의 강남이냐 강북이냐, 어느 동네냐 묻듯이 어디에 사느냐는 부와 신분의 척도가 된다. 바산트 비하르나, 사리타 비하르나 요즘의 집들은 내부적으로는 큰 차이를 보이지 않는다. 문제는 동네다. 바산트 비하르, 샨티 니케탄이라고 말하는 것은 부유하냐 아니냐를 떠나서 영향력이 있는 계층에 속한다는 것을 의미한다. 집이 알 케이 푸람에 있다고 하면 중상 공무원 층이고, 마힐팔푸르라고 하면 권력과는 상관없는 서민층일 가능성이 높다.

아버지(당신, 당신의 남편)가 뭐하시냐는 질문은 사회적 지위를 묻는 질문이다. 고위 공무원이라고 하면 교육 잘 받고 힘이 있고, 부정(不正)의 여지도 있을 수 있는 사람이라는 답이다. 요즘은 회사를 운영한다거나 큰 회사에 좋은 직책으로 있다는 것이 선호된다. 정치인이라고 하면 '실력 없이 정치권력을 탐하는' 사람이라는 은근히 함축되어 있다.

학벌도 중요하다. 당신은 또는 당신의 자녀는 어느 학교를 나왔느냐는 것은 또 다른 사회적 지위를 읽기 위한 질문이다. 아무리 돈이 많아도 자녀가 소위 명문 중고나 대학을 나오지 않았으면 무시된다. 인도인이 학교 문제에 대해 아주 자랑스러워하는 이름은 한국에 델리 공대라고 알려져 있는 I.I.T가 아니고, 델리대학교의 세인트 스티픈즈 컬리지나 첸나이의 프레지던시 컬리지다. 여대의 경우 레이디 스리람 컬리지다. 이런 학부 대학들은 소위 전통 학문 중심의 학교다. 실용성보다는 학문의 중추적 역할을 한다는 자부심이 있는, 신발로 치자면 수제화의 명가와 같은 것이다.

이름은 통상 카스트를 많이 드러낸다. 상대의 이름이 상위 카스트의 이름이거나 명문가의 이름이면 이런 수직 서열에서 관계를 맺을 수 있다. 브라만 카스트 안에만 640가지가 넘는 '자티'라고 하는 준 카스트가 있으니 소개가 불가능하지만, 대충 가장 흔한 이름 중에 샤르마는 브라만이다. 베다 경전을 섭렵한 횟수에 따라 이름이 붙은 차투르베디, 트리베디, 두베 등도 물론 브라만이다. 타쿠르, 싱은 크샤트리아, 굽타, 고엘은 바이샤에 속한다. 무슬림 키드와이라는 집안은 인도 독립운동에 기여한 무시할 수 없는 세력가의 집안이다. 케랄라에서 온 시리안 기독교인들은 자신들이 브라만에서 개종한 기독교라고 하여 힌두 브라만과 대등하게 여기는 내부적 질서가 있다. 이외에 자인교는 주로 사업에 종사하기 때문에 바이샤와 비슷하게 여기고 불교, 기독교, 이슬람을 천시하는 경향이 있다.

권력 과시

마하트마 간디의 가르침은 인도를 대표하는 성격이 있다. 그는 대통령도, 총리도 아니었고, 노벨상을 받은 것도 아니다. 큰 집에서 산 적도 없고, 화려한 옷을 걸친 적도 없다. 오히려 상체는 반라에 도티를 걸치고 샌달을 신고 지팡이를 들고 있는 모습만으로 간디는 겸손과 검약, 절제로써 인도를 상징하고 있다. 그럼에도 간디의 가르침 중에 인도 대중의 호응을 받지 못한 것이 바로 아무런 과시를 하지 않는 검소함이다. 지금도 소위 간디의 가르침을 따른 사람들을 '간디안'이라고 부른다. 간디의 이상을 실천하고 애쓰는 사람들이다. 그런데 일반인들에게는 이러한 이념이 보급되지 못한다. 내용은 좋지만 따르기는 싫다는 것이다.

인도에서 해마다 논란이 되는 문제는 요인 경호다. 델리 인구가 1천 5백만 명이 넘는데 경찰병력은 2013년 현재 8만 3천 명 정도이다. 그런데 경찰병력이 이렇게 모자라는데도 불구하고 정예훈련을 받은 요인 경호대로 엄청난 비율이 배정되어 있다. 그 이유는 위험보다도 경호원이 많이 배정될수록 그 요인의 권위가 높은 것을 말하기 때문이다. 인도의 문화적 풍토를 이해하면 그다지 생소한 일은 아니다.

델리 시내를 다니다 보면 시도 때도 없이 삐뽀삐뽀 사이렌을 울리며 빨간 비상등, 파란등을 번쩍이는 관용 차량을 볼 수 있다. 한국식으로 이야기하자면 빨간 불은 대충 국장급의 고급 공무원 또는 장성급 군인 신분을 나타내는데, 장관만 70명인 인도에서 각 부처별 국장급은 델리 시내에만 아무리 적어도 수백 명은 넘을 것이다. 파란불은 장, 차관급, 주총리의 수석 비서관급들이나 중견 경찰 간부들을 의미하는데 물론 전부 공직이다. 그 차들을 가만히 보면 불만 번쩍거리는 것이 아니라 안테나도 두 개씩이나 달려 있고 앞 보닛위에도 빨간등이 삐꼼히 솟아있다. 번호판도 "인도 정부"라는 글을 써 붙이든지 무슨 중요한 마크를 더 그려 넣든지 빨간 색깔 판을 하나 더 붙인다. 교차로 신호등에 빨간불이 들어오면 정지하는 대신 사이렌을 울리며 통과한다. 교통 경찰도 하나도 이상하게 여기지 않고 먼저 통과시킨다. 행여나 그런 차량이 정차하고 신호를 기다린다면 그 운전기사는 상관의 뜻을 헤아리지 못하는 사람으로 여겨지거나 힘이 없는 사람으로 판단받기 십상이다. 인도에서 법과 질서를 지키는 것은 힘이 없는 사람의 몫으로 보이는 경우가 대부분이다.

한국인은 권력을 쥐고 눈에 드러나게 과시하면 촌스럽게 여긴다. 그런데, 인도인은 조그만 권력이라도 쥐면, 반드시 과시한다. 델리에서 반드시 겪게 되는 경우가 앞뒤로 몇 대씩 경호 차량이 따라붙는 소위 특급 요인의 경호를 맡은 까만 옷을 입은 경비요원들이다. 원래 테러의 위협이 있는 최고 요인들에게 허용되는 중앙 정부의 특수 경호 요원(National Security Guards)들이라 1인당 교육비가 만만치 않은 고급 인력이다. 인도에서는 통상 블랙 캣이라고 부른다. 국회와 신문지상에서도 그 방대한 예산의 문제와 델리의 교통 정체유발 문제로 제한하려는 노력이 여러 번 시도되었다. 그러나 통과가 쉽지 않았다. 왜냐하면 이것은 앞에서 언급한 최고 요인이라는 과시이고 인도 최고 권력에 도달했다는 상징인데 이러한 과시에 만족감을 느끼는 인사들이 동의할 리가 없기 때문이다.

수년 전 재미있다고 웃기에는 너무 어이없는 사건이 한 번 일어났다. 우타르 프라데시 고등법원의 한 법관이 뉴우 델리 역 플랫폼에서 공개 법정을 개정한 것이다. 피고는 델리역 역무원, 사유는 수분 늦게 도착한 법관을 위해서 열차를 잡아두지 않고 떠나보낸 것이다. 이에 분노한 법관이 그 권세를 보여준 것이다. 중앙 정부 장관과 여객기 승객 사이에 언쟁이 일어난 사건도 유명하다. 국제선인데, 승객들이 탑승한 상태에서 2시간 이상 출발이 지연되었다. 이유도 모르고 하염없이 기다리던 승객들이 늦게 오는 장관을 기다리느라고 국제선 여객기가 이륙을 못하고 있는 것을 알게 되자 분노가 폭발한 것이다. 인도에서는 이렇듯 법과 질서 밖에서 움직이는 것이 특권이요 권력의 과시로 인식된다. 명함도 최대한 화려한 경력을 붙여 넣고, 고위층과 특별한 관계가 있는 것을 대화 중에 공개적으로 과시한다. 그렇게 해야 인도에서는 상대가 나를 인정할 가능성이 높다.

권력 집착

수년 전 아시아 미술가 협회가 뉴우 델리에서 개최되었다. 마땅한 사람이 없어서 결국 필자의 아내가 통역을 했는데, 회장은 잘 알려진 한국인 인사였다. 일본, 중국, 아시아 각국 대표들이 와서 대회를 이루어 나가는데, 대회의 핵심은 신임 회장 선출이었다. 미술가 협회니까 당연히 미술가가 회장이 되어야 했다. 그런데 미술가가 아닌 인도의 미술가 협회 행정 책임자가 회장이 되었다. 작품이 없는데 누가 그 사람의 예술적 업적을 알겠는가? 하지만 그 사람의 뛰어난 정치력과 유창한 화술은 한국 회장을 설득하였고 말을 더듬는 일본 대표를 패배시켰다. 아내로부터 이 이야기를 들으니 충분히 이해가 되었다. 인도인의 권력 지향적인 자세가 그 협회에 작용한 것이다. 행정직원이 왜 미술가들 모임에서 회장을 하고자 하는가? 어불성설이다. 하지만, 말도 안 되는 일이 인도에서는 이루어진다. 그 자리는 예술보다 권력이 보였기 때문이다. 이같이 인도인은 권력을 사모한다. 어떤 모임이든 간에 권력을 놓고 마음을 비운다는 것은 인도에서는 좀처럼 볼 수 없으며 비정상적인 취급을 받는다.

우리가 종종 힌두에 대해 착각하는 것이 있다. 힌두는 금욕주의적일 거라든가 명리를 멀리할 거라고 막연히 추측한다. 아마도 득도한 고승들의 경지가 높았기 때문이거나 시인들의 유려한 표현에 잘 포장되어서 그런 경우가 일어날 수도 있다. 권력에 대해 마음을 비우는 것은 가히 명리를 탐하지 않는 청백리요 세속에서 벗어난 도학적 자세. 하지만 힌두의 실천이론은 절대로 아니다. 왜냐하면 적어도 힌두식 사고로는 권력에 대해서 마음을 비운다는 것이 없기 때문이다. 힌두 교리 상 명예, 권력, 돈을 멀리하라는 내용은 없다. 그러니 권력을 놓고 마음을 비운다는 것은 전혀 힌두식이 아니다.

권력 장악

인도 대중이 따르지 않는 마하트마 간디의 또 하나의 가르침은 일을 하는 과정도 진실하게 하라는 것이다. 이 내용은 인도인의 일반적인 인식과는 차이가 있다. 사람들은 오랜 세월 내려온 성공의 방법을 더 신뢰하고 따른다. 그 중 하나가 힌두 경전으로서 약 2000년 전에 씌어진 아르타샤스트라다. '아르타'는 부귀니까 부자 되는 길이라고 할까. 여기에서 권력은 도덕성 여부와 관계가 없다. 정당하든 정당하지 않든 어떻게 권력을 쟁취하는가만을 논한다. 이에 따르면, 권력을 잡거나 강화하는 방법은 네 가지가 있다.[15] 첫째가 협상(sama)이다. 둘째는 선물(dama)이다. 경우에 따라서는 뇌물이 되기도 한다. 셋째는 적을 이간질 시켜서 분열시킴으로서 상대적으로 나의 권력을 강화하는 법(bheda)이고 넷째는 힘으로 위협하고 밀어붙이는 강제(danda)다. 중국인이 손자병법을 익히듯이 인도인은 아르타샤스트라의 사상을 잘 소화하고 있다.

인도의 이와 같은 권력 지향적인 배경 속에서 권력을 얻는 방법에 대해서 특별히 정도(正道)냐 아니냐를 따지지 않는다. 마하바라타에서 알주나는 카르나와 싸운다. 싸움 중 카르나의 전차가 진흙 창에 빠지자 이 바퀴를 빼내기 위해서 전차에서 내린다. 그 당시도 비무장인은 공격하지 않는 신사도가 있었다. 해서 카르나는 알주나에게 이 전투 협정을 지켜주기를 청한다. 하지만 힌두의 가장 대중적인 신 크리슈나는 알주나에게 속히 카르나를 죽이라고 한다. 크리슈나는 적이 강할 때는 속임수를 써서 이겨도 괜찮다고 가르친다. 판다바 족과 카우라바 족의 싸움에서도 크리슈나는 판다바의 편을 들

15) Pavan K. Varma, Being Indian, Penguin Books, p.26.

어 카우라바를 격퇴시키기 위해 속임수를 쓴다. 이와 같이 권력을 장악하기 위해서 상황에 따라 정도를 지키지 않는 것은 문제가 되지 않는다. 기본적으로 힌두들은 속임수를 쓰던 안 쓰던 숙명대로 일은 이루어진다고 믿는다. 그렇지만 운명의 심판을 조용히 기다리는 것이 아니라, 속임수까지 동원하며 사용할 수 있는 방법은 다 사용한다. 그래도 운명은 옳고 그름이나 윤리와 상관없이 원래 정해진 길로 가기 때문이다. 오히려 도덕성을 이유로 속임수를 썼다고 비난하고 운명을 바꾸려는 자세가 옳지 않다고 여긴다.

따라서 힌두에게는 정도(正道)냐 사도(邪道)냐가 문제가 아니라 일의 성공이냐 실패냐가 문제다. 실패는 힌두들에게는 수치요 불명예다. 시간과 물질, 인력의 낭비다. 그래서 결과 즉 성공이 중요하다. 인도인에게 인생에서의 성공은 명예와 금력, 권력의 문제를 말한다. 일을 하는 자세는 카르마의 영향으로 과정을 중시하지만 그 과정을 중시한다는 것이 정도(正道)를 따라야 한다는 것을 말하는 것이 아니라 결과는 어차피 신이 결정하는 대로 나타나는 일이므로 정도(正道)든 사도(邪道)든 상관없이 꾸준히 일하는 자체를 중시한다.

하루는 해외 세미나에 갈 일로 새벽에 택시를 불렀다. 그런데 20분이나 늦게 왔기에 비행기 시간에 늦지 않을까하는 조바심에 그 운전기사에게 한마디했다. 그러자 이 기사는 아무 말도 하지 않고, 최고 속도로 신호등은 아예 무시하고 달렸다. 공항에 도착해서 "이제 됐냐?"고 물었다. 과정상의 방법은 크게 문제되지 않는다. 특히 권력을 얻어나가는 과정에서 어떤 방법으로 권력을 쟁취해 나가는가는 중요하지 않다. 다만 결과만이 있을 뿐이다. 따라서 인도에서는 목표로 하는 권력을 얻었는가의 결과만이 최우선이고 그 성취여부가 제일 중요한 문제다.

오래 전 국민의회당 집권 시 수크 람이라는 통신부 장관이 수뢰 혐의로 크게 언론에서 주목받은 적이 있다. 중앙 수사국에서 그 집을 급습하여 수색했을 때, 한화로 치면 수십 억의 현찰이 침대 속, 벽장 곳곳에 쌓여서 장관직에서 해임되고 결국 당에서도 제명을 했다. 그 이후 이 사람이 마음을 비웠는가? 그 사람의 근거지인 히마찰 프라데시 주 지방선거에서 이 사람이 이끄는 당이 대승을 거두었다. 그러자 국민의회당이나 반대당이 모두 이 사람을 영입하려고 힘을 썼다. 결국 그 주에서 야당인 힌두 민중당과 연합하여 실제적으로는 그 주의 부총리가 되었다.

권력과 민주주의

오래 전 낙살라이트라는 마오이스트 공산 혁명을 주장하는 무장 세력이 교도소를 습격한 적이 있고 연이어 운행하는 열차 전체를 납치한 사건이 일어난 적이 있다. 서부 활극에서나 있을 법한 이 사건이 보여 주듯이 인도에는 전근대적인 사건들이 여전히 많다. 하지만 그렇다고 선거의 결과가 비민주적일 것이라고 추측하기는 것은 성급하다. 인도의 민주주의는 건전하고도 강력한 세력을 과시한다. 하루 1불 이하로 생존하는 인구가 3억이 넘는 개발도상국이면서 힌두의 카스트가 지배하는 사회구조 속에서 어떻게 영국에서 발전한 민주주의가 인도에서 성공했을까? 인도에서 분리 독립한 이슬람 단일 종교국 파키스탄은 알리 부토에서 지아 울 하크, 지아 울 하크에서 무샤라프의 군사정변, 부토여사의 암살에 이르기까지 지속적인 정변이 일어났다. 하지만 그런 정변은 인도에서 안 통한다.

민주주의와 인도인의 관계가 더더욱 궁금해지는 이유다. 인도는 농촌이 아무리 전근대적이고, 봉건적이라고 해도 6억의 투표권자가 있는 엄연한 민주주의 국가다. 그것도 성공한 민주주의 국가다. 그 일례가 15년의 장기집권에 종지부를 찍은 비하르주 랄루 프라사드의 선거다. 그는 야다브출신으로 수드라 등 억눌린 자의 대변인 노릇을 해왔다. 필자도 비하르 주를 돌아본 적이 있다. 상위 카스트의 착취와 폭력에 진저리를 치는 주민들조차 그 사람에게 반대표를 던져야 할 만큼 그 주의 안전이나 행정, 기간 시설, 취업 사정이 엉망이었다. 이 때문에 반대당의 니티시 쿠마르라는 인물이 주총리로 선출된 것이다. 국민의회당이 부패했을 때, 인도 국민들은 권력을 그 국민의회당에서 힌두당인 인도민중당으로 바꾸어 주었고, 인도민중당이 국민 다수의 고통을 못 읽을 때 다시 국민의회당으로 바꾸었다.

이러한 민주주의적 결과는 소수 지성인의 힘만으로 설명할 수 없다. 여러 가지 정치 사회학적인 분석 중 하나는 민주주의는 인도인의 권력 근접 성향에 잘 맞는다는 것이다. 인도인에게 민주주의는 권력에 다가가는 하나의 통로라는 점이다. 한마디로 말해서 인도에서 민주주의는 모든 사람이 동의할 수 있는 누구나 권력에 가까이 갈 수 있는 열려있는 길이다.

권력과 복종

전반적으로 인도인은 반항적인가 순종적인가? 순종적이다. 중소기업을 운영하는 한국인의 이야기를 들어보면 인도 직원은 질이 좋은 노동력이라고 평한다. 기술자들도 가르치면 가르치는 대로 잘 따라서 한다고 한다. 앞에서 말한바와 같이 인도인은 권력에 가까이 하고자 하기 때문이다. 이런 인도인의 위계질서 하에서의 순종을 한국인은 자기 개인에 대한 순종으로 오해한다. 하지만 인도인의 순종은 개인적인 것이 아니라 철저히 권력 관계에서 비롯되는 것이라는 점을 잊어선 안 된다. 무슨 위원회 의장이 되어 권력을 휘두를 수는 있지만, 은퇴하는 그 순간, 절대 복종하던 후임자의 태도는 돌변하고 사무실을 떠나기도 전에 의자를 치워버린다. 이것이 인도인의 순종의 실체다.

만일 독자가 회사의 수장이라면 인도 직원은 충성을 할 것이다. 그러나 그것이 여러분의 인격과 개인적 관계에 대한 충성으로 이어지는 것은 아님을 이해해야 한다. 기본적으로 인도인은 그렇지 않다. 인도인의 충성은 마음은 주지 않는 충성이다. 한자(漢字)의 충성(忠誠)은 가운데 중자에 마음 심(心)자를 쓰는 것이지만, 인도인의 충성은 권력에 대한 본인의 복종(僕從)일 뿐이다. 한국에서 동학 혁명이 일어났을 때, 일본인들은 고종을 위협 회유하여 동학군의 해산을 명했다. 정세의 흐름을 읽는 사람이라면 당연히 해산을 안 했을 것이다. 그러나 유림출신 의병장들은 해산 명령에 순종했다. 왕이 명령을 내렸기 때문에 뻔히 죽는 줄 알면서 순종한 것이다. 이는 법체계에 대한 존중을 떠나 군신일체의 사고방식이 작용한 결과이다. 마음으로부터의 순종인 것이다. 그러나 인도인은 그럴 이유가 없다. 인도 역사에서 복종은 있어도 순종은 거의 없었다. 대영제국 시대에도 인도인은 영국인에게 복종하였다. 하지만 그것은 권력자에 대한 복종일 뿐, 마음으로부터 우러나는 순종을 아니었다.

그러나 이것이 인도인이 권력에 대한 충성도가 덜 하다는 의미는 아니다. 남보다 더 독특하고 비상할 때도 많다. 단지 그 목적이 권력자의 인정을 받는 데 있다는 것이 다르다. 수년 전 현재의 타밀나두 주의 총리 자야 랄리타가 공금 유용의 혐의로 구속된 적이 있다. 그 때, 그의 추종자들 중에 이에 분노하고 항의하여 8명 정도가 자결을 했다. 이렇게 인도인은 생명을 거는 충성심을 보인다. 하지만, 이런 충성심을 보인다 할지라도 그 충성의 성격은 다르다. 이런 모습은 집권자의 눈에 두드러질 수 있기 때문이며 어디까지나 이러한 충성은 인격적인 것이라기보다 절대적인 권력자에 대한 복종의 자세라고 이해해야 한다. 그래서 반대로 권력을 잃는 순간 오래 갈 수 없다. 왜 마하트마 간디에 대한 존경은 계속되는데 인디라 간디에 대한 신격화는 멈추었는가? 마하트마 간디는 권력자가 아니었고 그래서 사람들은 처음부터 그를 순수하게 존경했다. 이에 비하여 인디라 간디는 권력자였기 때문에 신격화가 진행되다가 그녀의 사망과 더불어 권력자의 위치에서 내려오게 되자 신격화는 사라지고 한 줌의 집권자 집안에 대한 존경만 남게 된 것이다.

사장이든지, 인사 책임자든지, 아니면 어떤 형태로든지 권력을 가지는 순간부터 인도인은 그 사람에게 충성할 것이다. 그 충성은 사람에 대한 것이 아니고 그 자리에 대한 것이라고 이해해야 한다. 그러므로 좋던 나쁘던 감정을 담지 않고 일에 대한 협조를 얻는 것이 필요하다. 이러한 자세가 민주사회에서는 더 합리적인 것이라고 볼 수 있다. 사용자는 조직을 유지하고 계승하기 위해 하급자가 철저히 순종하는 것을 필요로 하고 원하지만, 현대 민주주의는 인간관계로 얽힌 절대적 순종까지는 요구하지 않기 때문이다. 그러므로 권력을 잃을 때 그 사람이 나를 배신했다고 섭섭해 할 필요가 없다. 인도에서는 그러려니 하면 된다.

인도인의 여성관

　여신과 하녀는 둘 다 여자라는 점에서는 마찬가지지만 신분상의 처지는 극과 극이다. 인도에서 여성은 강력한 여신으로 나타날 때도 있고, 부엌데기로 나타날 때도 있다. 신분의 양극화라 할까? 인도의 여권 보호를 위한 일로 잘 알려진 경찰 국장급 간부 출신 키란 베디라는 여성이다. 막사이사이상을 받은 이 미녀 전임 경찰 최고위 간부는 인권, 특히 인도의 여성 인권 문제에서 꼭 참여하는 사회운동가로서 첫 손에 꼽히는 여성인사다. 머리도 짧게 깎아서 꼭 중년 미남 경찰 간부같이 생겼다. 이 여자가 인도의 가장 큰 영자 일간지인 타임즈 오브 인디아에 기고한 글을 보면 어떻게 인도 빈민 여성이 시집을 가고 부엌데기 노릇을 하다가 쫓겨나고 인신매매로 팔려 가는가 하는 인도 여성의 비참한 사례들을 잘 보여주고 있다.

　하지만 중요한 점은 빈부에 관계없이 인도 여성의 위상은 일정하다는 것이다. 최근 지난 이십여 년간의 산업화 도시화와 더불어 여성의 입장이 강화되고 다양화하고 있음에도 불구하고 전체적으로 인도 사회에서 여성은 아직도 약하고, 의존적이고, 피해를 입을 위험이 많다. 이론상으로는 절대적인 지주노릇을 할지 모르지만, 현실에서는 종속적인 모습이다. 여신과 하녀만큼이나 차이가 있다.

여성의 여신 숭배

　매년 3~4월경이 되면 힌두의 큰 축제가 몇 개 거행된다. 그 중 여신들에게만 바치는 축제가 있는데 이를 나브라트리(Navratri)라고 한다. 이 축제는 봄과 가을에 한 번씩 행사를 한다. 올해도 4월 초에 전국적으로 거행되었다. 델리시내에도 많은 사찰 앞에 가건물을 세우고 등불 장식을 요란하게 한다. 인도 힌두의 가장 대표적인 세 여신들에게 드리는 제사기간이다. 9일 동안 하기 때문에 '아홉'의 힌디어 '노', '나브'가 들어있다. 첫 3일은 가장 강력한 여신이며 시바신의 부인인 두르가에게, 두 번째 사흘간은 인도인에게 가장 인기 있는 여신이며 비쉬누의 아내인 락시미에게, 세 번째 사흘은 가장 지성적인 지혜의 여신이며 브라마신의 아내인 사라스와띠에게 드린다. 축제라고는 하지만 여성들에게는 육체적으로 고달픈 기간이다. 축제(Feast)가 금식(fast)으로 진행되기 때문이다. 나브라트리 기간 동안에는 여성들이 브라트(Bhrat)라고 불리는 금식을 하며 여신 두르가에게 장래의 축복을 기원한다. 기혼녀는 남편을 위해 금식하고, 미혼녀는 장래의 남편감과 축복된 삶을 위해 금식한다. 금식은 일종의 정성의 표시다. 그런데 여성만 금식한다. 여성들은 상당수가 과일, 야채만 간단히 먹는다. 이 기간에 연구실에서 책을 만들기 위해 한국어와 힌디 타이핑을 하는 여학생들이 며칠 간 갑자기 오지 않은 일이 있었다. 알고 보니 금식중이란다. 아내가 계란이 떨어져 가게에 계란을 사러갔는데 한참 만에 그냥 돌아오고 말았다. 여기 저기 가게에 가도 계란을 팔지 않는다고 했다. 이 기간 동안은 금식기간이라 가게에서까지 계란을 팔지 않고 호텔을 제외한 대부분의 식당에서는 고기요리를 팔지 않는다.

오래 전에 네루대학교에서 한글날 행사를 하고 나서 대사님이 연극에 수고한 학생들을 위해 타지 팔리스 호텔로 점심식사 초대를 했다. 그런데 정작 수고한 여학생들 몇 명은 아무 것도 먹지 않아서 초대하신 대사님이나 함께 참석한 필자도 당혹스러웠던 기억이 난다. 작년 4월에는 올드 델리에서 자취하던 유학생이 친구 집을 방문하여 대문을 열고 안으로 들어갔다. 그런데 위층에서 금식을 하고 있던 집주인 아주머니가 계단을 내려오다가 굴렀다. 계속 금식을 하다 보니 몸을 가누기가 힘들었던 것이다. 이처럼 금식으로 극진히 여신들을 숭배한다.

여아의 숭배

여아(女兒) 특히 초경(初經)을 겪지 않은 여아들의 신성(神性)을 인정한다. 그래서 나브라트리 때에는 음식을 한 접시씩 그런 여아들에게 나누어준다. 네루대학교 안에서 살 때 필자는 딸 셋을 둔 덕에 매년 더워질 무렵이면 이웃집 교수들이 주는 과자 음식을 두 세 접시씩 받은 적이 있다. 고사떡인 격인데 떡만 주는 것이 아니고 새로 산 작은 스테인리스 접시에 담아 그릇째 준다. 음식 위에 동전도 넣어서 주기도 한다. 금식을 하는 부인들은 금식을 끝내고 신에게 예배를 드리고 주위의 여섯 명의 여아들에게 음식을 나누어 주어야 한다고 한다. 그래서 딸만 셋 있는 우리 집은 그들의 목표물이 되고 그날은 우리 집에 새 스테인리스 접시가 몇 개씩 쌓이는 날이 되었다.

여성의 성씨

힌두 신화 중 특징적인 것으로 볼 수 있는 것은 여신이 많다는 것이다. 이러한 여성상은 신적이다. 기원전 2500년경으로 추정되는 인더스 문명은 모계사회의 흔적을 보여주고 있다. 인도의 사회가 혼합되다보니 남인도 남성과 북인도 여성, 북인도 남성과 남인도 여성과의 결혼도 흔하다. 전임 학과장은 여교수로서 이름은 브이 라마락시미인데 타밀나두 출신이다. 그 남편은 샤르마니까 전형적인 북인도 브라만이다. 그런데 이 여교수는 샤르마라는 남편의 성을 쓰는 적이 없다. 이는 남인도 드라비다인의 전통이다. 오히려 브이(V)는 여교수쪽 집안의 성을 나타내는 약자다. 이와 반대로 Sushila Narsimhan

221

교수는 라자스탄 출신인데 남편은 타밀나두주 출신이다. 그 이름은 남편의 성을 따라서 Sushila Narshimhan이라고 쓴다.

독립적 여신

여신도 독립적인 여신이 있고 남편에 종속적인 여신이 있다. 독립적인 여신들은 밀교(密敎)로, 토속신앙에서 힌두교로 흡수된 경우가 많다. 불교에서 칠성각을 놓는 경우와 비슷한 경우다.

독립적인 여신으로는 두르가, 깔리 등이 있다. 두르가는 파괴의 신 시바의 부인으로 팔이 여덟 개 달린 샥티(Power, 생명력)로 불리는 여신이다. 호랑이나 사자를 타고 무릎까지 오는 해골 목걸이를 하고 시바의 삼지창, 활과 차르카라는 비쉬누의 원반형 무기를 들고 혼자서 악마인 아수라를 퇴치하는 여신이다. 부인이라고는 하지만 남편 시바와는 거의 관계없이 혼자 활약하는 여신이다. 악마를 죽이는 여신 깔리는 여덟 개의 팔과 해골을 수십 개 꿴 목걸이를 걸고, 한 손에는 칼, 다른 손에 창, 또 한 손에는 피가 뚝뚝 떨어지는 목 친 악마의 머리를 들고 있는 모습으로 나타난다. 까만 얼굴에는 항상 피를 갈구하는 붉은 혀를 내밀고 있어서 보는 사람으로 하여금 끔찍하고 잔인한 느낌이 들게 한다. 여러 그림에서 깔리가 남편인 시바 신을 발로 밟고 있는 모습으로 그려져 있다. 그런데 이는 싸우는 것이 아니라 성행위를 하는 것이다.

수드라, 불가촉천민 등 억압받는 자들의 신으로 이들의 운명과 저주를 대신해서 처절하게 응징해 주고 보호해 주는 신이라고 믿는다. 이러한 깔리의 잔인성은 운명과 저주의 억압된 삶을 사는 수드라, 불가촉천민들을 대신해서 자신들을 괴롭히는 모든 문명과 문화를 처절하게 응징해 주고 보호해 주는 신이라고 믿는다.[16]

종속적 여신

이에 비하여 남편에 종속된 여신들은 힌두교의 후반기 여신들이다. 그 여신들은 락시미, 사라스와티, 시타 등등이다.

한국에서 신사임당을 현모양처(賢母良妻)이자 요조숙녀(窈窕淑女)의 표상으로 친다면 인도의 여신 중에 그에 해당되는 경우가 락쉬미일 것이다. 락쉬미는 후기 힌두 3대신의 하나인 비쉬누의 부인이다. 분홍 연꽃 위에 앉아있는 북인도 미녀의 얼굴로, 네 팔에 연꽃 송이들을 들고, 금목걸이, 팔찌를 두르고 있는 어머니 여신이다. 인도의 가장 유명한 불꽃의 축제 디왈리 때 대표적으로 섬겨진다.

어떤 그림에서는 이 여신의 무릎 위에 놓인 항아리에서 금전이 쏟아지는 모습으로 나타나기도 한다. 남편을 잘 공경하고 집안을 부유하게 잘 일으키는 인도의 이상적인 여성상이 반영되어 있다. 이 여신과 남편신의 관계는 독립적인 것이 아니다. 사라스와티는 비나(Veena)라는 현악기를 뜯으며 백조를 타고 나타나는 우아한 지식과 예술의 여신이다. 그래서 학생들은 지혜의 여신 사라스와티를 좋아한다. 특히 시험 때 이 신을 많이 의지한다. 네루대나 델리대나 교육기관마다 나브라트리 때에 제사를 지내는 광경을 볼 수 있다. 시타는 람의 아내로 라마야나에 등장한다. 절개를 지킨 가장 대표적인 양처의 표상으로 거의 모든 신화에서 람의 왼편에 서있는 여신이다.

16) 이광수, 인도는 무엇으로 사는가, p.35.

현대에 반영된 여신상

인도 정계에는 여성이 많다. 현재 연립 정부 정당연합 위원장을 맡고 있는 국민의회당의 소니야 간디 여사, 요즈음 선거 때문에 매일 신문에 나오는 타밀 나두주의 영화배우 출신 주수상 자야 랄리타, 야당 반골이며 최근 BJP와 갈라선 힌두 여사제 우마 바라티, 상원 상임 위원장 마하잔, 꼴까다에서 고군분투(孤軍奮鬪)하는 베너지 맘타, 우타르 프라데시의 전 주수상 마야와티 등등, 이러한 여성들은 남편과는 독립적으로 독자적으로 활약하는 여성들이다. 소냐 간디의 딸 뿌리양카는 델리대 출신인데 그 오빠 라훌 간디가 국회의원으로 나오기 전까지는 궁지에 몰린 엄마 소냐 간디의 선거유세에 나서서, 선풍적 인기를 끈 미녀다. 수상후보 1위이기도 했던 인디라 간디 전 여수상의 손녀딸이다. 이러한 여성들의 선거 유세는 어떤 인기 있는 정치인보다도 더 매력적이고도 선풍적인 ·인기를 일으키며 절대적인 신봉자들을 얻는다. 이는 인도 신화 덕이다. 여성 지도자가 드문 만큼, 드러나는 여성 지도자들은 남성 보다 더한 신권이 부여된다.

남편,
남신인가? 주인인가? 동료인가?

델리대에 오는 여학생들의 복장을 보면 three pieces인 살바 까미즈(위, 아래, 쭌니)차림이 그래도 많고 티셔츠, 청바지 차림의 여학생들도 이에 못지않게 많다. 여교수들 이외에는 사리를 입지 않는다. 학년이 올라감에 따라 이 청바지 차림의 여학생들의 기대와 고민과 각오가 눈에 보인다. 누가 뭐래도, 인도에서 결혼은 여성에게는 가장 중요한 인생의 기로(岐路)요 사회적으로 요구되는 전통이다. 결혼이 주는 기대감도 크지만 남편을 주인으로 모셔야 하고 심지어는 신처럼 떠받들어야 하는 숙명을 안고 있다. 그래서 인도 여대생들은 전반적으로 여성 신분에 대해서 운명론적으로 받아들여 순종적이 되거나 반대로 여권운동가 성향을 나타낸다. 인도의 철저한 남존여비(男尊女卑)의 사회분위기에서 보면 너무 당연한 결과다. 여대생들은 학교에서는 남학생들을 야단치고 남녀평등을 주장하며 청바지를 많이 입는다. 그러나 결혼을 통해 사리를 입게 되면, 절대 남편을 앞서 자기 주장을 내세우지 못한다. 그것이 인도 여성의 결혼이다. 적어도 사내아이를 낳을 때까지는 상하관계를 벗어나기가 쉽지 않다. 이러한 여학생들의 능력은 어떠하냐? 한국에서 고시나 공무원 시험에 여성의 우세가 드러나듯이 인도에서도 여학생들이 앞선다. 수능 시험도 앞서고 각종 경쟁시험에서도 우수하게 앞선다. 남학생보다는 더 빈번하게 네루대나 델리대의 학생회장으로 여학생이 당선된다. 이런 여학생들은 10년 내에 인도의 국회의원으로 변모될 것이다.

하녀

한국인은 직장 갖기 어렵고, 설사 가져도 그 월급으로는 전세도 얻기 힘들어서 젊은 남녀의 결혼이 점점 늦어지고 주저한다. 어른들도 상대의 경제적 수준 정도를 가늠해보며 결혼 가능성을 계산해 본다. 그런데 경제적 문제를 접어두면 사돈어른끼리 안 맞는 구석이 있더라도 당사자들만 좋아하면 결혼할 수 있다. 아내는 남편의 아내요, 남편은 아내의 남편이기 때문이다. 그런데 인도에서는 전통적으로 신부는 우리말 표현대로 '시집을 온다'. 아내의 남편이나 남편의 아내이기 이전에 그 시집식구의 하녀가 되어야 한다. 여성은 남성에게 종속되어 있다. 과거에는 소유물이기도 했다. 이렇게 시집온 '하녀'가 그 집안의 중추적 여성으로 인정되려면 아들을 낳아야 하고 아들을 낳은 후 수년은 지나야 한다. 그러니 대가족 제도 하에서 남편도 부모님께 순종해야 하는 상황에서 그를 주인으로 모시는 아내된 여성의 지위는 말할 것도 없이 낮다. 최근 풍속도가 급격히 바뀌어서 도시에서 인도 여성들이 경제 활동에 참여하면서 대등한 권한에 대한 인식이 생기고 있다. 하지만 그러한 분위기는 지극히 제한적이며 인도사회 전반적인 분위기로 보아 여성은 남성에게 종속되어 있다고 볼 수 있다.

오래 전에 잠시 학교 밖에서 산 적이 있다. 이사 나오는 날 2층에서 들고 내려오던 침대를 집주인이 사는 1층의 계단 벽에 부딪쳐서 금이 갔다. 그 부인은 집에서 나와 일꾼들에게 삿대질을 하며 야단을 쳤다. 7월 몬순 때라 비도 부슬부슬 내리는 날씨에 옷가지도 젖고 가구도 망가지는 상황에서 이 부인은 이삿짐을 막아섰다. 원래 세입자의 편의는 전혀 봐주지 않는 이기적인 나이많은 의사부부였다. 별로 좋은 사이가 아니었지만 떠나는 날 싸우기가 싫어서 난처한 자리를 피하고 있었는데 도저히 상황이 호전될 기미가 안보였다. 그래서 딱 한마디를 했다. "내가 나중에 당신 남편하고 이야기해서 처리하겠소!" 그러자 부인은 아무 말도 못하고 자기 집으로 들어갔다.

잘 아는 남인도 출신 노교수가 부인과 무니르카 시장을 갔다. 그의 소형차가 마침 좌회전을 하는데 스쿠터와 부딪쳤다. 인도에서 늘 그렇듯이 누가 잘했느니 못했느니 하는 언쟁이 시작되었다. 당연히 부인이 남편을 거들어 상대방의 잘못을 지적했다. 그랬더니 상대는 왜 여자가 끼어드느냐며 펄펄뛰며 화를 내는 것이었다. 지위가 높든 낮든 남편과 함께 있는 인도 여성은 남편을 앞서서 자기 입장을 주장하지 못한다. 상대도 인정하지 않는다.

왜 종속적인가?

북인도의 주류를 이루는 인종은 아리안인데, 이 아리안은 부계 사회의 전통을 유지하고 있었다. 이 아리아인들이 기원전 15세기경에 인도에 들어와 남성우위의 사회를 형성하였다. 브라만교의 카스트 제도 상에서 여성들은 설사 자신들이 상위 브라만 계급 출신이어도 천민 수드라와 같은 정도의 지위를 부여받았다. 이러한 역사적 전통적 사실에 근거하여 여성의 지위는 종속적이고 하녀와 같다. 그래서 여성에 대해 이렇게 집약할 수 있겠다.

여성은 남성보다 열등하다. 여성은 집안을 대표할 수 없다. 부인의 영향력이 커도 부인이 남편을 앞서서 나서는 일은 없다. 한국에서 베트남 여성이 마을 부녀회 회장이 되었다고 신문에 난 적이 있다. 필리핀 출신 여성이 국회의원이 되어 화제가 되었다. 이런 식으로 수년 전 인도 마을 리(里)나 면(面) 격인 법적 자치단위인 판차야트 라즈에 여성이 그 장(長)인 사르판츠가 되어서 인도 일간 신문에

난 적이 있다. 한국에서도 여성 단체장이 많은 것은 아니지만, 인도의 경우 자치단체장에, 특히 이장쯤 되는 판차야트의 장이 여성이 되는 경우는 정말 드문, 신문 기사에 등장할 만한 뉴스다.

성의 대상

동서고금을 막론하고 남녀의 성의 문제는 거의 남성우위로 형성되어 있다. 그중에도 문제는 여성의 역할에 대한 인식이다. 역사적으로 인도에서 여성은 성의 대상으로 인식된다. 2004년 조사에서 인도 남성들이 여성에게 가장 기대하는 것은 성(性)이라는 보고가 91%나 차지했다. 그래서 여성들 자신도 남성의 관심을 끄는 것을 중요시 여긴다. 전통 여성교육은 현모양처를 배출하는 내훈(內訓)이 아니라 춤과 노래다. 이러한 배경 때문에 인도 여성이 춤을 추며 가슴과 엉덩이를 매혹적으로 흔드는 일은 그다지 겸연쩍어 할 일은 아니다. 학교 행사를 할 때 전형적인 아리안 출신 인도 여학생들과 몽고계의 여학생들의 태도는 확연히 차이가 난다. 전자는 가슴과 엉덩이를 흔드는데 부끄러움이 없다. 이에 비해 후자는 난처해하는 경우가 많다. 모든 인도 영화에는 남녀의 춤과 노래가 삽입된다. 그래서 인도에서 여배우가 되려면 기본이 연기력이 아니라 춤이다. 이와 같이 기본적으로 여성은 적절한 남성의 성 파트너로서 성장하는 것이 중요하다. 여성들은 어려서부터 몸치장과 장신구, 그리고 얼굴 화장 등이 자연스러운 일과이다. 필자의 아내는 귀를 뚫지 않아서 귀걸이를 하지 않았었다. 그런데 이를 본 인도 사람들은 어느 시골구석에서 왔기에 부모님이 어렸을 때 귀도 뚫어 주지 않았냐고 묻곤 하였다.

수년 전에 시사 주간지 인디아 투데이에 라자스탄에서 네 형제가 한 아내를 공유하는 기사가 커버 스토리로 나와서 크게 문제가 된 적이 있다. 이런 내용은 서사시 마하바라타에도 나온다. 알준이 뛰어난 활솜씨로 물고기 모형의 한쪽 눈을 맞추어 드로우파디를 아내로 얻고, 그 형제들 유디슈티르, 빔, 나쿨 사이의 분쟁을 피하게 하고자 이 다섯 형제의 공동의 아내로 삼는다. 이런 경우가 있기는 하지만 현실적으로는 흔한 일이 아니다. 그 잡지의 기사는 요즘 한국의 농가처럼 여성이 부족한 인도 농촌의 문제를 말하고자 하였다. 하지만 기사는 그러한 목적을 넘어서 간접적으로 여성들에 대한 남성들의 요구와 시각을 무의식속에 드러내고 있었다. 이와 같이 결혼한 아내는 사랑에 의한 대등한 결합이 아니라 남성의 욕구를 충족시켜주어야 하는 성적 대상이다. 어머니가 되기까지는 성(性)의 대상일 뿐이다. 2012년 세계적으로 이슈가 된 인도에서 발생한 버스 내 성폭행 사건은 이런 굴곡진 여성관이 깊이 자리잡고 있다.

인도 여성의 성격

인도 여성의 성격은 긍정과 부정 사이의 양극을 달린다. 아주 우아하고 교양 있지만 활달하고 자기주장이 분명하다. 순종적이지만 지극히 이기적이다. 자신의 이해 문제가 관계될 때는 양보가 없다. 자기 방어에 강하다. 공식적인 책임을 상대에게 전가한다. 자기가 가지고 있는 합법적 권한에 지극히 집착하고 권한을 주장한다. 가장 특징적인 경우가 인도 항공 여승무원의 경우다. 인도 항공은 비행기 1대당 750명 정도로, 다른 항공사의 대략 180명 직원을 고용하는 데에 비해 4배 이상의 직원을 고용하는 비생산적인 국영 항공사다. 민영화 대상이지만 전체 노조의 반대로 어렵다. 경쟁력을 높이기 위해 여승무원들을 젊은 여성으로 대체하고자 하지만 40대, 50대 부인들이 양보하지 않는다. 그래서 고육지책으로 여승무원들이 지상근무를 하도록 했지만 수당이 없어서 더 적은 월급을 받게 된다는 이유로 좀처럼 제대로 시행되지 못하고 있다. 인도 항공을 타면 다른 아시아 항공기의 젊고 예쁜 승무원들의 서비스에 비해서 나이들고 뚱뚱하고 주로 승객에게 명령하는 자세를 가진 승무원들이 대다수인 이유다.

또한 자기 방어에 철저하다. 힌두 사회는 기본적으로 남성 우위의 사회다. 그래서 남녀는 상하의 관계에 놓여있으며, 모든 결정권을 남성이 가지고 있어 여성은 불리한 점이 많다. 항상 여성이 공격을 받을 수 있는 사회 구조에서 여성의 사회생활은 제도적으로 자신이 적절한 이유를 대어 방어할 수 있는 방편이 된다. 물리적으로도 기본적인 시각이 여성을 성의 대상으로 보기 때문에 언제나 공격을 받을 수 있는 여지가 있다. 성희롱이나 성폭행은 어디에서건 누구건 문제가 될 수 있다. 지난 2012년 12월 인도에서 전 세계의 이슈로 떠올랐던 시내버스 성폭행 등 수많은 성폭행 문제들은 여성을 성의 대상으로만 인식해온 자세가 작용한 것이다. 이 모든 문제는 남성이 여성을 쉽게 여기는 데서 온다. 따라서 사회에서 활동하는 여성은 자기 방어에 철저하다.

수년 전인가 스위스 여성 외교관이 시리 포트 극장에서 나오다가 성폭행을 당해 국제적으로 시끄러웠던 적이 있다. 독일 박사과정 여학생이 라자스탄에서 성폭행을 당한 적이 있다. 비슷한 경우로 며칠 전 일본인 여성도 신고를 했다. 한국인 여성도 여행 중에 이런 일을 당했다. 미국인 여학생은 히말라야 지역에서 트럭을 얻어 타려다가 집단으로 성폭행을 당했다. 왜 외국인 여성에게 불안한 일이 빈발하는가? 이유는 두 가지로 볼 수 있다. 첫째, 만일 인도 여성이었다면 그렇게 혼자 있을 상황을 절대로 만들지 않았을 것이다. 인도 여성들은 그 사회가 여성에게 안전하지 않다는 것을 잘 인식하고 있다. 그런 상황 속에서 안전하게 지내는 법을 잘 알기 때문에 남성들과 단독으로 남아있는 상황을 피한다. 여성들은 언제나 물리적으로 공격을 받을 수 있기 때문에 요즘은 "스위스 칼이나 후춧가루 분사기를 지니고 다녀라", "모르는 사람과는 말하지 말라", "최대한 혼자 여행하지 말라" 등의 여성들이 주의할 점을 나열하고 있다. 한국 여성들이 여행을 할 때 한국식 사고로 방심하기 쉬운 것이 이러한 부분이다. 이렇게 여성이 처한 불리한 여건 때문에 지나칠 정도로 인도 여성은 방어적 특성을 보인다. 과제 제출 때문에 교수의 집을 방문하는 경우도 꺼려한다. 한국도 성범죄에 대한 처벌이 약하지만 인도도 장기간 지속되는 재판 진행과정 중 모든 증인이 입장을 바꾸기 때문에 95% 정도가 무죄로 판결을 받는다. 둘째는 인도 남성들이 외국여성에게 더 관심을 갖는 데 있다. 특히 외국 여성은 프리섹스를 즐긴다고 잘못 인식하고 있는 경우가 많다.

이러한 사회 분위기적 이유로 여성은 기본적으로 자기 가족 이외에는 남성을 믿지 않는다. 아예 가족도 믿지 못하는 경우도 있다. 이런 정도로 부담이 있기 때문에 남자들은 밖에서 모르는 인도 여성을 만나는 경우, 그 여성은 자기 방어를 위해 싸울 준비가 되어 있다는 것을 명심해야 한다. 2002년 구자라트 힌두와 무슬림의 마찰로 수많은 사람들이 죽었다. 무슬림들이 주로 공격을 받았는데 그 중 유명한 사건이 베이커리 사건으로 14명의 제과점 가족들을 불태워 죽인 사건이다. 그런데 유일한 증인인 젊은 여성 자히라는 5~6차례에 걸쳐 증언을 계속 바꾸었다. 자신도 회교도지만 상황에 따라 자신의 안전을 위해 달리 증언한 것이다. 위증죄와 법정모독죄로 1년 형을 받아 수감되었다. 이러한 일관성 없어 보이는 행태가 여성들에게서 잘 나타난다. 실상은 '나의 안전은 내가 지킨다'라는 일관성있는 원칙을 따른 것이다. 눈에 안 보이는 차별을 피해서 사회적으로 살아남는 법을 익힌 결과일 것이다.

이기적이다. 인도 여성은 자신의 몫 또는 안전을 챙겨야 하는데, 하다못해 오토 릭샤를 타도 여성은 항상 공격을 받을 수 있다. 그래서 자신의 것을 철저히 챙기는 데 강하다. 남을 위해 자신이 희생하는 일이 드물다. 반대로 남을 이용하는 데는 아주 강하다. 이러한 인도 여성의 성격은 부정적인 듯하지만, 이는 개인의 성품의 문제는 아니다. 남성 위주의 인도 사회에서 살기 위해 사회화 과정에서 형성되는 공통의 성품이다. 인도 여학생들은 남학생들을 최대로 이용하는 경우를 자주 보게 된다. 여학생 혼자서 어디를 가기가 안전하지도 않고 불편하기 때문에 언제나 오빠나 남동생, 또는 친척 아니면 같은 과 학생들을 동반해서 다닌다. 한국어과에 있는 한 여학생은 남자친구도 있지만 한국어를 잘하는 남학생을 이용해서 한국어도 배우고 학교 내에서 여러 가지 도움을 받는다. 남학생은 그 여학생을 좋아해서 모든 것을 희생해서 도와준다. 하지만 여학생은 남학생을 이용하는 것일 뿐 마지막에는 쉽게 결별해 버릴 것이라고 이구동성으로 이야기하고 있다. 남학생은 믿고 싶지 않겠지만 현실이 이러하다. 이러한 일이 학교 내에서 자주 일어난다. 여학생들은 여성의 무기를 이용해 어떻게 남자들을 부려먹는지를 잘 알고 있다. 자신들이 성취하고자 하는 목적을 위해서는 상대를 모함할 수도 있다. 한국 유학생들이 공통적으로 느끼는 것은 인도대학의 여학생들은 이기적이라는 것이다. 상대가 필요로 할 때에 남학생들은 친절하고 또 잘 도와준다. 그렇지만 여학생들은 절대로 동료 여학생들을 도와주지 않는다. 학생들은 친구들의 잘못을 감싸주기보다는 어떤 식으로든 노출시킨다. 그러나 이러한 부정적인 측면이 어느 한 사람의 인격이나 성품에 국한된 것이 아니라 인도 여성이 처한 환경에 기인하고 있기 때문에 개개인의 잘잘못을 논할 수는 없는 문제이다.

연애 따로 결혼 따로

네루대학교는 인도 사회를 기준으로 보면 서구 세상이다. 여학생들이 새벽 1~2시까지 캠퍼스 안에서 다녀도 안전하고, 남학생 기숙사에도 자유로이 드나들 수 있다. 그래서 연애에 빠지는 남녀학생들이 많다. 밤늦도록 이것저것 토론하다보면 맘에 드는 사람도 생기고 대학원 2년 또는 박사과정까지 6~7년 연애하는 경우도 흔하다. 그런데, 연애를 했다고 해서 결혼까지 하는 경우는 드물다. 그런 경우가 약 10%가 될까? 그나마 네루대학교의 경우 그 정도다. 델리대학교는 아마도 5%, 지방으로 갈수록 그럴 가능성이 1~2% 이하로 떨어질 것이다. 왜 그런가? 연애는 당사자들 간의 문제지만, 결혼은 집안의 문제로 장차 시댁 식구가 동의해야 되는 문제다. 따라서 결혼에는 당사자 간의 문제를 떠난 외부적 요인이 영향을 미칠 수밖에 없다. 마음에 들건 안 들건 상관없이 결혼하는 경우도 흔하다. 이렇게 연애 따로 결혼 따로의 분위기는 꼭 대학교 안에서 만나는 대학생들의 경우에만 해당되는 것은 아니다. 전통 결혼을 따르는 경우도 일단 결혼을 하고 어린 신랑 신부가 1년 간 헤어져 기존 부모와 살게 되는데, 그 때 원래 사랑하던 연인과의 관계가 발전되는 경우도 많다. 하지만 1년 후에는 원래 남편 또는 아내에게로 간다. 물론 여성들은 연애할 때조차 두 남자를 생각하는 것을 금기시 한다. 하지만 그건 사회에서 부여하는 도덕 윤리의 문제이고 실제로 좋아하는 감정은 현실과 다른 경우가 흔하다.

2005년 여론조사에서 젊은 도시 여성조차 연애하면 안 된다고 여기는 사람이 30%, 오직 한 사람과 사귀어야 한다는 사람이 44%니까 남녀 문제에 대해 인도가 얼마나 보수적인지 알 수 있다.

아름다운 꽃의 가시

몽골계의 평면적인 얼굴을 가진 사람들이 볼 때 아리안 또는 드라비단 계열의 여성들은 이목구비가 수려한 미인들이다. 특히 편자압이나 카시미르 계통의 신비로운 눈은 참으로 아름답다. 그러나 이렇게 아름다운 여성들이 법률적으로나 사회적으로 문제를 야기하고 남성을 곤경에 몰아넣을 수 있다는 사실을 망각해서는 안 된다. 얼굴의 아름다움이 마음의 아름다움을 말하지 않는다는 것은 말할 필요가 없다.

인도사회가 남성위주의 사회라서 남성으로부터의 성추행이나 폭행이 언제 어디서나 일어나고 여성은 단순 피해자로 남을 가능성이 무엇보다 크지만 악의적으로 문제를 확대시키는 경우도 있다는 점을 간과해선 안 된다.

불리한 경우 여성은 단순 연애의 경우일지라도 헤어지자고 말하는 순간 혼인 빙자 간음이나 강간과 같이 상대방 남성을 형사범으로 고소하는 경우가 간간히 있다. 사건은 여론화되고 남성은 불리해진다. 이러한 부분을 알기 때문에 오히려 여성들이 성추행 문제를 크게 확대시키는 경우도 있다.

미신적인 인도인

힌두교는 구성이 지극히 신화적이고 그 내용은 철학적이다. 어떻게 우주와 인간, 자연, 영적인 세계에 관해서까지 그와 같은 사고를 정립해왔을까. 힌두교의 이론은 철학적인 불교이론조차 무력화시켰다. 힌두교는 철학적이고 논리적인 고등 종교다. 그럼에도 불구하고 이런 고등 종교적인 속성 이면에 상당히 미신적인 사고와 생활이 내재되어 있다. 얼마 전에도 마드야 프라데시에서 신에게 어린 아이를 희생 제물로 바친 사건이 발생했다. 신에게 자식을 죽여 바쳐야 한다는 주술적인 처방을 받고 친 아버지가 희생제를 치른 것이다.

켈커타를 중심으로 한 깔리 숭배에도 이러한 희생제가 있는데 이 깔리 숭배에 힌두교의 미신적인 측면이 영향을 끼쳤을 것이란 사실을 무시할 수가 없다. 이는 극단적인 경우지만 인도인의 일상생활 속에서 힌두의 미신적 사고와 행위는 의식과 무의식을 넘나들며 강력하게 작용하고 있다.

한국에도 풍수지리설(風水地理說)을 따르는가 하면 재미를 이유로 운수를 본다면서 실제로는 영향을 받는 사람이 많다. 더 심각하게는 토정비결이나 일진에 따라 오늘의 운수를 살피며 처신하는 사람들도 있다. 수많은 인도인은 이와 비교할 수 없이 철저하게 하루나 한 달, 1년 내내 힌두적 미신을 따라 지킨다. 물론 길조(吉兆)보다는 흉조(凶兆)에 가까운 사례들이 많아서 주로 피해야 하는 일들이 대부분이다. 예를 들자면 인도인들은 어떤 날은 머리를 안 깎고, 어떤 날은 기구를 안사고, 어떤 날은 차(車)를 안사고, 어떤 날은 이사를 안 하고, 어떤 날은 외출을 하면 안 된다. 어떤 손가락에 무슨 반지를 끼고, 누구는 무슨 목걸이를 해야 하는지 따져 가며 브라만 주지승이 지시하는 대로 한다. 이 중에 어떤 것은 힌두에서 비롯된 것으로 미신적인 요소라고 하기 어려운 것들도 있다. 하지만 전반적으로 대동소이(大同小異)하며 이런 미신적 습속은 일상생활화 되어 있다고 할 수 있다.

인도 미신의 유래

인도인의 미신적 성격은 어디서 왔는가? 몬순이다. 사회학자들은 과거 인디아대륙이 철저히 몬순기후에 의존하여 생존해왔다는데서 미신의 유래를 찾는다. 인도의 토질은 히말라야 지대의 충적토와 데칸고원의 레구르토, 풍화토양이 반도부의 대부분을 차지하고 있으며 일반적으로 다공질(多孔質)이기 때문에 보수력(保水力)은 적다. 전반적으로 척박한 땅을 가진 유럽과 달리 기후는 따뜻하고 비만 적절히 오면 농산물이 잘 성장하는 토양이다. 그래서 비가 잘 오면 풍년이고 비가 안 오면 흉년이다. 이런 점은 추운 지역에 많이 노출된 중국과도 크게 다르다. 이로 인해서 인도 전역은 특별한 노력을 기울이지 않더라도 풍요로운 결실을 낸다.

그러나 이처럼 자연적인 여건이 좋은 만큼 자연재해도 대규모로 발생할 수 있다. 인도는 홍수나 가뭄 때문에 엄청난 재해를 입는 나라에 속한다. 그리고 인간의 노력을 무력화시킬 만큼 자연재해가 거대하고 혹독하기도 하다. 인도는 11세기 이후부터 17세기까지 약 14차례 대규모 가뭄이 있었고, 영국 식민 통치하에서 약 25회에 걸친 대규모 가뭄을 겪게 되었다. 대영제국 때만도 수백만 명의 아사자(餓死者)가 발생했다. 2차 대전 중인 1943년 대기근 때에는 약 4백만 명이 굶어죽었다. 아사자의 시체가 여기저기 널려 있었다고 한다. 몬순 때마다 웨스트벵골, 오리사를 비롯한 동부, 구자라트를 중심으로 한 서부 타밀나두, 케랄라의 남부에서 사상자와 수십만의 이재민이 발생한다. 가뭄으로 인해서 안드라 프라데시, 타밀 나두 등에서 아사자가 발생한다.

이때 사람이 할 수 있는 것이 무엇인가? 거의 없다. 특별한 노력을 기울여야만 풍년을 맞을 수 있는 것도 아니고, 설사 자연 재해가 일어난다고 하더라도 할 수 있는 일이 거의 없다. 요즘은 물론 농업혁명으로 쌀과 밀의 생산이 자급자족되고 있지만, 비가 안 오면 모든 것이 수포로 돌아간다. 이와 같이 수억 명이 음식을 먹어야 하기 때문에 한 두 해 약간의 잉여 생산이 있다고 해도 식량 문제가 해결되지 않는다. 자연히 농토로부터 나오는 모든 결과가 신의 뜻에 따라서 좌우된다고 믿게 되니 인도인의 성품이 운명론에 영향 받지 않을 수 없다. 나의 경험으로 볼 때도 인도인은 불행이나 어려움에 대해서도 신(神)의 뜻으로 알고 인내하고 받아들인다. 이는 힌두의 까르마의 영향이 절대적이고, 환경적 측면으로도 운명론적 사고가 인도인의 뼛속까지 스며들어 있는 듯하다.

점성술

이러한 자연현상을 미리 예측하고자 하여 발전한 것이 인도의 점성술이다. 이를 우리는 미신이라고 생각하지만 상당수의 인도인은 과학이라고 믿는다. 인도인의 점성술에 대한 신뢰는 대단하다. 델리대에 점성술로 유명한 교수가 한 사람 있었는데 한 학생의 말로는 그 사람이 1회 인생을 점쳐주는 대가로 내야하는 복채가 만 루피 (20만 원)라고 한다. 한국의 토정비결과 같이 인도인이 가장 신뢰하는 점성술 교본은 브리하트 파라사르 호라 사스트라(Brihat Parasar Hora Sastra)라고 불리는 책으로서 우리말로 하자면 '점성술의 심해(深解)'라고 할 수 있겠다. 이 책은 베다 시대에서부터 내려온 인도 점성술의 비기(秘記)에 들어간다. 이 책에 따르면 정사각형 안에 대각선 방향으로 또 하나의 정사각형을 그려 넣고 12개의 구획을 나누어 태양계의 행성을 배열하고 개인의 사주를 배열하여 세상과 인생사를 예고한다. 현대 과학과의 큰 차이점은 현대 과학은 태양을 중심으로 한 지동설(地動說)을 근거로 하지만, 인도의 점성술은 지구를 중심으로 하고, 달도 행성의 하나로 여기며 천동설(天動說)을 근거로 한다. 인도 사제들이 인도인의 대소사(大小事)를 위해서 부적도 써주고 갖가지 처방을 하는 근거가 된다. 유명한 점성가가 인도에 10만 명 이상이 있는데 아침 8시에서 9시에 케이블 TV 프로에 나오는 유명한 점성가 베잔 다루왈라는 매일 하루의 일과를 텔레비전을 통해서 알려준다. 유명한 영화배우 아미땁 바찬이나 수상인 만모한싱도 그의 고객이라고 한다. 그는 아미땁 바찬이 어려움에 처해 있을 때 오팔 반지를 끼도록 했고 그때부터 아미땁 바찬이 어려움을 딛고 인도의 대표적인 배우가 됐다고 한다. 한국어과의 한 학생은 점성가가 금으로 된 반지를 끼면 앞으로 6개월 안에 취업이 될 것이라고 해서 7천 루피(14만 원)를 주고 반지를 사서 끼고 다닌다. 많은 사람들이 신문의 오늘의 운세와 같은 점성가의 예언을 아침에 읽고 운세대로 외출을 삼가라고 하면 외출도 하지 않을 정도로 그 믿음이 대단하다. 수많은 인도인들은 이를 믿고 있다. 저녁에 돌아오면 신문에서 확인하며 아침에 예언된 대로 안 된 일이 없다고 생각한다. 또 생년월일의 숫자로 운세를 보는 수 논리(Numerologic)가 상당히 인기가 있는 편인데, 전(前) 인도 크리켓 팀장이었던 강굴리(Ganguly)는 특별히 수 논리에 대한 믿음이 있다고 알려져 있다.

딴트릭(주술가)

한국의 역술가와 무당을 합친 것 같은 역할을 하는 사람들을 인도에서는 딴트릭이라고 부른다. 크게 봐서는 힌두교의 일부다. 하지만 근본적으로는 힌두교보다는 인도 토속신앙에서 시작되었다고 본다. 딴트릭은 인도 고대로부터 내려오는 주술과 마술을 행하는 주술가들이지만 상당한 이론과 기록이 있다. 딴트릭은 웨스트 벵골에서 목에 해골을 걸고 나타나는 여신 칼리를 주로 섬긴다. 그 이유는 근본적으로 칼리 여신은 토속 신앙에서 유래된 여신이기 때문이다. 이들은 지금도 염소나 닭 등을 죽여서 칼리 여신에게 희생 제물로 바친다.

　힌두 승려들이 만트라(경(經))를 외우면서 신에게 경배하는데 비해 이 주술가들은 딴트라(주술(呪術))를 외우며 신들의 영을 불러내고 귀신을 쫓고 예언과 함께 인간사의 문제를 해결해 준다. 사람들은 힌두 사원의 승려가 해결할 수 없는 문제가 생기면 딴트릭에게로 가서 도움을 요청한다. 불교 승려보다는 무당을 찾는 격이라고 할까. 이를 보면 일반 서민들은 정통 힌두 신앙보다는 딴트릭이 더 능력이 있다고 믿는 것 같다. 만트라가 사람들에게 좋은 내용만을 낭송하는 것이라면 딴트라는 사람들에게 저주(詛呪)를 내리는 주문(呪文)도 들어있다. 켈커타 주위의 벵골 사람들이 주로 칼리 신을 섬기기 때문에 벵골리 딴트라는 그 신통력이 탁월한 것으로 알려져 있다. 딴트릭이 주문을 외우면 아이들이 개나 닭으로 변하기 때문에 아이들을 그 근처에 가지 못하게 한다고 알려져 있다. 아샘 지역에 캄루프 캄키야라는 사원이 있는데 이곳은 딴트릭이 딴트라를 배우고 능력을 전수받는 딴트라의 승가대학 같은 곳으로 인도에서 유명한 곳이다.

　일반적으로 사람들이 병이 나면 병원에 가지만 병치레를 오래한다거나 회복되지 않으면 주위 사람들이 효험이 있는 딴트릭을 소개해 주곤 한다. 그 곳에 가면 딴트릭이 주술을 외우며 오래 된 빗자루 등으로 환자를 때린다든가 등등의 주술적 행위를 하게 된다. 또 사람들은 사업이 번창하기를 소원할 때나 원수(怨讐)에게 구원(舊怨)을 갚고 싶을 때도 딴트릭을 찾아간다. 그런데 다른 사람을 해하려고 할 때는 그 해(害)가 자신에게로 되돌아 올 수 있다고 생각하고 두려워한다. 그럼에도 불구하고 실제로 많은 사람들이 억울한 일이나 시기심을 이렇게 처리한다.

딴트릭 중에는 신통력이 있는 사람들이 있다. 죽은 사람들의 혼을 불러 오고 귀신을 쫓고 예언을 하는 등 여러 가지 일들을 하기 때문에 과학이 발달한 오늘날에도 많은 인도인들이 이들의 능력을 믿는다. 한 학생이 자기 가족의 경험이라며 들려준 이야기가 있다. 어느 날 모든 가족들의 손바닥에 빨간 점이 생겼단다. 그래서 이상하게 생각한 아버지가 딴트릭을 찾아가서 그 이유를 물었다. 딴트릭은 당신의 가족을 시기하는 원수들의 짓이므로 흑주술(黑呪術)(Black Magic)을 행해야 한다고 했다. 그래서 그 딴트릭을 집에 모셔다가 그의 처방대로 위스키와 레몬 등을 집안에 뿌리며 제사를 드렸다. 그런 후에 이 빨간 점들이 사라졌다고 했다. 이같이 사람들은 급한 일이 생기면 딴트릭을 찾아가서 실제적인 문제를 해결한다.

오자(Ojah) 불가촉천민의 사제

대개의 힌두사원은 수드라나 불가촉천민들의 접근을 금하여 왔다. 수드라, 불가촉천민들은 사원에 들어갈 수 없고 그 곳에서 힌두신을 섬길 수 없었다. 따라서 그들 나름대로의 신을 만들고 섬기게 되었다. 그래서 인도의 지방 구석구석마다 불가촉천민들의 종교 행위가 발견된다. 이들은 자기들이 사는 곳에 돌이나 또는 벽돌 한두 개를 세워 놓고 자신들의 신이라고 모셔놓는다. 힌두 사원에서 브라만 중에 사제들인 판디트가 제사를 지내는 것처럼 누군가 이 하층 카스트 사람들을 위해서 제사를 드릴 사람이 필요하였다. 이래서 하층 카스트 출신으로서 수드라들의 제사장 노릇을 하는 계급이 다시 파생되었다. 이들을 '오자'(Ojha)라고 부른다. 그들에게는 그들 나름의 신들이 있어서 비쉬누나 하누만, 시바 같은 정통 힌두 신 외에도 또 다른 그들만의 신을 숭배한다. 이들은 천민들의 사제들이다.

흥미로운 점은 현실적으로 이들의 영적 능력이 훨씬 뛰어나서 상층 카스트의 사람들조차 사원에서 해결 못한 문제를 이런 오자의 도움으로 해결 할 수도 있다. 이 오자들은 주로 주술(呪術)과 마술(魔術) 등으로 병도 고치고 귀신들도 쫓아 낸다. 브라만 사제들은 미신적인 행위를 금하고 있지만 발등의 불을 끄려는 것이 인지상정(人之常情)인지라 이러한 미신적인 행위는 전국적으로 일반화되어 있으며 도시보다는 농촌에서 더 많이 행해진다. 이 오자들도 당연히 힌두 사원에 들어가는 것이 허용되지 않는다. 그래서 도시에서는 자기가 사는 집의 방 하나를 사원 식으로 차려 놓고 신도들을 부른다. 물론 이런 경우에도 브라만 승려들은 백성들이 천민계급의 오자에게 가는 것을 금하고 있다.

현재는 카스트 제도가 많이 무너지고 있으며 낮은 계급의 사람들도 사원 출입이 점차로 허용 되면서 '오자'의 존재도 줄어들고 있다. 오늘날에 와서는 이 오자들이 딴뜨릭과 같은 역할을 하면서 오자와 딴뜨릭이 거의 혼동되어 같은 말로 쓰이는 경우가 흔하지만 본래는 이와 같이 근원이 달랐다.

인도인과 동물

숭배하는 동물

1994년 9월에 인도 수라트로부터 페스트가 퍼져서 전 세계적으로 소동을 일으킨 적이 있다. 대개 외국인은 철수하고 한국도 일단은 항생제를 공급해 주었고, 교민을 철수시키기 위해 특별기까지 운항시키려고 대비하고 있었다. 이 페스트의 전염원(傳染源)인 쥐는 힌두 신화에서 그 코끼리 신 가네쉬가 타고 다니는 동물이다.

사람들은 가네쉬에 대한 숭배 때문에 방역 목적으로 잡은 쥐를 집에서 수십 미터 떨어진 곳에 풀어주니 그 쥐들이 되돌아와 전염이 계속될 수밖에 없었다. 페스트가 퍼져도 방역효과가 나타나지 않았으니 과학과 신앙은 인간사(人間事)에 제 각각 영향을 미치며 인간을 만족시키는 양대 축(軸)인 듯하다. 거의 모든 힌두 신들은 자신들이 거느리는 동물들이 있다. 시바는 황소와 코브라, 브라마는 백조, 비쉬누는 가루다라고 불리는 독수리, 락시미는 올빼미, 하누만 자신

이 원숭이이고, 가네쉬는 코끼리이며 가네쉬가 타는 동물은 쥐, 개도 포함되고 이러한 신화에 나타나는 모든 동물들은 신성시 된다. 따라서 그 신들에 대한 숭배의 연장으로서 각각의 동물들을 숭배한다. 동물 중 남인도는 황소를 북인도는 암소를 더 숭배하지만 전반적으로 어떤 경우에나 소는 신성시된다. 힌두들에게는 소를 손상시키는 것보다 더 큰 종교적인 죄가 없다. 힌두들은 다람쥐도 신성시여긴다. 라마야나의 주인공 라마가 인도에서 스리랑카로 건너가는 길을 다람쥐가 돌다리를 놔주어 힌두신 라마가 기특하게 여겨서 손으로 쓸어주어 세 줄의 무늬가 생긴 것이라고 믿는다.

수년 전에 한국인 상급자가 다람쥐의 울음소리가 듣기 싫어서 잡아 죽이라는 명령을 내렸다. 이에 인도인 피고용인들이 분노했던 사건이 있었다.

기피하는 동물

그런데 힌두교도들이 질색하는 동물들이 있다. 모든 사람이 꺼리는 동물은 바로 고양이와 까마귀다. 특히 까만 고양이가 그렇다. 오래 전 기숙사에 있던 브라만 친구가 밖에 나가다 말고 들어왔다. 왜 안가냐고 물으니까 "문 밖을 나서는데 까만 고양이가 앞으로 가로질러 가더라." 하고 대답했다. 힌두들은 아침에 나가려고 할 때 고양이가, 특히 까만 고양이가 앞을 지나가면 절대로 나가지 않는다. 그 날 계획한 일이 성취되지 않는다고 생각한다. 그래서 아무리 급해도 최소한 1시간 이상 경과해야만 다시 밖에 나갈 생각을 하게 된다.

현재 사는 델리대 교수 아파트에는 야생의 까만 고양이가 한 마리 산다. 사람들은 길거리의 개들을 위해서는 우유와 빵을 준비해 먹여도 그 고양이를 위해서는 우유 한 방울 남겨두지 않는다.

이에 비해 까마귀에게는 많은 힌두들이 먹이를 준다. 집 문 앞이나 창틀에 까마귀들을 위해서 음식과 토기 물그릇을 놓은 것을 볼 수 있을 것이다. 하지만 이 까마귀들을 숭배해서 주는 것이 아니다. 까마귀는 이생과 황천을 잇는 조류라고 믿기 때문에 주는 것이다. 인도의 가장 큰 축제인 디왈리를 앞두고 힌두들이 불길하게 여기는 2주간의 기간이 있다. 이때 까마귀가 저승과 이승을 오간다고 생각한다. 일종의 죽음과 연결된 새가 까마귀라서 한국처럼 불길한 기운을 전하는 새로 여긴다. 일반적으로 새 한 마리가 앞으로 날아 지나가면 불길한 징조로 여기지만 두 마리가 보이면 괜찮다고 여긴다.

인도인에게 하지 않아야 할 질문

아는 사람을 밖에서 만날 때 "어디 가느냐?", "왜 가느냐?"고 묻는 것은 힌두의 미신으로 볼 때 큰 실례다. 이 질문을 듣는 순간 힌두들은 "오늘 일을 망치겠구나" 하고 생각할 것이다. 시험을 보는 학생들 편에서는 오늘 시험 망쳤군! 사업하는 사람에게는 오늘 사업 잘되긴 틀렸군! 하고 여긴다. 집에서 나가려는데 이런 질문을 받으면 인도인들은 집으로 다시 들어가서 물을 한 컵 마시거나 과자를 먹거나 한 다음 나온다. 일종의 불길한 기운을 중화시키는 의례다.

밖에 나가는 인도인들에게 "어디(where), 왜(why)"를 물으면 안 된다. 그 대신에 구체적으로 학교에 가느냐? 회사에 가느냐? 라고 물어야 한다. 이것을 잘 모르고 학과에서 만나는 교수들에게 자주 "어디 가십니까?" 물었는데 어쩐지 그렇게 유쾌한 표정을 짓지 않았다. 나는 친절과 관심을 보였지만 상대는 거북하게 받아들였다.

인도인과 날짜

인도인들은 한 달을 다르게 계산한다. 한 달을 30일로 계산하여 앞의 15일, 뒤의 15일을 각기 다른 이름으로 부른다. 앞의 15일을 크리쉬나 팍샤(Krishana Paksha), 뒤의 15일을 슈클라 팍샤(Shukla Paksha)라고 하고 크리쉬나 팍샤의 첫날을 파리와(Pariva), 슈클라 팍샤의 둘째날을 두즈(Duz)라고 하는데 이 이틀은 외출하면 안 된다고 믿는다. 그래서 인도인 손님을 초대하는 경우 이 날을 피하는 것이 지혜다. 물론 산업화된 대도시에서는 이러한 날을 무시하는 경우가 더 많지만 알아두면 도움이 된다.

디왈리 이틀 전은 단반트리(Dhanvantri)라는 치료(治療)의 신의 날인데 사람들은 이날에는 철과 관련된 물건을 사야 된다고 믿는다. 그리고 이날 물건을 사면 부자가 된다고 믿는다. 그래서 금전이나 은전, 또는 금 가네샤, 금목걸이를 이날에 산다. 가난한 사람들은 돈이 없어도 최소한 그릇이나 숟가락 한 짝이라도 반드시 새 것을 산다. 따라서 물건을 판매하는 사업자에게는 너무도 중요한 비즈니스 데이에 속한다. 인도인들은 숟가락부터 TV, 냉장고, 컴퓨터, 자동차 등 쇠붙이가 달린 것들을 이 때 장만한다. 특별히 은전을 사면 락시미 여신이 즐거워한다고 해서 이날 은전이나 금전을 사기 때문에 금은보석상이 가장 바쁜 때이기도 하다. 그래서 세일 특매 같은 것을 할 때 은전을 선물로 끼워 주기도 한다.

인도인과 요일

성리학의 음행 오행설과 같이, 인도인에게 각 요일은 특별한 의미를 갖는다. 월요일은 파괴의 신 시바를 섬기는 날이다. 따라서 우리가 사귀는 사람이 시바 숭배자인 경우 월요일은 금식을 하므로 초대를 하지 않는 것이 더 낫다. 화요일은 원숭이 신 하누만의 날이다. 하누만은 물리적인 힘을 상징하는데, 여성들은 힘의 근원으로 샥티(Shakti)를 섬기는 날이다. 화요일은 거의 모든 힌두들이 오후에 사원에 가서 원숭이 신을 섬기는 날이다. 이날은 손톱이나 머리카락도 깍지 않고 면도도 하지 않는다. 그래서 화요일은 인도의 이발소가 문을 닫는다. 목요일에도 손톱이나 머리를 깍거나 면도를 하지는 않지만 회사에 다니는 사람은 잘 지키지 못하므로 100% 지켜지는 것은 아니다. 또한 목요일은 스승 구루의 날인데 신들의 스승을 존경하는 의미로 옷을 빨지 않는 날이다. 이 날은 만일 부인이 옷을 빨면 남편의 돈이 나가게 되고 자매가 옷을 빨면 가족 중의 형제가 돈이 나가기 때문에 절대 옷을 빨지 않고 정 빨아야 할 때는 비누 없이 빤다. 목요일은 보전의 신 비시누의 날이기도 하다. 수요일은 코끼리 상의 신 가네시의 날로서 새로운 것을 사거나 비즈니스를 시작하는 날이다. 그래서 사람들은 이날 물건들을 사고 특히 금을 산다. 일반적으로 무엇을 하든 간에 무리가 없는 날이다. 금요일은 산토시 신의 날로서 시대가 바뀌면서 근대에 영입된 신이다. 이 날은 락시미를 섬기기도 한다. 이 날은 힌두들은 아무 일도 시작하지 않는다. 이 날은 무슬림들이 성스럽게 여기는 날이기도 하다. 크리켓도 금요일에 하면 무슬림 국가인 파키스탄에게 패배하리라고 생각한다. 토요일은 인도인들이 전반적으로 불길하게 생각하는 날이다. 이 날은 샤니 데이라고 하여서 토성(土星)의 신 샤니의 날이다. 이 신은 아주

위험하고 화를 잘 내는 신으로 알려져 있다. 그래서 신이 질투하지 않도록 토요일에는 모든 새것을 피한다. 새 옷도 입지 않는다. 새로운 물건도 사지 않는다. 사업을 시작할 때도 토요일에는 하지 않는다. 이날은 머리 기름도 바르지 않는다. 육식주의자들조차 절제하며 고기를 먹지 않는다. 물론 와인도 마시지 않는다. 계란조차도 먹지 않는다. 전통 힌두를 초대할 때 토요일은 이처럼 별로 좋은 날이 아니다. 그래서 검은색 옷을 입곤 한다. 이날은 철이 들어 있는 제품을 사지 않는데 혹시 냉장고나 차 등을 사더라도 배달을 다음날 해달라는 부탁을 한다. 그렇지만 금을 사기에는 가장 좋은 날로 여긴다. 샤니 신을 즐겁게 해주는 방법이 있는데, 이는 겨자유에 동전을 담그는 것이다. 밖에 나가면 많은 거지 아이들이 스텐레스 통에 노란 메리골드 꽃 장식을 하고 차 밖에서 구걸을 하는 것을 볼 수 있을 것이다. 이 아이들도 스텐레스 통에 샤니 신상과 겨자유를 담아 와서 사람들로 하여금 동전을 집어넣도록 한다. 일요일은 태양신 수리야를 섬기는 날로써, 브라만들에게는 가장 중요한 날이다. 일요일 중에도 우타르 프라데시나 비하르 주에는 차트라고 하여서 4월과 11월에 한 번씩 24시간 내지 36시간 동안 물도 한 모금 안 마시는 금식을 하면서 첫날의 일몰, 둘째 날의 일출을 숭배하는 날들이 있다. 태양 숭배가 잘 드러나는 때다. 인도 사람들은 화, 목, 토요일에는 힌두 종교로 인해 대개 술을 마시지 않는다.

자부심이 강한 인도인

문화에 관한 자부심을 엿볼 수 있는 재미있는 국수 논쟁이 있었
다. 중국의 면과 이태리의 스파게티 중 어느 쪽이 국수의 원조인가
를 둘러싼 논쟁이었다. 누가 국수를 먼저 만들었느냐의 문제가 왜
중요하냐 싶지만 중요하다. 역사를 중시하는 민족에게는 외형의 음
식 문화의 문제가 아니라 내면에 면면히 흐르는 문화에 대한 자부심
을 높일 수 있는 문제라서 중요하다. IMF 2012년 기준 GDP 20,000
불을 넘긴 한국에 비해서 GDP 1,500불을 오가는 인도에서 지내다보
면 사람들을 자유롭게 부릴 수 있을 것 같다. 하지만, 인도에서 제대
로 살아본 사람이라면 곧 인도인들이 자부심이 강하다는 것을 깨닫
게 된다. 한국인들이 인도에 파견 나올 때는 대개 '장(長)'으로 오기
때문에 사람들을 많이 거느리게 된다. 생활 속에서 '비싼 수업료'를
내고 배우는 경우가 많지만 그 중의 하나가 인도 사람은 자부심이
강하다는 사실을 깨닫는 경우가 그렇다.

과거 동남아에서 한국의 기업문화를 연구하게 된 배경을 보면 한
국에서 파견된 한국인 상급자들과 현지 노동자들과의 마찰 때문이
었다. 인도를 시끄럽게 했던 1957년의 '세포이 반란'은 정신문화 측
면에서 보면 인도인의 자부심을 존중하지 않은 영국인의 무지에서
시작되었다고 할 수 있다. 물론 영국 측에서의 호칭이 '반란'이고
인도 측에서는 '제1차 독립운동'으로 명명한다. 우리에게 동학란이
난이 아니라 혁명인 것과 같다. 그 사태의 시작은 총탄을 싸는 기름
종이 문제였다. 그 기름이 쇠기름이나 돼지기름이라서 힌두 사병에

게 모욕이 된 것이다. 쇠기름은 힌두가 성스럽게 여기는 동물의 기름이요 돼지기름은 천민도 만지기 싫어하는 오염물질이다. 그런데 영국 장교들이 인도 사병들에게 실탄을 이런 기름종이에 싸라고 하니까 인도 사병들이 분노한 것이다. 결국 영국 통치자들이 퇴각하는 수치를 겪으며 1년간 전쟁이 계속되었다. 구체적인 사상자 수치는 나타나지 않지만 인도 측의 사상자는 말할 나위가 없고 영국의 희생도 엄청났다. 호미로 막을 일을 불도저로 막는 일이 되었다. 영국이 조금만 인도 문화에 대해 조심스럽게 접근했어도 일어나지 않았을 비극이었다.

델리에서 지내는 한국인은 식생활면에서나, 환경적으로 한국과 현격한 차이가 나기 때문에 이미 예민해 있는 상태이며 일에 대한 스트레스로 인해 현지 직원과 마찰을 일으키기 쉽다. 그러나 막노동을 하는 인도인도, 사이클 릭셔를 끄는 인도인도 희로애락(喜怒哀樂)이 있다. 게다가 외부인이 상상하기 힘든 문화적 자부심이 있다. 그래서 인도인이 겉으로는 잘 순종하지만 그 이면에 개개인의 자부

심, 카스트의 자부심, 직위에 대한 자부심, 직업에 대한 자부심, 국
가에 대한 자부심으로 충만하여 정신적으로는 이국인들에게 쉽게
굽히지 않는다.

자부심 교육

인도는 원래 민주국가가 아니었지만 지금은 세계에서 단일국가
로는 가장 많은 인구가 민주주의 체제하에서 살고 있는 국가다. 그
런데 이러한 민주주의적인 국가에서 이루어지는 국민교육의 내용은
어떤 면에서는 군국주의적으로 느껴질 때가 있다. 인도의 문맹률이
25~35% 정도니까 한국의 제1공화국 때나 제3공화국 때 국기에 대
한 맹세와 국민교육헌장 암송을 강조하여 국민을 유도해 나가야만
했던 시절과 비슷해 보인다. 오랜 세월 영국의 식민 통치를 당하는
서러움을 오히려 인도 지도자들은 인도에 대한 자부심을 키우는 방
향으로 끌어갈 필요가 있었을 것이다.

인도인이 모욕당하는 경우, 특히 상대가 외국인일 때 인도인들의
반응하는 모습을 보면 잘 드러난다. 여러 해 전 열차를 타고 가던 프
랑스 인이 인도인과의 싸움에서 두들겨 맞고 열차 밖으로 던져진 사
건이 있었다. 싸움 중에 프랑스인이 인도인을 모욕한 것으로 알려
졌다. 필자가 네루대에서 델리대로 전임한 지 한 달이 안 되어서 사
다 바자(Sadar Bazar) 앞 복잡한 길을 헤쳐 나가다가 소형 트럭이
내 차를 심하게 긁었다. 늘 하는 식대로 그 사람은 "옆에 스쿠터가
오고 있어서 할 수 없이 내 차와 접촉사고를 내게 되었다"고 자신의
실수가 아니라 했다. 이런 말도 안 되는 변명이 있는가? 그러나 더

중요한 내용은 이 사람과의 언쟁이 아니라 나를 바라보는 주변인들의 냉소적인 시각이었다. 필자가 잘잘못을 말하기도 전에 벌써 구경거리가 났다고 30명이 넘는 사람이 둘러싼 것이다. 순간적으로 나는 "아차, 내가 가난한 인도인을 누르는 또 다른 영국인이 되었구나!" 하고 깨달았다. 누가 잘못했던 간에 인도인은 외국인이 인도땅에서 인도인을 야단치는 것을 좋아하지 않는다.

그래서 필자가 그 운전사에게 눈을 부라릴 때 그들의 자부심이 다시 한 번 상처를 받은 것이다.

인도의 힌두교는 지난 5000년 이상의 역사적 근거를 가지고 있다. 이 오랜 역사 속에서 카레가 인도 음식의 주축을 이루듯이 인도인의 정신적 주축(主軸)은 힌두 신화와 외침에 대한 항쟁의 역사다. 이것이 인도인의 자부심을 키우는 교육의 첫째가는 소재가 된 것은 이상한 일이 아니다. 오히려 25% 이상의 문맹률이 있는 국가에서 일정한 정신적 목표를 유지할 수 있었다는 점은 각 가정이 알아서 교육을 시키는 문화를 갖고 있다는 점에서 인도 정부로서는 참으로 다행한 일이 아닐 수 없을 것이다. 어쨌거나 자녀 교육의 기초는 인도에 대해 자부심을 충전하는 데서 시작된다.

흔히 인도를 방문하는 한국인은 인도인의 국가관이 빈약하다고 한다. 그러나 한국과 같이 열정적인 국가에 비해서 그렇게 보일 뿐이다. 올림픽에 금메달을 못 따다가 지난 2008년 사격에서 올림픽 사상 처음으로 1개를 땄는데, 전국이 엄청난 관심과 사랑을 쏟아 부었다. 이렇게 특출하게 보일 것이 없어서 조용히 있는 것일 뿐이지, 인도인의 애국심이나 국가관이 약한 것이 아니다. 몇 년 전 한국에 갔을 때 인도에 17년 이상 있다가 한국에서는 1년 밖에 안 지낸 딸들이 TV를 안볼 때 절전을 위하여 플러그를 뽑는 것을 보고 내심 깜짝 놀랐다. 한국의 국민 교육은 이렇게 구석구석 생활지침으로서의 교육이 자리 잡고 있다. 그런데 인도 초등학교 교재를 보면 마땅히 있어야 할 이러한 공중 교육이 없다. 인도에서도 빨간 불이 들어오면 건너가서는 안 되고 길에 쓰레기를 버리지 말아야 하고, 말할 때나 운전할 때는 상대에게 먼저 양보를 해야 하고 등등 공중 도덕교육이 절실히 필요해 보인다. 그런데 이런 윤리 공중 도덕 교육은 지극히 일부에 불과하고 대신에 국가적 자부심을 갖게 하는 인물과 신화에 대한 내용이 교과과정에 주로 포함되어 있다. 이런 것을 어떻게 해석할 수 있을까?

많은 한국인이 인도의 과학과 한국의 과학이 어떻게 다른가를 묻곤 한다. 한마디로 답하면 우리는 응용에 강하고, 인도는 기초에 강하다. 컴퓨터 석사과정 한두 학기는 거의 수학만 배운다. 이와 같이 인도의 과학은 기초과학에 집중되어 있다. 인문교육도 요즘 실용적으로 달라지는 분위기이긴 해도 주로 현재까지는 명상과 가치관 교육에 집중되어 있고, 힌두교와 그 가치관에 대한 기초교육이 주축(主軸)을 이루고 있다. 이러한 인도인의 자부심 교육은 어려서는 주로 어머니를 통해서 시작된다. 동서고금(東西古今)을 막론하고 아기를 가진 어머니들의 만족감, 그 태아에 대한 애착은 지극히 본능적이다. 아기들이 태어나기도 전에 좋은 품성으로 잘 교육되기를 바라는 소망도 동일하다. 그래서 인도의 어머니들도 아기들이 태어나기 이전에 태교(胎敎)를 한다. 아기가 태어난 이후에도 아기에게 많은 이야기를 들려준다. 이러한 내용이 마하바라타(Mahabharat)에 기록되어 있는 것도 주목할 만하다.

인도인이 애송(愛誦)하는 마하바라타의 주인공은 알주나(Arjun)인데 그의 아들 '아비마뉴(Abhimanyu)'의 태교(胎敎)에 관한 내용이 나온다. '바라트' 즉 '인도'의 건국 신화에 속하는 이 내용에서 삼국지(三國志)의 적벽대전(大戰)과 흡사한 장면들이 나타난다. 영웅 '알주나'는 일곱 개의 문(門)으로 구성된 '차크라비우(Chakrabyuh)'라는 일종의 불멸의 진법(陣法)을 격파하는 비법(秘法)을 유일하게 알고 있다. 아무도 모르는 이 비밀의 병법을 자신의 아내 '수바드라(Shubhadra)'에게 설명한다. 그 때 그의 아내는 임신 중이었는데, 이 아내의 뱃속에서 그 아들 아비마뉴가 듣고 있었다. 십육 년 후 마하바라타 대전(大戰)이 일어나자 차크라비우로 인하여 적의 공격을 대적할 방법이 없이 전투는 패색(敗色)이 짙어갔다. 이 때 알주나의 아들이 큰 아버지 유디쉬타르(Yudhishthar)에게 나서서 '내가 차크라비우를 격파하겠노라'고 한다. 유디쉬타르는 "이 일은 네 아버지 이외에는 아는 사람이 없는데, 어떻게 네가 싸울 수 있겠느냐?" 하자, "내가 어머니의 뱃속에 있을 때 아버지가 말씀하시는 것을 들었나이다." 한다. 전투에 임한 아비마뉴는 과연 그의 말대로 그 뱃속에서 들었던 7개의 관문 중 6개 관문을 부수며 격파한다. 이러한 내용에서 유추할 수 있듯이 인도인은 태교를 인정하고 중시한다. 그래서 부인들이 임신 중에 힌두교적, 역사적 줄거리를 말하며 복(腹) 중의 자녀를 교육시킨다. 어린 자녀에 대한 부모의 구화(口話) 교육은 현재까지도 효과가 있는 방식으로 여겨진다.

자부심을 주는 신화 속의 신들

힌두교는 잘 알려진 대로 윤회설(輪回說)을 믿는다. 이 윤회(輪回)는 크게 신들의 시대인 사티유가(Satyyuga), 라마의 시대인 트래타(Tretha), 크리쉬나의 시대인 두와파르(Dwapar), 현세인 칼리유가(Kaliyouga)의 4기로 나눈다. 재미있는 점은 기독교에서도 현세(現世)를 말세(末世)라고 말하지만, 힌두교의 윤회에서조차 현세는 칼리유가로서 도덕적으로 타락되고, 온갖 범죄가 범람하는 말세로 여긴다. 시대를 막론하고 당대는 세상이 정상(正常)으로는 안 뵈든지, 아니면 세상이 정상이 아니라고 해야 종교가 유지되는 것이다. 힌두들은 이렇게 칼리유가가 지나면 제1기의 사티유가로 돌아간다고 믿는데, 이 사티유가는 진리(眞理)의 시대로서 하리시 찬드라 왕이 나타난 때다. 이는 인도에서 진리의 왕으로 알려져 있으며 한국으로 치자면 단군환웅이 고조선을 다스리는 시기에 비교될 수 있겠다. 그는 신화 속에서 김해 허씨의 근거지라고 알려져 있는 아요디아의 태양 왕조(Solar dynasty) 왕이었다. 인도 학생을 붙들고 누가 가장 훌륭한 왕이냐 하고 물어보면 신화 속의 왕 중에는 하리시 찬드라가 으뜸을 차지한다. 학생들의 이름에도 하리시라는 이름이 자주 나타난다.

인도 신인(神人) 중 또 한 명의 영웅인 라마(Ram)는 인도의 대서사시 라마야나의 주인공으로서 납치된 부인시타를 찾아오기 위해 마왕 라바나와 싸운다. 이 인물은 아내를 사랑하는 남편, 왕으로서의 언사(言事)를 지키는 명예의 상징으로 되어 있다. 매년 10월 초면 람릴라(Ramlila)라고 하여서 인도 전국 각지에 오색찬란한 등을 켜 놓고 호탕하게 웃음을 웃으며 진행하는 열흘간의 연극제를 볼 수 있다. 이것이 바로 이 라마에 관한 내용을 극화하여 전국 방방곡곡, 동네 구석구석 진행하는 람릴라이다

알주나의 제갈공명 격인 크리슈나(Krishana)는 인도인에게 가장 인기가 있는 신이다. 정신적인 가르침으로는 인간이 마땅히 해야 할

바를 가르친 까르마에 대한 교훈으로 유명하다. 그는 힌두 창세 삼대(三大) 신 중에 보존의 신 비쉬누의 여덟 번째 화신이다. 힌두 신들은 사람과 같은 인신이 많아서 출생지도 분명한데, 크리슈나 신은 델리에서 타지마할 가는 길 중간에 있는 마투라는 곳에서 탄생하였다. 자라나기는 브린다반이라는 곳에서 암소의 젖을 먹으며 목동으로 자라난 것으로 알려져 있다. 이곳은 지금도 청상과부(靑裳寡婦)에서 노년의 과부까지 모든 과부들이 힌두제도 속에서 밀려나와 가는 과부원(寡婦院)으로 잘 알려진 곳이다. 상원 의원인 미모의 영화배우 출신 사바나 아즈미가 과부의 처절한 삶을 그리기 위해 머리를 삭발하고 출연했지만 힌두들의 강력한 반대로 결국은 촬영을 못한 곳이기도 하다. 크리슈나는 다른 한 편으로는 로맨스 신으로서 정신적으로 위로를 얻고 섬세한 사랑을 원하는 여성들이 좋아하는 신이기도하다.

　알주나(Arjuna)는 다섯 형제 중 셋째이기는 해도 마하바라타의 전투에서 크리슈나와 더불어 가장 잘 부각된 영웅이다. 마하바라트 대전은 현재 델리에서 약 100km 떨어진 하리야나주 쿠룩셰트라라는 지역을 배경으로 삼고 있다. 요즘은 마하바라타 보다는 부동산 투기 때문에 서서히 유명해 지는 지역이다. 이 지역의 전사(戰士)들은 크샤트리아나 자트로서 현재 주로 하리야나 주나 펀자압 주의 주민들이다. 역사적으로 알렉산더의 침공까지 있었던 것을 보면 인도의 북서부 지역은 당연히 많은 전투 속에서 전투적 영웅을 발견한 것 같다. 하여간 이들은 지금도 군인들과 같이 전사의 자부심을 중시하는 흐름이 강하다. 비마(Bhima)는 알주나의 형으로서 마하바라트에 나오는 전투에서 판다 족의 선봉장이다. 하누만과 같이 근력(筋力)을 자랑하는 용사로서 인도의 젊은이들이 좋아한다.

역사적 인물들

　인도인이 마음에 품고 있는 역사적 인물들은 인도 인구의 수만큼 넓다. 그렇지만 우리가 역사적으로 을지문덕, 연개소문, 김유신, 최영, 이순신 등을 떠올리듯이 인도인에게 강력한 표상이 되는 걸출한 인물들이 있다. 인도식 교육은 이런 역사적 인물 교육이 먼저다. 그 역사적 인물 중에서 인도인이 자부심을 갖는 가장 상징적인 인물은 아쇼카 대왕이다. 그는 공작왕조(孔雀王朝)로 유명한 찬드라 굽타 모리야의 손자로서 북인도 통일 대제국을 이룬 대왕이다. 몇 년 전에 인도의 대스타 샤루칸의 주연으로 영화로 다시 만들어지기도 했다. 그는 칼링거 전투에서 10만 명 이상을 살상하고 인생에 대한 회의를 느껴 불교로 귀의했다. 무자비한 정복자에서 자비로운 인간애를 느끼게 하는 통치자로 알려져 있다.

　비크람 아디티아는 찬드라 굽타 2세로 알려져 있는 6세기의 왕으로서 인도인에게는 라즈 보즈(Raj Bhoj)라는 이름으로 더 잘 알려져 있는 성군이다. 주로 교육과 구제에 힘쓴 왕으로 알려져 있다. 그의 궁정시인(宮廷詩人)으로는 인도의 문학사상 금자탑을 이룬 칼리다스(Kalidas)가 있다. 그는 당시 인도의 셰익스피어로 불리어지는데 드라마 사쿤탈라(Shakuntala)의 작가로 유명하다. 그는 어려서는 머리가 안 깨어서 어리석은 사람으로 놀림을 받았는데 훗날 큰 학자가 되었다. 프리트비 라지 초한(Prithvi Raj Chauhan)은 앞글에서 소개한 바와같이 AD 12세기의 힌두 왕이다. 그는 전설적인 명궁(名弓)으로서 멀리서 소리를 듣고 그 방향으로 활을 쏘면 명중시켰다는 인도의 주몽이다.

외침(外侵)에 대해 끝까지 항전한 힌두주의자들은 역사의 자랑이다. 오늘날 무굴제국 이후로 많은 무슬림이 생겨나 1억이 넘는 인구가 되었지만, 인도인의 무슬림에 대한 시선은 절대로 곱지가 않다. 또한 대영제국을 거치면서 성장한 기독교인에 대해서도 눈길이 부드럽지 않다. 라나 프라답(Rana Pradap) 왕은 16세기 무굴제국 시대 라자스탄 메와르 왕국의 통치자였다. 그는 동시대에 악바르 대제의 통치를 인정하지 않고 끝까지 무굴제국에 항전한 전투 정신이 있는 왕으로서 힌두교도들로부터 크게 존경을 받는다. 파키스탄과 카시미르 분쟁을 비롯한 인도 내의 종교 갈등이 심화될수록 그의 이름은 더 유명해지고 존경을 받고 있다. 그가 타던 천리마는 치탁(Cheetak)인데 인도의 오토바이 회사 바자지(Bajaj)의 스쿠터의 이름으로 남아있다. 1980년대 말에 필자는 이 150cc짜리 스쿠터를 타고 다녔는데, 구조가 간단하고도 힘이 좋아서 정 급할 때는 네 사람도 타고 다녔으니 치탁의 이름값을 톡톡히 해준 셈이다.

근대에 와서는 찬드라 세카 아자드(Chandra Shekar Azad)는 앞에서 소개했던 인도 독립 당시 열혈당과 온건당 중에 열혈당의 지도자로서 두려움이 없는 투사의 상징이다. 필자는 알라하바드대학교를 방문한 적이 있었다. 알라하바드는 네루 집안의 근거지로서 델리의 네루 기념관과 함께 유지되어 한국의 이화장이나 경교장과 같은 역할을 한 아난드 바완(Anand Bhawan)이 있다. 이 도시 중심지에 동상이 하나있는데 그가 바로 찬드라 세카 아자드이다. 젊은 층에서는 절대적으로 마하트마 간디보다도 인기가 있는 인물이다. 비슷한 흐름을 가진 열혈당 지도자인 바갓 싱(Bhagat Singh)도 인도의 자부심이다. 1925년 인도 내 영국의회를 폭파하고 나서 도주하지 않고 당당히 체포당한 인도의 안중근 의사라고 할 수 있다. 한국의 대학

총장들이 델리대학교를 방문할 때마다, 총장 집무실을 보여주게 된다. 총장집무실이라고 하지만 대영제국 시대 총독관저였기 때문에 겉보기와 다르게 엄청난 규모다. 총장실의 천장 높이는 10m가 넘으니까 약 3층 건물을 단층으로 꾸며 놓은 것이다. 그 안에는 700명이 들어가 회의할 수 있는 회의실도 있고, 인도의 자부심이었던 바갓 싱이 체포된 후 처형될 때까지 1년 간 갇혀있던 방이 있다.

구호

한국인에게 가장 강력하게 영향을 미친 구호는 "하면 된다!"가 아닐까 싶다. 이 구호는 군(軍)에서만 사용했던 것이 아니고 한국 방방곡곡(坊坊曲曲)에 나붙었던 구호다. 배고픈 시절 모든 것이 불가능해 보였을 때 무슨 일이든지 도전하면 될 수 있다는 내용으로 전파되었던 것으로 기억된다. 이와 같이 대영제국의 식민 통치를 겪으면서 인도인의 저항 정신을 강력히 북돋운 몇 개의 구호들이 있다. 인도인은 어려움이 닥치면 이러한 구호를 풀이하곤 한다. 일반적으로 크샤트리아들은 자기가 내뱉은 말을 반드시 지킨다. 그들에게는 자신들의 말에 대한 진실성이 곧 명예이고 이 명예를 가장 중시하기 때문이다. 그들의 가장 일반적인 구호는 "프란 자애 파르 바찬 나 자애"로서 "나는 죽을 수는 있어도 내 말을 거짓으로 바꿀 수는 없다."는 말이다. 대영제국이 인도에 대한 통치의 칼날을 날카롭게 할 때 간디와 같은 온건파뿐만 아니라 무력항쟁을 주장했던 많은 독립투사들이 있었다. 그 독립투사들의 슬로건은 "사르 카타 사카테 해 레킨 사르 우타 사카테 네히해"로서 그 의미는 내 머리는 잘라도 나를 고개 숙이게 할 수는 없다는 것이다. 기본적으로 상무(尚武)적인 시크들의 투쟁도 괄목할 만한데 그 중 18세기에 있던 구루 고빈드 싱의 말도 강렬한 투쟁 정신을 느끼게 한다. 그는 무굴제국의 최대판도를 자랑한 독실한 무슬림 아우랑제브에 대항하여 끝까지 싸운 시크구루다. 부모, 형님들이 무굴제국의 손에 죽었으니 얼마나 무슬림에 대한 저항정신이 강렬했을까? 그의 말이 "엑 엑 파르 사바 아 락 코 차라아 웅가"로서 "나 한사람이 죽으면 나는 12만 5천 명을 죽일 것이다"는 뜻이다. 앞에서 말한 바갓 싱도 시크교도다. 이러한 투쟁적인 구호는 의외로 크샤트리아나 자트를 중심으로 상당히 광범위하게 퍼져 있는 편이다.

인도의 국송, 반데 마타람(vande Mataram)

2000년대 중후반 인도 교육계가 떠들썩했던 두 가지 사건을 들자면, 첫째는 입학정원 할당제 확대 문제고 둘째는 반데 마타람이라는 국가(國歌)를 부르는 문제다. 왜 국가를 부르는 것이 문젠가? 인도에는 한국식으로 치자면 국가가 두 개 있다. 첫째는 한국에 너무나 잘 알려진 아시아의 첫째 노벨문학상 수상자 타고르(Rabindranath Tagore)가 가사(歌詞)를 쓴 "자나 가나 마나(그대는 민중의 마음을 다스리는 자)"라는 애국가다. 이를 공식적으로 국가(國歌: National Anthem)라고 하며 모든 국제 경기에서 연주되는 인도의 공식 국가(國歌)다. 그런데 이에 못지않은 비중을 가진, 어떤 면에서는 더 많은 인도인이 좋아하는 국가(國歌)가 있는데 이

것이 "반데 마타람"(모국(母國)에 경례를!)이다. 이 노래는 영어로 National Song이라고 번역하여서 국송(國頌)이나 국민의 노래라고 번역해야 할 것 같다. 하여간 전자와 조금 다른 지위를 갖는다. 마치 애국가 외에 우리가 모두 부를 수 있는 노래가 '아리랑'인 것과 같다. 단지 아리랑과 다른 점은 이 노래는 민요가 아니라 전투적이고 애국적이다. 실제로는 반데 마타람이 애국가 노릇을 더 많이 한다.

원래 이 노래는 1875년 반킴 찬드라 채터지(Bankim Chandra Chatterjee)가 작곡하여서 1905년 9월 7일에 바라나시에서 열린 전 인도 국민 의회 위원회에서 국가(國歌)로 채택되었다. 공식적으로 1930년대까지는 국가(國歌)로 인정하고 모든 모임에서 불렀다. 그런데 '마타람'이 산스크리트어로 '어머니'인데, 이 어머니라는 용어가 문제가 되었다. 무슬림들은 힌두의 가장 기본적 신앙인 여신 숭배가 이 가사 속에 깃들여 있다고 주장한 것이다. 무슬림 지도자들이 그 가사 내용이 힌두 여신 숭배라고 주장하며 강력히 저항을 하자 국가(國歌)의 위치를 잃게 되었다. 그러다가 1937년 마하트마 간디, 몰라나 아자드, 수바스 찬드라 보스가 참여한 위원회에서 처음 두 소절은 종교적인 내용이 포함되어 있지 않다는 결론을 내려주었다 하지만 무슬림들은 이 곡을 부르기를 지극히 꺼려왔다.

그로부터 70년이 더 지난 2007년, 하원에서는 개회할 때 애국가 "자나 가나 마나"를 부르고 폐회 시에 제 1 야당인 힌두 평민당(B.J.P.) 의원들 중심으로 목에 핏대가 서도록 '반데 마타람'을 불렀다. 여당인 국민의회당에 대한 일종의 애국심 과시였고, 애국심을 근거로 한 정치적 압박이었다.

필자가 사는 델리대학교 교수 아파트 바로 옆에 중고교가 두 개나 있다. 그 덕에 매일 아침 8시에 하는 조회에서 부르는 애국가와 국가 두 곡을 귀 따갑도록 들었다. 적어도 나의 느낌으론 반데 마타람이 곡조로나 내용으로나 더 받아들이기가 쉽다. 참조로, 달라쿠앙에서 산길을 타고 델리대학교 쪽으로 차를 몰고 가자면 중간을 지나서 나타나는 도로의 이름이 반데 마타람 로(路)이다.

어느 나라나 자국에 대한 자부심을 갖고 있다. 인도나 중국 같은 나라는 대국(大國)의 자부심, 그들의 역사와 문화에 대한 자부심을 갖는다. 과거 인도인들의 문명이 최고 수준으로 발전되었을 때, 유럽은 미개하기 그지없었다는 사실은 이들의 자부심을 고취시킨다. 동북아를 볼 때는 자신들의 문화의 일부분인 불교가 이들 국가를 지배했다는 자부심을 갖는다. 한국인이 인도에서 한국의 우월성을 주장하고 인도의 부정적인 면을 들춰내면 인도의 자부심에 상처를 줄 것이다. 인도의 문화에 대한 자부심을 존중해주는 것이 상호간에 지혜롭고 유익한 교류 방식이 될 것이다.

나서기 좋아하는 인도인

수년 전 한국의 모 일간 신문 기사를 보니까 메리어트 호텔 서울 총 지배인의 인터뷰가 실렸다. "한국 사람은 참 유쾌한 것 같은데, 많은 관중 앞에선 한없이 수동적으로 변하더라." 한국인과 인도인은 대중 앞에 설 때 현격한 차이를 보인다. 한국인은 많은 사람들 앞에서 말하는 것이 익숙지 않다. 그래서 사람들 앞에 나서기를 부담스러워한다. 인도 땅에서 지켜보는 한국인은 일본인에 비해서 활달하고 적극적이다. 그런데도 인도인이 한국과 일본에 대한 평가는 나의 생각과 아주 다르다. 한국인이나 일본인이나 둘 다 너무 조용하고 수줍음이 많은 사람들로 여긴다. 한국인들은 언어 장벽을 크게 느낀다. 물론 탱큐를 상큐로 발음해야 하는 일본인과는 비교가 안 되게 영어 실력이 있다. 기본적으로 소수 그룹을 상대하고자 하고, 많은 사람들을 상대로 자신들의 의사 표현을 하지 않는다. 외국인과 한국인이 모여 있으면 한국인이 모인 데로만 간다.

이와 같이 한국인은 무대에 약하다. 이에 비하여 인도인은 지극히 개방적이고 대중적이다. 인도인들은 많은 사람들 앞에서 전혀 부끄럼을 타지 않는다. 부끄럼은커녕 오히려 많은 사람이 있는 상황을 즐긴다. 필자가 아는 인도 교수는 박사과정 때에 미국에 가서 강의를 했다. 그런데 기간도 다 안 채우고 왔다. 왜냐하면 말할 상대가 없어서 재미가 없어서 돌아왔단다. 필자가 아는 한 외교관은 자신의 경험을 말하기를 "한 국제회의에서 모든 내용이 결정된 후에도 회의장에 늦게 들어선 인도외교관은 그 결정을 뒤집는 발언을 하는 것을 봤다"고 했다. 국제회의에 늦게 들어왔으면 얼마나 미안할까? 그런데, 그런 건 차치(且置)하고 이미 결정된 내용도 뒤집고자 했다는 것이다. 이와 같이 자기가 아는 것을 많은 사람들 앞에서 주장하는 데는 어느 나라 국민보다도 앞선다. 한마디로 무대에 강하다. 이로 인하여 인도인은 국제 관계에서 유리한 위치를 차지한다. 더 많은 사람을 휘어잡을 수 있는 사람으로 인정받아서 요직에 앉게 된다. 명상(冥想)의 나라에서 어떻게 거의 모든 사람이 의사표현 문제에 이렇게 적극적으로 나설 수가 있는가? 그 이유는 언어인가, 인종인가, 교육인가?

나서는 교육

인도의 교육은 나서는 교육이다. 조용히 희생하고 성실하게 일하는 분위기보다는 자신이 알고 있는 것을 120%, 200% 나오도록 말하고 표현하도록 한다. 그래서 한 인도인 동료 교수는 한국 학생들은 100을 알면 50을 말하고, 인도 학생은 50을 알면 150을 표현한다고 했다. 좀 창피한 이야기지만 필자는 네루대학교 대학원에 다닐 때 영문과 석사과정에서 첫 학기에 꼴찌를 했다. 수강을 위한 전공영어가 익숙지 않은 탓도 있지만 더 중요한 강의 시간 내내 말없이 얌전히 앉아서 수업을 받은 탓이다. 그런데 인도인 대학원 동기들이 전투적으로 자기의견을 표출하는 모습을 보고나서, "아차, 만일 내가 토론을 벌이지 않으면 또 꼴찌를 하겠구나!" 인도의 수업시간에 얌전히 있어서는 점수를 받을 수 없다는 것을 깨달았다. 1년 후 약간 상황이 달라졌다. 잘 모르는 것은 수업시간에 질문을 하고 교수들과 논쟁을 벌였다. 자연스럽게 나의 평점은 평균을 넘어서게 되었다. 학교에서 논쟁하는 자세를 고무하는 측면이 있기는 하다. 하지만 소크라테스의 문답법을 떠올리더라도, 이렇게 말을 많이 하는 사람이 점수를 더 받는 건 괜찮은 훈련이다. 중요한 점은 전형적으로 '나서는 교육'의 실례(實例)라는 것이다. 말로 '잘난 척' 좀 하는 것이다. 인도에는 전통적으로 샤쉬트라트(Shashtrath)라고 불리는 토론 시간이 있다. 스승이 선문(禪門)을 하면 제자가 다시 질문 형태로 공손히 다른 의견을 제시해보는 논쟁 교육이다. 상대의 논지를 씩씩거리며 감정적이거나 정면으로 받아치는 예의 없는 논쟁이 아니다. 자기 의견을 표출하되 스승이나 상대에 대한 예절은 절대적으로 지킨다. 필자가 수업시간에 질문을 받을 때도 학생들의 자세는 공손하다. 그러면서도 자신들이 궁금한 부분은 반드시 질문을 한다. 여러 사람 앞에서 자신의 존재를 우렁차게 드러낸다.

인도인들은 결혼 지참금 문제로 예나 지금이나 변함없이 딸 낳기를 겁낸다. 필자는 인도인들이 겁내는 이 딸들이 셋이나 있다. 그 중 둘째 딸은 인도 상류층 자녀들과도 큰소리치며 아주 잘 어울렸다. 가만히 그 이유를 분석해보니 셋 중에 가장 잘난 척해서 그렇다. 인도 학교의 체육대회에서 달리기를 하고, 인도 전통 춤의 하나인 바라나티움 댄스에서 손가락을 구부리고 뻗치며 눈알을 돌리고, 모의 유엔에 대표로 나가는 등 빠지지 않고 얼굴을 내밀고 논쟁을 벌였다. 그래서 우수하게 인정을 받았다. 그 덕에 소위 인도의 명문 초중고 델리 퍼블릭 스쿨(Delhi Public School)의 졸업생 진로 기록에 이 딸이 진학한 Y대가 한국의 명문대로 이름을 올렸다. 인도 사회에서는 이런 것이 통한다. 인도 내에서 일본이 투자하는 엄청난 재정에 비해서 일본에 대한 인도인의 평가는 투자대비 1/4 수준에도 못 미친다. 현재 델리대 동아시아과에만 일본이 공여한 시청각실 시설비가 약 3억 원이다. 그러면 델리대학교에서 일본의 위상이 상당해야 할 것 같은데 일본의 위상은 그저 그런 수준이다. 일본인이 언어와 성품 면에서 나서지를 못하기 때문이다. 국제 사회에서 일본의 경제적 기여에 비하여 중요요직을 차지하고 있는 일본인의 자리가 많지 않은 것은 우연이 아니다. 인도인이 중요한 모임의 장을 많이 차지하는 것도 우연이 아니다. 일본은 나서지 않아서 인정을 못 받고 인도는 나서니까 인정을 받는 것이다.

인도인이 이렇듯 잘 나서게 된 데에는 어떤 특별한 교육적 배경이 있는 것인가? 제도적인 것과 전통적인 것을 들자면 바샨과 람릴라다. 인도의 전통적인 웅변대회를 바샨(Bashan)이라고 부른다. 이 바샨은 인도의 가장 큰 국경일인 1월 26일 건국기념일(Republic Day)와 8월 15일 독립기념일(Independence Day)을 중심으로 전국적으로 웅변대회가 실시된다. 초등학교부터 대학교까지 학급대항, 학년대항, 학교대항으로 올라가서 대통령상을 받는 영광이 기다리고 있다. 이 웅변대회의 비중은 한국의 웅변대회 정도가 아니고 대중적이고도 지성적인 전국대회의 성격이 있다. 그러니 웅변대회에 참가하기만 하여도 말하는 훈련, 나서는 훈련이 된다. 이외에도 두 팀으로 나누어 벌이는 논쟁이 있다. 항상 그러하듯이 논쟁은 갖가지 합리적, 불합리한 이론과 이야기가 쏟아져 나온다. 인도인은 누구나 이와 같은 대회를 접하며 말하는 훈련을 한다.

이렇게 인도의 현대화된 웅변대회는 사실 전통적인 종교극 람릴라(Rmalila)와 크리슈나릴라(Krishanlila)의 영향이 컸다. 라마야나의 주인공 람(Ram)을 기리는 축제를 람릴라라고 하고, 마하바라타의 제갈공명 크리슈나(Krishana)를 기리는 축제를 크리슈나릴라라고 부른다. 이 두 릴라는 각기 장편 서사시 라마야나와 마하바라타에 관계된 연극제다. 청년들이 주로 등장하는 이 연극들은 거의 각 동리마다 전국 각지에서 매년 개최된다. 열흘씩 상연하기 때문에 누구나 참여할 수 있으며 많은 사람을 연극을 통해 교육시키는 효과가 있다. 초등학교에서 고등학교 졸업까지 연극을 몇 번씩 해 보면 많은 사람 앞에서 연설할 때 자기 과시 경험을 충분히 할 수 있으며, 관중들의 환호를 받는 순간의 짜릿함에 길이 들어서 대중 앞에 나서서 말하는 것을 조금도 주저하지 않게 된다.

주관식 시험도 한몫을 한다. 요즘 한국은 논술 시험 비중이 증가하여 시끄럽다. 글을 쓰다보면 논술은 전문화된 지식에 논리적 전개, 숙달된 필력이 요구되는 정말 만만치 않은 작업이라는 생각이 든다. 12억 인도인들은 이 주관식 시험이 기본이다. 주관식 답안의 장점은 자기의 논리를 전개하는데 있다. 상반된 주장을 펼칠지라도 논리적 설득력이 있으면 둘 다 인정받을 수 있다. 이것이 인도 학생들의 논쟁 능력을 잘 뒷받침해준다.

인도의 분쟁 조정 방식은 말과 글이라는 사실도 중요하다. 인도는 초대 총리 네루때 발발했던 중국과의 전쟁으로 인해서 중국에 대한 심한 경계심을 가지고 있다. 그래서 중국인들이 인도에 입국하는 비자를 받기가 쉽지가 않다. 교수들도 예외가 아니다. 델리대에 오기로 한 중국인 교수는 비자를 신청한지 1년 10개월 만에 비자를 받았다. 2년 임기의 파견 교수 생활을 비자를 기다리며 보내다가 마지막 2개월 근무를 하게 된 것이다. 당연히 2개월 후 1년간 연장 신청을 하였는데, 다시 오랜 시간이 걸렸다. 자신의 연장 서류가 진행되지 않자 대학 교육을 관장하는 대학위원회에 가서 커피 잔을 집어던지는 등 격렬한 항의를 하였다. 인도 땅에서 살게 되면 이렇게 분통이 터지는 일이 많다. 원인 제공이 공문 발급 지연에 있었으므로 그 위원회는 먼저 정중히 사과해야 했다. 그런데, 정작 날아온 공문은 정반대로 그의 사과를 강경히 요구하는 내용이었다. 사안이 무엇이든지간에 인도인이었으면 그러한 분노를 여러 사람이 지켜보는 데서는 절대로 보이지 않았을 것이다. 왜냐하면 추후에 이렇게 법적으로 궁지에 몰리게 될 것을 잘 알기 때문이다. 그런 경우에 인도인은 말로 한다. 말로 안 되면 공식 편지로 그 내용을 논리적으로 쓰기 시작한다. 그 편지는 근거 서류로 남고 상대는 답장을 해야 하는 도의적, 법적 부담을 안을 것이다. 물론 이렇게 말에서 글로 연결되기 때문에 회의가 길고 결정까지 오래 걸린다.

세상에서 인정받고 싶은 것은 인지상정(人之常情)이다. 하지만, '장(長)'들도 나서기를 좋아한다. 인도에서는 장(長)이 되면 모든 권한을 장악한다. 예를 들자면, 한국의 학과장은 업무를 일정기간 돌아가면서 직급에 관계없이 책임지는 부담과 권한이 별로 없는 직책이다. 이에 비해서, 인도에서는 거의 개개 학생, 교수, 행정, 재정에 이르기까지 결정권을 갖는 권력자의 자리다. 몇 년 전에 인도의 대표적인 사회과학 연구소의 이사장은 네루대 교수였다. 그 이사장이 직원들과 갈등을 일으킨 소식이 신문 톱기사로 나온 적이 있다. 부임한지 얼마 안 되어서 전횡을 부리자 관료들이 반발하고, 이로 인해 법원까지 가게 된 것이다. 이와 같은 '장(長)'의 전권(全權)은 처음 개막식을 하는 데서도 잘 보인다. 개막식에서 개막 테이프를 끊는 사람은 한국의 경우 최소한 서너 명이 된다. 그러나 인도는 최고 권위자 한 사람만이 끊는다. 인도 대학에서 행사를 많이 하다 보니 때로는 이것이 나에게는 고민거리이다. 한국의 주간 행사를 할 경우 가능하면 인도 주빈을 모시는데, 인도 주빈을 초청하면 테이프를 한 사람만 끊으니까 다른 한국 인사들을 모실 수 없게 된다. 한국인 주빈을 초청하면 서너 분을 더 초청할 수 있으니까 괜찮은데, 그렇게 서너 사람이 주빈으로 초청된 것을 알면 인도인 주빈은 오지 않는다. 한국·인도 간의 문화교류가 이러한 문화적 차이로 인해 방법적인 한계를 갖고 있다. 어쩌다 한국계 법인들의 개소식에 가보면 역시 한국인들은 너무도 당연히 서너 사람이 함께 테이프를 끊는다. 하지만 이를 보는 인도인은 어색해 한다.

이와 같이 인도는 리더 중심의 문화이며 그 수장이 모든 권한을 쥐는 문화다. 학과장이 되면 재원을 써서 학과장 담당 과목 국제 세미나를 열고, 총장이 되면 자기 관련 과목의 연구소를 만들고 퇴임 후에 취임한다. 아니면 최소한 다음 보직을 맡을 확실한 성과를 보여준다.

춤과 노래로 나선다

세계에서 할리우드 영화가 크게 힘을 쓰지 못하는 나라를 꼽으면 당연히 인도라고 할 수 있다. 영화진흥위원회에 따르면 한국영화 점유율이 2006년 이후 7년만에 최고치인 82.9%를 기록했다고 한다. 2013년 한국의 최고 흥행기록은 '도둑들'로 1,298만 명, '7번방의 선물'이 1,233만 명이었다.

'볼리우드(Bollywood)'는 인도 영화의 중심도시인 뭄바이의 옛 이름인 봄베이(Bombay)와 미국의 헐리우드(Hollywood)'를 합성한 단어이다. 옥스퍼드 사전에도 등록되어 있다. 인도 영화시장에서는 매년 대략 1,000편의 영화들이 만들어진다. 한국의 몇십 배 정도 되는 제작편수다. 영화 사업의 성장세도 인도의 부상과 더불어 두드러진다. 매주 1억 명의 관객 동원과 전국 1만 3천 개의 극장에서 호황을 누리고 있다.

과거부터 현재에 이르기까지 인도 대중의 오락거리의 주류는 영화다. 그래서 1만 3천 개나 되는 영화관은 불황을 모른다. 게다가 12억 인도인들에게 정서적으로 대리 만족을 주는 문화 중심체 역할을 하고 있다. 이러한 사업 규모를 보고 외국 자본이 대규모 투자하여 멀티플렉스로 급격히 변화하고 있다. 당연히 인도의 신화적인 배우들이 있다. 아미탑 바찬은 현재 70세의 노배우지만, 국민적 성원은 아직도 대단하다. 그는 델리대 키로리말 컬리지에서 물리학을 전공하였지만, 전공과 상관없이 영국의 박물관에 밀랍 인형이 만들어질 정도로 인도영화에서 성공한 국민배우이다. 그의 동료로서 당시 연극을 함께하였던 분을 잘 아는데, 노배우의 짓궂은 학창생활도 학생들에게는 이야깃거리다. 델리대는 그에게 명예 박사학위를 수여했다.

인도에서는 왜 헐리우드 영화가 성공하지 못했는가? 한마디로 답을 하자면 음악이 없기 때문이다. 볼리우드 영화에서는 소위 playback singers라고 불리는 배우들의 입을 대신하는 가수들이 유명하다. 영화 내용이나 연기보다도 노래가 좋으면 그 영화는 히트를 친다. 미스 월드 출신의 세계적으로 아름다운 여배우 아시와리아 라이가 주연한 데브 다스(Devdas), 무글레 아잠(Mughul-e-azam: 무굴의 왕자), 파키자(Pakija: 경건한 자), 움라잔(Umrawjan(사람이름)) 등이 좋은 예다. 관객들은 이런 영화들의 감독은 몰라도 그 영화 노래를 부른 가수와 노래는 안다. Playback 가수로는 단연 인도 국민의 여가수 라따 망게쉬까르(Lata Mangeskar)다.

1950년대부터 1980년대 후반까지 69년 동안이나 5만 곡이 넘는 노래를 불렀다. 83세의 노령이지만 아직도 노래를 부른다. 인도에서는 한국의 태극 훈장에 해당되는 바라트 라트나 훈장까지 수여되었을 정도다. 이와 같이 유명한 영화 음악 가수로는 모하메드 파피(Mohamed Paphi), 무케시(Mukesh), 키쇼르 쿠마르(Kishore Kumar), 우디드 나라얀(Udid Narayan) 등이 있다. 인도인은 음악이 없으면 낙이 없다고 생각한다. 그래서 노래가 없는 영화는 성공하기 어렵다.

왜 그럴까? 그 이유는 인도의 문화가 철저히 노래와 함께 해온데 있다. 대중가요와 힌두전은 세속(世俗)과 비세속의 대양(大洋)을 건너야 할 만큼 차이가 있어 보인다. 그러나 실상 힌두들에게는 종이 한 장 차이에 불과하다. 어정쩡한 운율의 대중가요보다는 경전에 나타나는 운율을 선호할 만큼 그 차이가 없다. 힌두의 모든 경전은 산스크리트어로 기록되어왔고 이를 낭송하는 데는 일정한 리듬이 딸린다. 시에서 2연시나 4연시와 같이 나누는데, 2연시 형태로 된 산스크리트 경전은 슬로카(Sloka)라고 한다. 이를 낭송할 때는 일정한 운율을 따른다. 힌디로 된 2연시 형태는 도하(Doha)라고 한다, 4연시 형태는 초파이(Chopai)라고 하고 각기 다른 운율을 따라서 낭송(朗誦)을 한다. 아기가 태어나면 이러한 경전 노래로 최소한 다섯 곡의 노래를 부르고, 한 해에 수많은 힌두 행사들은 노래로 이어진다.

이처럼 태어날 때부터 장례를 치를 때까지 모든 것이 노래로 되어 있으니 노래가 없는 것은 낙(樂)이 없다고 여기는 것이 당연하다. 큰 축제도 항상 노래로 경을 낭송하게 되어 있다. 람릴라, 크리슈나 릴라, 하리시 찬드라 나탁 등등의 힌두 축제는 한 주일에서 수 주일까지도 걸린다.

따라서 인도인의 뇌리에 이러한 운율이 배어들게 되어 있다. 이와 같이 노래와 춤이 함께하는 문화로 자의식이 극복된다.

상대의 입장을 고려하지 않는 화법

인도인은 자기 의견을 분명히 밝힌다. 먹을 것, 마실 것을 권하면 겸양지덕(謙讓之德)을 보이며 "괜찮다"고 말한다. 체면을 유지하는 이러한 부분은 상당히 아시아적이다. 하지만 논쟁이 시작되면 양보가 없다. 일단은 상대에게 말할 시간을 잘 주지 않는다.

인도인은 농담도 사실화시키는 화법을 가지고 있다. 농담을 반복하면 사실이 되고, 사실이라고 인정된 후에는 문서화 될 수가 있다. 상대가 우리의 잘못을 농담처럼 이야기할 때에도, 사실이 아닌 경우에는 정확히 그 잘못된 내용을 부정할 필요가 있다. 잘못된 내용도 논리적으로 굳어져 사실처럼 인정될 수 있기 때문이다. 오래 전 네루대 박사과정에 있던 인도 친구가 이런 말을 했다. "인도인이 말을 잘하는데 그 중 지성인인 네루대학교 학생들은 얼마나 말을 잘하겠냐? 이 학생들은 사람을 죽이고 나서도 논리적으로 정당화할 수 있다"고 했다.

수년 전 잘 아는 한국인이 집주인이 보증금을 돌려주지 않으니 도와달라는 요청을 해왔다. 인도에서 오래 산 필자가 해결사로 출동했다. 그 주인을 만나서 왜 보증금을 안돌려 주냐고 물었다. 주인은 지난 3년간 사용한 집이 너무 손상이 많이 되어서 수리비로 써야되니까 돌려줄 수 없다는 것이었다. 그러나 그것은 인위적인 파손이아니고 자연적인 훼손이었다. 집주인은 인도의 최고 부자동네의 거부에다 건축업자였다. 보증금을 순순히 내놓을 것 같지는 않았다. 필자는 두 가지 단계를 거쳐서 보증금을 모두 돌려받게 했다.

첫째는 그 집주인의 잘못만을 나열하였다. 그 집주인은 다음 세입자를 받는 시간을 줄이기 위하여 목욕실 하나를 이미 폐쇄하고 수리 중에 있었다. 이것은 분명 계약위반임을 명시하고 아무리 세입자가 동의를 했어도 불편함을 일으킨 문제에 대해서는 환불해야 한다고 했다. 금액은 보증금보다 더 많은 금액을 요구했다. 어차피 논리적으로 끼워 맞추기 위한 생떼였으므로 집주인이 동의할 리가 없었다. 둘째로, 필자는 세입자의 요청을 받고 조사하는 입장에서, 필자 방식대로의 해결책을 택하겠다고 선언했다.

여러분은 이게 무슨 의미인지 아는가? 집주인이 한 달에 수백만원씩 하는 그 비싼 월세 임대료를 받지만 인도 정부에 세금을 정직하게 냈을 리가 없었다. 필자의 인도 경험과 영향력을 통해서 "당신은 세무서에서 모두 세금에 관해 들볶일 각오를 하라"는 힌트를 준 것이다. 인도 세무 공무원들은 무서운 사람들이다. 일단 이렇게 되면 최소한 보증금의 몇 배는 날아갈 각오를 해야 한다. 그 주인으로부터 답변을 얻는 데는 단지 3분 걸렸다. "그래, 보증금 돌려 드릴 테니 당신들 문제 일으키지 말고 조용히 나가만 주시오!"

불합리한 생떼를 쓰는 인도인은 반드시 있다. 이럴 때는 이들의 말을 들으면 안 된다. 귀를 꽉 틀어막고 내가 우위(優位)에 있는 경우는 법과 규정만을 반복해서 이야기해야 하고, 대등한 경우는 상대의 약점만을 반복해서 말하여야 한다. 자신의 잘못을 하나라도 인정시키도록 해야 나의 약점을 보완할 수 있다. 흔히 한국인은 인도인에 대하여 말할 때, 인도인이 절대로 자기 잘못을 인정하지 않는다고 말한다. 한마디로, 잘한 것은 내가 한 것이고, 잘못한 것은 네가 한 것이라고 생각한다. 그래서 작은 잘못이라도 인정하게 하는 것이 중요하다. 이런 논리에서 이기고자 하면, 아무 말도 듣지 말고, 상대의 잘못을 인정하도록 하는 데만 집중해야 한다.

겸손이 중요하지 않다

한국인은 유교윤리 덕에 겸양지덕(謙讓之德)이 몸에 배어있다. 인도인에게도 겸손은 덕목에 들어가지만 실생활에서는 거의 나타나지 않는 덕목이다. 인도인은 자신이 책임지고 있는 일의 결과가 좋으면 자신의 공으로 드러낸다. 결과가 나쁘면 자신의 실책을 인정하기보다는 정당화할 수 있는 논리적 근거를 신속히 갖춘다. 자기 스스로를 낮추기보다는 자신의 잘못은 정당화하고, 조금이라도 잘한 것은 잘 아는 척, 잘 하는 척하는 것이 유리하다는 것을 잘 알기 때문이다. 물론, 성숙한 사람들은 인도에서도 겸손하다.

그래서 우리가 한국에서 "익은 벼가 고개 숙인다"고 말하듯이, 인도 사람도 "망고 열매가 많이 열린 나뭇가지가 쳐진다"고 말한다. 또한 "사람은 망고나무에 돌을 던지지만, 돌을 맞을 때 망고나무는 망고 열매를 준다"고도 한다.

그러면 왜 인도인은 겸손하지 않은가? 이유를 몇 가지로 찾을 수 있지만, 인도인의 의식과 사고에서 찾자면, 인도인은 자신의 분야에서만큼은 모든 사람이 자기의 방식에 따라야 한다고 생각한다. 한국인이 인도 땅에서 착각을 일으키는 경우가 이 부분이다.

한국인은 인도인이 지위 상으로 낮으면 순종하리라고 생각한다. 그런 경우는 상점 직원과 같이 돈으로 거래하는 경우뿐이다. 공기업, 은행, 정부는 아무리 직위가 낮아도 상대를 자신의 방식에 따라오도록 한다. 그들은 "당신이 당신 회사에서는 사장이어도 이 사무실에서는 내가 책임자다"라고 생각한다. 그래서 서비스가 엉망이다. 전화사업, 국영 은행, 국영 호텔 등은 민영화되기 전 단계라서 직원들은 고객을 잘 모셔야 한다는 사실을 제대로 인식하지 못하고 있다. 직원들은 스스로를 권한을 가지고 있는 공무원이라고 생각한다. 호텔이나 은행에 가서 푸대접 받은 고객은 다른 민간 호텔이나 은행으로 옮길 것이다. 그래도, 개의치 않는다. 무한 경쟁으로 들어서서 자신이 도태될 수 있다는 것을 깨닫기 전까지는 인도의 이러한 관행이 바뀌길 기대하기란 어렵다.

인도인의 시간 '내일 오세요'

한국학 세미나가 끝났다. 한국에서 오신 손님들이 묵던 대학 게스트 하우스 정산을 하려고 먼저 지불을 하려고 했는데 매니저가 없으니 내일오라고 한다. 그 다음날 일찍 다시 가서 정산을 하려고 하니 매니저가 나오려면 10시까지 기다려야 한다고 했다. 10시 넘어서까지 기다렸다. 왜 매니저가 안 나오냐고 하니까 그러면 내일 와서 정산을 하라고 했다. 인도인의 "깔 아이에."(내일 오세요), 내일 합시다, 다음에 합시다……라는 답은 편안한 답이다. 이런 인도인의 "내일…"을 마냥 기다리다보면 3~4년의 인도 파견 임기가 끝날 수도 있다. 인도인의 시간은 두 가지 흐름을 갖는다. 사람은 느리고 시간은 빠르다. 일을 담당하는 사람이 여유를 즐기는 시간이다. 반면에 일의 처리를 기다리는 사람은 정신적으로 육체적으로 지친다. 인도에서 살다보니 이런 문화에 적절한 항체가 생기고 도(道)가 닦여서 '내일', '다음에'라는 말을 들을 때 철석같이 믿지 않는다. 그 '내일'이 다시 '내일'이 되더라도 화를 내지 않는다. 다른 시간이 흘러가는 인도라는 사회를 이해하게 된 것이다. 어떤 한국 굴지의 그룹 회장이 해마다 인도에 오면서 이 사실을 터득한 것 같다. 그래서 직원들에게 인도는 한국같이 계산대로 시간대로 되는 곳이 아닌 것 같으니 조금 여유를 갖고 하라는 부드러운 방향이 후문으로 들린다.

현재 델리에 사는 한국인은 공식 인구가 3,700명. 유동인구 포함하면 그 두 배까지도 헤아릴 수 있다. 한국 사람은 여기에서도 가장 부지런하여서 일을 내일로 미루는 법이 없다. 일이 시간 내에 끝나도록 일에 전심전력한다. 초과 수당이 나오건 말건 기나긴 업무 시간은 세계에서도 선두다. 한국은 6단 기아의 작은 톱니같이 팽팽 돌아가서 한국계 회사나 대사관의 업무도 한국 본사에 맞추어져 있다. 인도에서도 최신 자동차 수준으로 달려야 하므로 쉬는 시간을 주어도 쉴 줄을 모른다. 생활 구석구석 일에 젖어들어 있다. 시간에 압박당한다. 이에 비하여 같은 24시간이라지만 인도의 시간은 어떠한가? 인도는 0.1단 기아의 속도다. 우마차가 찌그덕거리며 굴러가듯이 돌아간다. 델리대가 있는 올드델리에서 뉴델리를 다녀올 때마다 실감하는 것은 무시무종(無始無終), 유유자적(悠悠自適)이다. 뉴델리에서 올드 델리로 오려면 지름길은 사다 바자 길이다. 아무리 막혀도 라지 가트를 거쳐서 외곽도로를 타고 오는 것보다는 15분쯤 빠르기 때문이다. 그런데, 정작 이 길을 통과할 때는 변함없이 앞을 가로 막는 장애물이 있다. 우마차들, 소들이 끄는 우차 두세 대가 항상 내 가는 길을 막는다. 낡은 타이어를 실은 우차, 짐 더미를 실은 마차, 어기적어기적 찌그덕찌그덕. 게다가 릭샤도 가는 구석마다 차량과 섞여있다. 현대 자동차의 속도계가 200km까지 달리게 되어 있어도 20km의 속도로 가야 한다. 우차 뒤에서 자동차를 같은 속도로 몰고 가려니 얼마나 속이 터질 일인가! 이것이 한국인의 급한 마음과 인도인의 흐르는 대로 가는 시간차다. 한국인은 일에서 200km의 최고의 속도감을 유지해야 한다. 동시에 이 천천히 돌아가는 인도 시간에 적응해야 한다. 시간에 대한 상반된 요구 사이에 부대낀다.

오래 전 인도에서 근무하던 일본 회사의 한 이사가 도쿄에 있는 아들에게 보낸 편지가 타임즈 오브 인디아에 실린 적이 있다. "인도는 왜 이렇게 천천히 가는지, 반면에 우리는 왜 이렇게 쫓기면서 사는지, 아들아 여기 다른 여유 있는 세상을 발견했다!" 인도인은 더 많은 시간을 가지고 있는 것 같다. 한국 시간처럼 빠르게 흘러가면 좋으련만, 또 한편으로는 산업화가 덜 진행되어서인가?

어제와 내일

순수 한국어에 어제와 오늘은 있는데 '내일'이라는 말이 없다. 내일은 한자어 來日에서 유래된 것으로 의미대로라면 '올 날'이다. 격동의 나날 때문이었는지 불안정한 오늘의 삶 때문이었는지 한국인에게는 '올 날'이 없었다. 자세히 보면 유럽도 전쟁에서 전쟁으로 점철된 지역으로서 한국은 이에 비하면 전쟁이 적은 지역이었다. 그러니까 한국은 전쟁 때문이라기보다는 정신적인 피해 의식 때문이 아니었을까싶다. 한국이 하루의 안녕을 보장할 수 없다는 사고는 '올 날'이 없도록 만든 게 아닌가. 오랜 역사에서 굶주림을 견디며 지낸 대가일 수도 있다.

이에 비해 힌디어에는 '내일'이라는 용어는 있다. 그런데 의미하는 시간대가 두 개다. 힌디어로 "깔 도 브라까르 호때해!"('깔'에는 두 가지 종류가 있다)라는 말이 있다. 힌디어로 어제는 "깔"이고 내일도 "깔"이다. 그래서 깔은 '어제'로 해석이 될 수 있고 '내일'로 해석도 된다. 그래서 상대와 힌디어로 말할 때는 문맥을 따라서 어제를 말하는지 내일을 말하는지 판단해야 한다. 그런데 어제와 내일이라는 어휘가 같다는 것을 어떻게 이해해야 하는가? 그 '내일'은 '어제'와 다름이 없다. '어제'가 오늘이 되고 오늘은 '내일'이 되고, '내일'은 곧 어제다. 선문답(禪問答)이다. 이를 산스크리트어로

'깔−차크라' 시간의 법륜(法輪)이라고 한다. 직선적이고 상승적인 역사관이 아니라 둥글둥글 원을 그리는 윤회적 역사관이다.

힌두철학에서는 온 세상의 시간을 네 가지 기간으로 나눈다. 그 기간은 유가(yuga)라고 부른다. 한 유가는 1,000 신년(神年: divine year)이다. 1 신년은 432,000년이다. 가장 먼저 있던 기간인 사티유가(Satya Yuga)는 4,000 신년으로서 432,000×4,000년 즉, 17억 2천 8백만 년이다. 두 번째는 뜨레따 유가(Tretta Yuga)로서 이는 3,000 신년, 즉 432,000×3,000, 12억 9천 6백만 년이다. 그 다음이 두와파라 유가(Dwapara Yuga)로 2,000 신년이다. 432,000×2,000년, 8억 6천 4백만 년이다. 마지막이 말세인 깔리 유가(Kali Yuga)는 1,000 신년, 즉 432,000×1,000인 4억 3천 2백만 년이다.

가장 처음 시대인 사티 유가는 인도인들이 중국의 요순(堯舜) 시대나 한국의 환웅(桓雄) 시대와 같이 여기는 시대다. 신화 중에 신화적인 시대로서 명군(名君) 하리시 찬드라(Harish Chandra) 왕이 다스리던 시기다. 그 다음 시대인 뜨레따 유가는 인도의 대서사시 라마야나(Ramayana)가 기술하는 시대로서 인도의 추앙받는 인신 라마(Rama)와 그의 정절 부인 시타(Sita)의 시대다. 그 로맨스, 재회와 비극적 종말은 가슴을 애절하게 하며 악을 물리쳐서 통쾌하게도 하는 시대다. 두와파라 유가는 마하바라타로 알려진 시대로서 마하바라타는 18일 간의 전투를 그린 서사시다. 마하바라타는 베다 비아스(Veda Vyas)가 낭송하고 가네시 신이 집필했다고 알려져 있는 인도의 대 서사시다. 18명의 주인공의 이름을 따서 각 장을 기술한 힌두의 경전으로서 그 역할은 삼국지와 같이 재미와 지혜, 철학을 공급하고 신앙도 불어넣는다. 알주나와 크리슈나 신이 주인공이다. 마지막 시대는 깔리 유가로서 '깔리끼'라는 신이 등장하는 시대다. 현대는 힌두의 이런 시간개념으로 보면 그 시대 안에 3500년 정도가 경과한 시점을 살고 있는 말세(末世)로서 시대 흐름으로는 인간사가 가장 혼탁한 때다.

요즘은 정통 힌두가 보기에는 정말 말세지말(末世之末)이다. 위아래가 없다. 성도덕이 타락하고 살인, 강도, 강간이 난무한다. 수년 전 인도는 델리에서 일어난 수십 명의 어린이 살해 사건으로 떠들썩했다. 델리에 붙어있는 위성도시 노이다는 한국의 삼성, LG와 같은 기업들 공장이 있는 지역이다. 이 중 한 지역 시궁창에서 수년간 너무 악취가 나서 경찰이 조사를 했다. 그랬더니 미성년 아이들의 뼈가 포대에 담긴 채 발견되었다. 대개의 사체는 이미 부패하였다. 범인은 집 주인, 인도 13,000개의 인도 대학 중에 1위인 세인트 스테판 대학 출신의 수재, 사업가로서 경비원과 더불어 수십 명의 십대 여아들을 성폭행하고 살해한 후 그 사체를 조각을 내어 포대에 담아 시궁창에 버린 것으로 알려졌다. 인근 동네에서 자녀가 행방불명되어 가슴 태우던 부모들의 절망과 분노가 어떠했겠는가? 이어서 1995년 2월 고등법원에서 살인 사건에 대한 판결을 내렸다. 국민의회당 델리지구당 간부가 부인의 부정을 목격하고 현장에서 권총으로 살해한 사건으로 그 시신을 조각조각 내어서 자기가 운영하던 식당 화덕(탄두르)에서 태워 증거를 인멸하고 있던 중 새벽 2시에 불길을 수상히 여긴 경찰에게 적발되어 체포된 사건이다. 그 때 인도 전역에 충격을 주었다. 살인은 일어나지만, 그 부인의 사체를 조각내어 화덕에 구웠다는 사실! 얼마나 충격이 컸는지, 델리에서 탄두르 치킨 매상이 3개월 동안 30% 이하로 추락했다. 탄두르 치킨을 먹으려면 그 여인의 조각난 사체가 연상되었던 것이다. 필자도 탄두르 치킨을 한동안 먹지 못했다. 이와 같은 극한 사건들이 계속 터지니, 이 시대를 말세라고 할 만하다.

힌두교에서는 말세가 되면 최후의 심판자인 깔리끼 신(神)이 나타난다고 믿는다. 깔리끼는 힌두의 비시누 신의 열 번째 화신이다. 그 아홉 번째 화신이 부처님이고, 여덟 번째가 크리슈나, 일곱 번째가 라마, …… 깔리끼 신은 백마를 타고 심판의 칼을 들고 있는 심판주(審判主)다. 이 마상신인(馬上神人) 깔리끼가 나타나면 모든 악한 자를 제하고, 세상을 심판한다. 그러면 그 다음은 어떻게 되는가? 가장 먼저 시작되었던 사티 유가로 돌아간다. 윤회(輪回)다. 그래서 인도의 시간은 내일과 어제가 수레바퀴 굴러가듯 계속 돌아가도록 연결되어 있다.

일할 시간

한국의 한 자동차 회사 생산직 직원 노조가 야간 조업을 반대하였다. 주문이 밀려도 무리해서 돈 벌고 싶지 않다는 메시지가 부분적으로 담긴 것 같다. 한국은 그래도 먹고 살만하다. 그래서 그런 결정을 내릴 수 있었을 것이다. 그런데 인도인은 배고프면서도 돈을 더 벌고 싶어 하지 않는다. 인도인들은 규정된 시간 외에는 일하고 싶어 하지 않는다. 그래서 릭샤나 오토릭샤 운전사들도 움직여서 한 푼이라도 더 벌어야 하는데 어떤 때에는 움직이지 않는다.

마하바라타에 보면 전투 시간이 일출(日出)에서 일몰(日沒)까지로 정해져 있다. 드로나 차리아 편에서 알주나가 어떻게 그 아들 아비만유의 원수를 복수하는가가 나온다. 11일째 전투에서 알주나의 아들 아비만유가 적장 자이드라트에게 죽임을 당한다. 아들의 죽음을 본 알주나는 "내일 해질 때까지 내가 내 아들의 원수를 죽이겠다, 그렇지 못하면 내가 분신(焚身)하여 죽으리라" 맹세한다. 이를 안 적장 자이드라트는 그 다음 날 전장에 나타나지 않는 계략을 쓴다. 자신이 알주나를 상대할 능력이 안 된다는 것을 잘 알았다. 그래서 하루만 잘 숨어있으면 알주나가 자기 스스로 약속한대로 자결할 것이기 때문이다. 이를 본 알주나의 친구요 모사(謀士)인 크리슈나가 걱정이 되었다. 해만 떨어지면 그 약속대로 알주나는 자결해야 하고 전쟁은 패배로 끝날 것이기 때문이다. 그래서 태양신 수리야에게 잠시만 사라져주라고 요청한다. 태양이 사라지자 천지가 밤과 같이 캄캄해졌다. 자이드라트는 자신이 성공했다고 생각하고 나타나서는, "알주나! 자, 네 시간은 지나갔다. 이제는 네가 선언한대로 분사(焚死)해라!" 그 때 태양이 다시 하늘 높이 나타난다. 알주나는 "아직 일몰(日沒)이 안 되었다" 하며 그를 처치한다. 지금도 인도의 힌두 식자(識者)들조차 이 사건을 역사적 사실로 믿는다. 이 태양이 사라지는 현상, 즉 일식(日蝕)이 마하바라타에 기록되었다고 주장한다. 이 전투의 시간은 몇 시부터 몇 시인가? 대충 오늘로 계산하면 오전 6시에서 오후 6시까지다. 그 전과 그 후는 전투시간이 아

니어서 미 서부활극에서 시간을 재서 결투하듯이, 인도에서도 전투에서조차 일정시간에만 싸우는 낭만이 있었다.

인도에 온 한국인들은 인도가 바빠지니까 더 바빠진다. 정부든지 기업이든지 개인 사업이든지, 대개 특별한 사명을 가지고 온 사람들이 대부분이다. 이 사람들은 현지인 인도인을 고용해서 어떤 성과를 창출해 내야만 한다. 사정이 이러하니 나의 생산성은 인도인들의 영향을 직접적으로 받고 있다. 그러나 피고용인들은 우리가 기대한 대로 일을 하지 않는다. 시간을 지키지 않는 경우가 빈발한다. 일의 흐름을 깨는 일도 다반사(茶飯事)다. 내가 노력해도 나아질 것이 없으니 속이 터진다.

한국은 급속한 산업화 덕택에 단기적 생산성이 높아야 한다는 것을 잘 알고, 지난 40년 간 시간에 관해서 철저히 재교육되었다. 그리고 혹독하게 일에 몰두하여 왔다.

시간은 돈이다! 시간엄수! 철저히! 외적 내적으로 이러한 산업화 틀 속에서 들볶였다. 이제 문화대국을 꿈꾸는 순간, 자유 시간을 주면 무엇으로 자신을 성장시켜야 할지 골몰한다. 지하철 안에 잠시 앉아서도 뭘 해야 한다. 빨리 빨리의 한국인들, 세월아, 네월아 무심한 인도인들, 어떻게 협력할 수 있을까? 그래서 이렇게도 한국인은 인도인과 시간을 맞추기 어려운가? 인도인을 한국인의 시간에 맞추는 방법은 단 하나다. 회사의 문화를 독립적으로 형성하는 것이다. 일단 출근하면 그 회사의 문화에 젖어들게 함으로써 인도 대륙 안에서 새로운 문화의 섬을 건설하는 것이다. 인도의 문화에 대한 이해는 필수적이지만 이러한 고유한 직장의 문화(work culture)를 형성하는 것이 생산성 향상의 관건인 것도 기억해야 한다.

공적인 시간, 공사적인 시간

인도인의 시간 개념은 상당히 다른 문화적 차이가 있다. 한국인은 공과 사를 철저히 구분한다. 유교의 영향도 있다. "매우 공평하고 사사로움이 없다."라는 뜻의 대공무사(大公無私). 공사(公私)를 구분하는 관료는 청렴한 공무원이며 회사원도 예외가 아니다. 오죽하면 대기업에서 개인의 사생활(私生活) 문란여부가 인사고과(人事考課)의 한 부분이 될까. 그래서 한국에서 인도에 공무(公務)로 오는 사람들은 공무만 보고 돌아가야 한다. 타지마할이라도 보고 가려면 조바심이 난다. 공금과 출장 시간을 개인을 위해 쓴다고 인터넷에라도 오를까 조심스럽고 개인도 부담감에 시달린다. 하지만 필자가 보기에는 공사 구분이 너무 지나쳐 비생산적면이 있다. 사람들이 일의 즐거움을 모르고 불필요할 정도로 청빈하게 보이도록 하는 데 얽매인다. 하지만 생산성도 결국 인간의 몫이다. 인간이 제 때에 쉬고 적절한 교육이 뒷받침되어야 생산성이 높아진다. 먼 땅 인도까지 귀한 시간, 비싼 돈을 들여서 왔는데 인도 문화를 보고 가는 것이 마땅한 것 아닐까 생각된다. 그러면 사고 전환의 기회도 된다.

따라서 더 생산성이 높아질 것이다. 인도 체류 기간을 하루 더 주고 돌아보게 하면, 일석이조(一石二鳥)의 효과가 있을 것이다. 그래서 회사들은 억대의 금액을 마음껏 그 지역에서 써보라고 하여 지역 전문가를 만들고자 하는 것이 아닌가. 하지만 아쉽게도 한국인의 생산성은 공(公)에 묶여 있다.

이에 비해 인도인의 시간은 공사(公私)의 시간으로 나타난다. 공적인 시간과 사적인 시간의 구분이 적다. 하루는 교수 회의가 있었다. 한창 토론이 무르익는 중이었다. 한 교수가 벌떡 일어나서 자녀가 학교에서 돌아오는 시간이라서 마중 나가야 한다고 공개적으로 말하고 나갔다. 다른 교수들도 모든 부드럽게 이해를 하는 분위기였다. 이런 일이 그 교수의 경우만이 아니다. 인도에서는 충분히 납득되는 이야기요 전혀 이상한 일이 아니다. 그런데 한국인은 이러한 인도인 직원의 사적(私的) 행태를 도저히 용납할 수 없다. 한국인 경영자는 분노를 터트릴 것이다. 인도 직원이 부인이 아프다, 아이들이 시험이라며 먼저 가겠다고 하는 일이 서너 번 반복된다면 해고할 것이다. 공과 사를 구분하지 못하는 태도로 간주하기 때문이다. 요즘은 인도도 사기업이 급증하고 경쟁도 심해져서 이런 불투명한 시간관념에 대한 통제도 심해지고 있다. 그러나 전반적으로는 아직도 이런 공사의 구분이 명확하지 못한 분위기가 있다. 그 이유는 무엇인가? 이러한 행태는 기본적으로 대가족 제도에서 기인된다. 회사는 회사일 만을 공적인 일로 여기지만 집안일도 개인의 이익을 위한 일이 아니다. 조카의 결혼 문제, 조카딸의 혼수 문제, 오촌의 자녀 교육 문제 등 개인이 보살펴야 하는 식솔(食率)이 너무 많아서 자신의 일에만 집중할 수가 없는 것이다. 이 모든 일이 남을 위한 일이어서 사적인 것이 아닌 공사적인 일이다.

요즈음 인도도 시간이 돈이라는 사실을 깊이 인식해 나가고 있다. 일반 택시는 모두 동네에서 부르는 콜 택시로서 과거에는 볼일 다보고 기다리게 해도 대기 요금을 지불하지 않았다. 얼마 전까지는 택시 대기료가 전혀 없었다. 항상 한국에서 온 손님들이 택시를 타고 나가면서 대기료는 얼마씩 계산해야 하느냐고 물었다. 대기 요금이 없다고 하면 의아해 했다. 그 당시까지 시간은 돈이 아니었다. 그러나 이제는 한 시간을 초과하면 50루피(약 1,000원)를 받는다. 델리에서 택시를 8시간 대절하면 대충 조그만 택시는 1,000루피

(약 20,000원)이고 대기료에 초과 요금도 부과되고 있다. 델리에서 주차비를 받기 시작한 게 10년 전, 시간에 따라 할증하는 것은 2005년도부터다. 그 이전에는 아무 곳이나 차를 주차해도 주차비라는 것이 없었다. 그러나 이제는 현대 자동차의 맹활약 덕택에 델리에 차가 넘쳐난다. 자연히 주차문제가 제기되고 있고 1시간에 10루피(200원), 4시간에 그 두 배. 이러한 산업적 시간 개념은 더 심화 확산될 것이고 시간에 대한 감각이 점차 한국과 마찬가지로 비슷해져가고 있다.

신앙을 위한 시간, 월급을 위한 시간

인도의 국영 기업 민영화 문제는 큰 화두에 속한다. 방콕에 세미나가 있어서 인도 항공을 예약했는데 당일 델리 인디라 간디 국제공항에서 예정 시간보다 1시간이나 더 지나도록 줄을 서 있었다. 뒤에 서 있던 인도인이 오히려 나에게 왜 인도항공을 예약했냐, 태국항공을 탈 것이지! 자기도 할 수 없이 이 비행기를 예약했지만, 인도인이면서도 통상 절대로 인도항공을 이용하지 않는다고 했다. 시간을 지키는 법이 없다는 것이다. 국제선인데 시간을 지키지 않는다고 국민이 불평하는 항공. 인도에서 가장 먼저 떠오르는 국영기업은 인도항공과 아쇼카 호텔 그룹이다. 인도항공은 국영기업으로 2009년 12억불의 재정적자를 냈다. 2011년에는 73억 불의 적자로 위기에 몰리게 되어 직원 봉급도 줄 수 없는 수준이 되었다. 결국 정부의 막대한 지원으로 회복이 되고 있지만 막대한 흑자를 내는 경쟁 항공사들에 비하면 형편없는 수준이다.

왜 그럴까? 사회주의의 영향이다. 그리고 대가족주의의 영향도 있다. 인도인은 회사에 가다가도 중간에 가족의 일, 남을 도울 일이 급히 생기면 그 일을 먼저 처리하고 가야 한다. 필자가 박사 과정을 할 때다. 5월 40도가 넘는 더위에 찡그리며 걸어가고 있었다. 내가 전혀 모르는 남학생이 자기 스쿠터를 세웠다. 나는 그가 가는 길에 나를 내려주려니 했다. 그런데 그 사람은 내가 살던 곳까지 데려다주고 되돌아갔다. 이 사람들의 생활양식과 신앙으로 볼 때 이것이 맞다. 더 인간적이다. 게다가 이러한 남을 돕는 일은 신에게서 상을 받을 일이다. 인생에서 볼 때 '진짜' 일이다. 회사에서 하는 일은 세속적인 일이다. 월급을 받기위해서 하는 일로 그다지 인생의 궁극적 의미를 둘 일이 못 된다.

상당히 오래 전부터 알고 있는 인도인 회사 부장이 있는데 그의 회사는 인도에서 유명한 TV 회사다. 사장은 IIT 출신으로 칸푸르를 배경으로 하는 사람이다. 그 부장의 아버지가 장례를 위하여 2주간 휴가를 냈다. 그런데 그 부장은 그 다음 달에도 다시 힌두 장례 제사 의례를 위하여 한 달간 휴가를 냈다. 결국 부친상으로 한 달 반을 휴가로 썼다. 이같이 그에게는 아버지 제사 의례가 진짜 일이다. 제대로 된 인도인 가정에서는 이것을 비난할 사람이 아무도 없다. 민영 회사지만 이를 받아들인다.

씹는 담배를 위해 씹히는 시간

대도시를 벗어나면 북인도의 70%가 넘는 성인 남성이 즐기는 것이 씹는 담배다.

껌과 달리 그저 씹는 것으로 끝나지 않는다. 니코틴 문제라면 개인의 건강상의 문제일 뿐일 텐데 씹는 담배의 공해(公害)는 남의 시간을 씹는 것이다. 담뱃잎 조각들을 왼손바닥에 놓고 향신료를 조금씩 넣어가며 오른손으로 섞는다. 이 과정이 20분 정도 걸리며 동료와의 잡담이 시작되는 것이다. 아랫입술과 잇몸 사이에 씹는 담배를 놓고 한 시간을 즐긴다. 그런 다음에야 다시 책상 위에 쌓인 일로 복구하는데, 꼬박 30분이 간다. 일을 맡은 담당자는 민원인의 줄이 아무리 길어도 상관하지 않는다. 이 과정을 통해 담배를 씹으면서 마음을 편안히 한다. 하루 근무시간 중 이렇게 지나가는 시간이 5~6회로서 하루 근무시간 8시간 중 3시간은 사라진다.

절제에서 과시로

지난 10여 년 간 인도인의 삶의 변화에서 주목할 만한 것 중 하나는 자신의 삶을 과시하고자 한다는 사실이다. 인도에 대해서 금욕적 이미지를 가지고 있는 사람에게는 생소한 이야기일 수 있다. 하지만 인도인의 성향은 절제에서 과시로 변화하고 있다.

디카왓 마트 까르나와 빼이사 바차나

인도사회는 카스트에 따라서 '절제'와 '과시'가 혼재되어 있다. 예를 들자면 크샤트리야는 '과시'의 성향이 있다. 반야는 지독하게 '절제'하는 성격이 있다. 그럼에도 불구하고 전체적인 인도의 흐름을 한마디로 말하면 '절제'다. 절제는 내면의 훈련이다. 이것이 외적으로 나타날 때는 힌디어로 디카왓 마트 까르나 즉, '과시하지말라'와 빼이사 바차나 곧, '돈을 아끼라'는 말로 집약된다.

절제는 음식과 옷치레에서 두드러지게 나타난다. 인도인들은 쉬브라트리, 잔마시타미, 디왈리, 나브라트리 등 며칠에 한 번씩 수많은 힌두 절기를 따라 금식한다. 그 외에도 매주 월요일이나 화요일에도 금식을 한다. 하지만 금식 때문에 전혀 힘들어 하는 표정이 없다. 평소 직장에 싸오는 점심도시락을 보면 짜빠띠 두세 장, 달, 약간의 알루지라 정도로 근검한 식생활이 몸에 배어 있다는 것을 알 수 있다. 보리밥과 김치로 도시락을 싸던 한국의 1960년대를 생각나게 한다. 이렇게 인도인은 금식, 절식을 하고, 옷을 화려하게 입지 않고, 내면적인 세계를 중시해왔다.

그래서 'simple life, high thinking'이라는 말이 나왔다.

이와 같은 생활 문화의 뿌리에는 인도인의 도덕과 윤리기준인 다르마가 영향을 미쳤기 때문이다. 다르마는 남을 상대함에 있어서 자신이 마땅히 행할 바를 규정하는 도덕율이다. 고등한 윤리기준은 비물질적인 가치를 훨씬 의미있는 것으로 둔다. 그래서 다르마도 당연히 많은 권력과 부귀, 화려한 옷, 기름진 음식보다 존재, 구원, 자비, 평정심, 신과의 관계 등 형이상학적인 가치를 더 중시한다.

사회에서는 이 원칙을 따라 입장을 견지해야 한다. 인간관계의 다르마가 있다. 선생과 학생의 다르마가 있다. 남편과 아내의 다르마가 있다. 이와 같이 인간관계가 다르마에 의해서 절제된 형태로 나타난다. 이 모든 것을 종합하여 공통분모를 뽑아보면 인도인 개인의 삶은 절제와 금욕으로 집약된다. 절제는 인도 사회에서 오랫동안 미덕으로 인식되어 왔다.

압 빼헬레!

이것은 한마디로 "'선생님 먼저!' 나는 그 뒤를 따라가겠습니다"라는 뜻이다. 우리가 연장자나 선임자에게 먼저 들어가도록, 상석에 앉도록 권하듯이 인도도 마찬가지다. 이것이 "압 빼헬레"다. 우리식으로 표현하면 "형님 먼저!"격이다.

2012년 우타르 프라데시 주 선거후 사마즈 당의 물레얌싱 야다브가 승리하자 신문기사와 텔레비전 뉴스에서 그의 아버지 물레얌싱 야다브와 그 아들인 아켈레시 야다브의 관계를 "압 빼헬레!" 분위기라고 전했다. 선거운동에서 승리한 아들 아킬레시 야다브에게 주 총리를 맡으라고 하자, "아뇨, 아버님이 주총리를 하셔야죠!", "아니, 아들이 주총리를 하거라!" 하는 아버님 먼저 아들 먼저의 양보하는 분위기를 전한 것이다.

남을 안중에 두지 않고 무례하게 행동하는 인도인들이 많이 있다. 이 때문에 한국인이 그런 사람들과 부딪히면서 실망하고 분노하는 경우가 많다. 하지만 교양 있는 인도인의 윤리는 "압 빼헬레!"다.

바라트의 절제

라마야나에 나오는 람과 바라트의 내용은 인도 윤리관의 표상이다. 인도인에게는 한국의 오륜(五倫)에 해당할 만큼 생활에 자연스레 녹아들어있다. 그 핵심은 겸손과 절제다. 그 배경은 김해 허씨의 고향이라는 아요디아 왕국이다. 그 왕의 이름은 더쉐라트. 그는 코실리아, 수미트라, 케카이라는 세 왕비를 두고 있었다. 첫째 왕비 코실리아로부터 람, 둘째 왕비 수미트라로부터 락시만과 사투르간, 셋째 왕비 케카이로부터 바라트, 이렇게 네 이복형제를 낳는다. 문제는 셋째 부인 케카이로부터 일어난다. 이 왕비는 자기 아들이 왕통을 이어받기를 원한다. 그래서 왕 터쉐라트에게 장남인 람을 귀향 보내라고 한다. 그리고 자기 아들 바라트를 후계자로 지명해주기를 간청한다. 이에 아버지는 람을 14년간 숲속으로 귀향을 보낸다. 그리고 왕궁으로 돌아오지 않을 것을 약속하라고 한다. 람도 아버지에게 효성스럽고 순종하던 왕자다. 그래서, "나는 아버지에게 14년간 유배생활에서 왕궁으로 돌아가지 않겠다"고 약속한다. 그리고 끝까지 순종한다. 이에 따라서 케카이의 소원이 이루어진다. 갑자기 왕이 서거하자 부왕의 유언에 따라 그 아들 바라트는 왕이 되어야 했다. 하지만 왕으로 부름을 받고 나서 자기 어머니의 간계를 깨닫는다. 그리고 이복 형 람에게 너무 죄스러워한다.

그래서 "나는 왕국을 위해서 왕의 일은 하겠지만 왕위에 오르지는 않겠다"라고 한다. 그리고 무니와 같이 살겠다고 선언한다. 무니는 사두와 같은 수도승이다. 그는 14년간 침상 밑에서 자며 자기 이복형 람의 고난에 동참하고 참회한다. 그리고 람의 나막신을 놓고 매일 경배한다.

인도인은 이러한 바라트의 겸손과 절제를 자신들의 생활지침으로 기억해왔다. 왕은 사두와 같이 허름한 옷에 움막 바닥에서 먹고, 자고, 고난의 생활을 했다. 권력은 있지만 외양으로는 전혀 권력과 사치를 보이지 않는 생활이다.

마하바라타에도 유명한 이야기가 실려 있다. 마하바라타는 다섯 왕자와 백 명의 왕자들의 싸움을 기록한 삼국지가 아닌 이국지 서사시다. 양국의 거두는 판다브와 고럽이다. 고럽의 큰 아들 두리요단은 교만과 탐욕, 무절제로 악명이 높은 인물이다. 하루는 그가 인도의 가장 인기 있는 신 크리슈나를 초대했다. 그러나 크리슈나는 호사스런 그의 궁전과 산해진미에 기뻐하지 않았다. 그보다는 그의 신하인 하층 카스트 출신 비두르의 겸손한 초대에 기꺼이 응하였다. 그리고 그의 집에서 짜빠띠와 시금치로 식사를 하였다. 이 식사 이야기가 인도인의 마음에 남아있는 교훈이다.

인도 중세사에서 악바르는 대제라고 불린다. 그 이유는 그의 사람을 품는 폭이 넓었기 때문이다. 한 사람이 위대한가 그렇지 않은가는 사람을 품는 폭만큼 인정된다. 그는 무슬림으로서 힌두의 유능한 인재들을 품었다. 그는 9명의 장관을 거느렸다. 그 중 5명은 무슬림이고 4명은 힌두였다. 무슬림의 종교적 경직성을 고려하면 아주 파격적인 인사(人事)다. 그 힌두 장관들 중에 토더말이라는 학식과 덕망이 있는 사람이 있었다. 그는 악바르 대제에게 어떻게 나라와 신하를 다스리는가를 가르친 왕사(王師)와 같은 인물이었다. 그는 단순하고 검소했다. 허름한 옷을 입고 황제에게 부를 백성들에게 나누어주라고 권했다. 그래서 백성들이 그를 존경했다. 인도인은 이러한 조상들을 올바른 표본으로 여긴다.

이러한 이유 말고도 전쟁의 위험이 상존하고 빈곤한 사회적 요인으로 인해 재력이 있어도 일부러 감추고 없는 척했다. 개인이 재력을 가진 듯이 보이면 외침을 받아 모든 재화를 털릴 위험이 있었다. 특히 바이샤 계급은 사업을 하는 카스트다. 그래서 돈을 쌓아두고도 떨어진 옷을 입고, 먹는 것은 짜빠띠 몇 장과 달에 무우 조각, 오이 두서너 조각이 전부다. 구자라트 주에서는 반야들이 식사를 하고나서 그 그릇에 물을 부어 손을 닦고 그 물을 다시 마시는 것으로 유명했다. 밥 한 톨도 낭비하지 않고 먹는 것이다. 오죽하면 라자스탄에서는 이들을 소프트 달(삶은 녹두), 깐주(구두쇠), 마키추(파리 피를 빨아먹는 자)라고 빈정거렸을까. 도둑이 왔다가 불쌍히 여기고 돈을 놓고 갈 지경이다. 하지만 실상은 이와 달리 백만장자들이라 할 수 있다. 18세기 이전에는 언제라도 영주들이 가진 재화를 강제로 수탈해 갈 수 있었으니 이러한 모습은 부자로서 저항을 덜 받는 최상의 방편이었을 것이다.

요즘도 이런 흐름이 남아있어서 집 어느 구석에 땅을 파놓고 돈통을 묻어놓기도 한다. 그리고는 돈이 없는 듯 은행에서 융자를 받아서 집을 건축한다.

과시의 흐름

하지만 2000년대에 들어서자 인도인의 태도가 달라졌다. 해가 갈수록 절제가 사라지고 있다. 재력과 소비를 통해서 노골적으로 자신의 삶을 과시하기 시작한다. 무엇으로 어떻게 과시하는가?

2012년 7월 컨퍼런스에 참석차 하리야나 주에 있는 한 여자대학교를 방문하게 되었다. 델리에서 약 90킬로미터 떨어진 곳이다. 자동차로 농촌 마을 여러 곳을 지나가면서 보니 어떤 집에는 아우디와 경운기가 나란히 있었다. 아니, 이 밭농사하는 벌판에 웬 아우디가? 조금 더 가다보니 벤츠가 버젓이 지나간다. 아니 물소들이 여물을 먹고 있는 이 동네에 웬 벤츠가? 그 이유는 명확하다. 2005~2006년 갑자기 인도 경제가 부상하면서 델리 주변에 개발의 붐이 크게 일었다. 이 때문에 땅부자가 된 사람들이 부지기수다. 15년 전 1에이커에 천만 원 정도 하던 것이 요즘은 2억을 넘었다고 들었다. 땅 값이 20배 이상 상승한 것이다. 그러니 수십 에이커씩 땅을 갖고 농사하던 사람이 예상치 않은 엄청난 돈을 벌게 되었다. 그런데 갑자기 생긴 천문학적 금액의 돈에 어떻게 써야 할 줄 모른다. 자식들은 고등학교도 제대로 안 나온 경우가 많다. 그런 젊은이들이 마을에서 작게는 오토바이, 크게는 BMW나 아우디를 몰고 다니며 자신의 재력을 과시하고 다니는 것이다. 이들은 제대로 공부하지 않았고, 직업을 준비하느라고 학교에 다녀 본 적이 없다. 아니, 이제는 그럴 필요가 없다. 월급 같은 소소한 금액을 받으려고 매일 출근하는 일은 절대로 하지 않을 것이다. 이들은 더욱 화려하게 꾸미고 여기저기 파티를 하며 돈을 뿌리고 다닌다.

수개월 전 인도 유명한 부동산 업체의 아들이 페라리를 몰고 새벽에 달리다가 충돌하여 즉사한 사건이 일간지에 보도되었다. 이 같은 고급 차종의 사고는 즐비하다. 펀잡 주 루디아나의 길은 고가 외제차의 저승길로 유명한 곳이다. 2011년 한 해에 이 길에서 사고로 죽은 사망자 수가 294명이나 된다. 그런데 그 사고차량의 대다수가 포르셰, 페라리, 벤츠, 아우디 등의 최고급 차량이다. 초고속으로 달리다가 돌이킬 수 없는 사고를 내는 것이다. 인도에서의 벤츠 자동차 판매는 불황을 타지 않는다. 2012년 유럽의 경제 여파로 유럽 자체가 3.2% 감소하고, 중국시장에서 조차 1% 감소하는데 인도인들은 아직도 벤츠를 구매하기 위해 줄을 선다. 이처럼 대도시를 주변으로 하여 재력을 과시하는 흐름이 뚜렷이 보인다.

인도의 돈 없는 젊은이들은 과시의 욕구를 어떻게 해결하는가? 중국제 짝퉁을 선택한다. 청바지 품질은 인도도 나쁘지 않다. 하지만 문제는 상표다. 그래서 중국제 짝퉁 유명제품 청바지를 산다. 가방이나 옷에는 리복이나 리바이스 마크를 세련되게 오려 붙이기도 한다. 상표만 잘 오려다 붙이면 최고의 브랜드가 된다. 그래서 현재 인도에는 중국 짝퉁 제품이 날개 돋친 듯이 팔려나가고 있다.

항상 짝퉁만 쓰는 것은 아니다. 한 젊은이는 아버지가 은행 부지점장이다. 인물도 훤하게 잘 생겼다. 자기가 인도 시계에서 스위스제의 스워치 시계로 바꿔 차니까 사람들의 시선이 달라지고 있다고 했다. 이렇게 고가 제품의 과시 효과가 나타난다. 문제는 진품이 너무 비싼 것이다. 그런 경우 젊은이들은 1~2만 루피씩이나 하는 스위스제 시계를 사기보다 누구도 알아보기 어려운 중국제 짝퉁 시계를 500루피에 사서 차고 다니며 자신의 삶을 과시하고자 한다.

요즘 젊은 인도 엄마들이 과시하려 열 올리는 것 중의 하나는 유치원이다. 인도의 교육 제도는 사립초중고교가 정부의 지원을 받는 학교와 정부의 지원을 전혀 받지 않는 학교로 나뉜다. 정부 지원을 전혀 받지 않는 학교는 모든 운영권이 학교 재단에 있다. 이런 학교는 소위 명문들이 많다. 이런 학교는 유치원에서 고등학교 3학년까지 14년 과정을 유지하고 있다. 그래서 유치원을 잘 입학하면 고등학교 3학년까지 명문 학교를 다니게 된다. 그러다보니, 유치원 전형은 부모의 입학전형장이 되어버린다. 입학에 대한 전권을 가진 교장 선생님 앞에 부모님은 한껏 차리고 간다. 우리는 사회에서 행세하는 신분이다라고 보여야 하기 때문이다. 이처럼 유치원 입학에 가장 중요한 것은 부모들의 직장이나 사회적 배경이다. 사회적 신분을 보일 방법은 옷, 가방, 목걸이다. 그래서 부모들은 유치원 인터뷰에 모든 치장을 다 하고 인터뷰에 나선다. 과거에는 상당수가 금목걸이, 금팔찌를 하였다. 이제는 치장에 금귀고리, 금목걸이가 최고의 과시는 아니다. 2005년 이후로는 다이아몬드나 에메랄드 목걸이에 최고의 브랜드 가방을 들고 와야 한다.

전문직 종사자도 과시 소비에 시달린다. 인도에는 의사도 상하층이 나뉘어 있다. 운전면허를 받으려 해도 여러 가지 서류가 필요하다. 델리의 지역별 운전면허증 사무소에 가면 길가에 의사들이 쪼그리고 앉아있다. 이들은 면허 신청 서류에 의사의 건강 검진란에 확인하고 도장을 찍어준다. 그리고 100~200루피의 돈을 받는다. 의사가 의사 같지 않고, 좀스런 브로커들 같다. 그러나 잘 나가는 의사는 승용차부터 다르다. 승용차부터 좋은 차를 사서 자신을 과시한다.

변호사들도 이와 흡사하다. 각종 법률서류에 서명하고, 200~300루피를 받는다. 그런가 하면 한 건의 소송으로 엄청난 돈을 버는 유능하고 유명한 변호사들도 있다. 그래서 변호사들도 이제는 자동차로 유능한 변호사인 척해야만 하는 시대가 왔다. 변호사가 BMW를 타고 다니면 그 변호사는 훌륭하고 실력이 있는 변호사라고 본다. 그래서 어떤 변호사는 별로 필요하지도 않은데 BMW를 융자로 산다. 한 변호사는 전화기능 외에 다르게 쓸 일이 거의 없지만 과시를 위해서 삼성 갤럭시를 구입했다고 했다.

영어도 소비재는 아니지만 중요한 과시 대상의 하나다. 인도에서 영어를 하는 인구는 10%가 훌쩍 넘었다. 20년 전에는 2% 정도였다. 2012년 8월 21일자 타임즈 오브 인디아에서 지난 4년 사이에 고등교육 등록률이 12.4%에서 20.2%로 증가했다고 발표했다. 이는 고등학교 3학년에서 대학으로 진학한 진학률로서 엄청난 증가다. 그런데, 이 진학률이 영어 사용인구와 비슷하게 증가한다는 점을 감안하면 이제는 영어 사용인구가 약 15%는 넘는 것이 아닌가 추정할 수 있다. 영어 사용인구가 엄청나게 증가하고 있는 것이다. 실제로 델리에서 생활하면서 느끼기에도 인도인들의 영어 사용이 점차 늘어나고 있으며 영어 교육도 급증하고 있다. 요즈음 사립학교 학생들은 항상 영어를 쓴다. 그래서 힌디어로 어려운 단어나 숫자를 모르는 경우가 많다. 수업을 하다가 어려운 어휘가 나와서 내가 힌디어로 뭐냐고 물어보면 모르는 학생이 절반은 된다. 힌디어가 모국어인 집에서도 힌디어 대신에 영어를 쓰려고 애쓰기 때문이다.

왜 인도인은 영어를 더 사용하려고 하는가? 첫째 이유는 취업이다. 좋은 직장에 취직하기 위해서는 반드시 영어를 해야만 한다. 둘째는, 자기 신분이 상층이라고 말하고 싶은 것이다. 영어를 사용한다는 것은 교육받은 상류층이라는 뜻이다. 그래서 영어를 사용하는 인구가 급격히 늘어나고 있다.

한 한국인 법인장이 한국으로 발령을 받아 들어가게 되었다. 그래서 한국인 직원, 그리고 인도 직원이 모인 가운데 환송 파티를 하게 되었다. 모임에서 그 동안의 사장에 대한 덕담을 하게 되었다. 한 인도 여직원이 갑자기 미국식 엑센트로 찬사를 늘어놓았다. 한국인 직원들은 늘 그렇게 말했으려니 하고 못 알아챘다. 하지만, 인도 직원들은 모두 그 여직원이 갑자기 자신을 과시하기 위해 미국식 억양을 사용하는 것을 보고 정도가 지나치다고 웃어댔다.

과시를 위해 호텔 이용이 늘고 있다. 20년 전에는 오성급 호텔의 이용자는 거의 90%가 외국인들이었다. 인도인들은 가끔 보이는 정도였는데 이제는 호텔마다 인도인들로 붐비고 있다. 차나키아푸리 근처에 최근 인도인 NRI가 지었다는 닐라 호텔이 있다. 가격이 현재 델리에서 가장 비싼 곳이 아닌가 싶다. 그런데 이곳에 인도인들, NRI들로 식당 점심시간에는 자리가 없을 정도로 붐비고 있다. 쇼핑몰의 물가가 비싸다고 말하지만 오베로이나 쉐라톤 호텔 등에서 세계적인 명품 회사들이 입점하여 이익을 내고 있다.

왜 과시로 돌아서는가

그러면 인도인들이 왜 2000년대에 들어서서 점점 과시하려 하는가? 부유층 인도의 소비는 철저히 과시를 위한 소비다. 이는 다른 사람으로부터 존경과 인정을 받고자 하는 욕구, 권위를 인정받고자 하는 욕구에서 비롯되는 것이다. 이러한 소비는 다른 사람의 영향을 받는다. 물건을 구매하되 다른 사람들을 의식하여 구매한다. 이러한 과시소비는 문화적 가치관에 의해 다르게 나타나는 것으로 연구되어 있다. 인도의 문화적 가치관은 카스트에 근거한다. 따라서 과거 상층 카스트가 받던 존경과 부러움을 가져다 줄 수 있는 소비를 하려는 것이다. 한마디로 말해서 상층 카스트 대체 효과라고 할 수 있다.

시장 개방과 더불어 경제적으로 성공한 인도인들이 많아졌다. 이들을 카스트에 따라 상층 카스트 출신과 하층 카스트 출신으로 나누어 볼 수 있다. 그 중에 상층 카스트 출신은 이제 카스트로는 자신의 높은 신분을 보여줄 수 없다. 그래서 최고급 자동차, 명품 가방, 갤럭시 폰 등으로 "나는 높은 사람이다"라고 말하고 싶은 것이다.

하층 카스트는 태어나면서부터 존재하는 엄청난 신의 차별에 대해 한이 맺혀있다. 특히 대학 공부를 하게 된 하층 카스트는 더 그렇다. 하층 카스트는 브라만들이 살고 있는 마을에 감히 발을 들여놓을 수 없게 되어 있다. 브라만들과 같은 우물도 쓸 수 없다. 뜨거운 여름에 아무리 목이 타도 맞아 죽고 싶지 않으면 브라만 동네의 우물가로 가서는 안 된다. 그래서 어린아이들도 태어나면서부터 자기의 신분과 분수를 잘 알고 살았다. 이들이 돈을 벌면 브라만같이 행세하고 싶은 것이다. 우타르 푸라데시주 전 주 총리 메야와티 여사의 이야기는 너무 많다. 그녀는 하층 카스트 출신이라서 겸손하고 검소한 생활을 할 것 같았지만 사실은 정반대로 누구보다도 더 화려하고 여제와 같은 생활을 하는 것으로 잘 알려져 있다. 이처럼 뼛속 깊숙이 카스트 제도로 구분된 사회에서 갑자기 돈을 번 사람들이 겉으로 재력을 과시하고 있다. 재력이 생기자 이제는 다른 사람들로부터 상층계급으로 인식되고 싶은 것이다. 그래서 이들은 좋은 집을 사고 자녀를 사립 명문학교로 보낸다. 가능하면 가장 비싼 차를 사고 명품을 산다.

지난 10년 사이에 하늘이 무너져도 변할 것 같지 않은 신분제도가 돈 때문에 흔들리고 있다. 하층 카스트 사람들도 재력만 가지면 도시에서 상층계급인양 행세하며 산다. 이제는 대도시에서 대궐 같은 집안에서 이웃과 고립되어 살아도 전혀 문제가 없기 때문이다. 한 맺힌 카스트의 차별을 재력을 이용하여 외형적으로 압도하고 싶은 것이다.

브라만은 종교적으로 우위를 누렸다. 크샤트리야는 정치권력으로 지배했다. 바이샤들은 물질로 영향력을 보였다. 이러한 상층 카스트의 과시를 인도의 시장개방과 더불어 다른 카스트들도 보여줄 수 있게 되었다. 아름다워 보이고 높아 보이고 그토록 누리고 싶던 상층의 과시를 돈만 벌면 이룰 수 있게 된 것이다. 이미 과시의 궤도로 올라선 인도는 대도시는 빠른 속도로, 농촌은 완만한 속도로 진행되어나갈 것이다.

존재를 과시하는 하층 카스트

한국의 남양유업과 CJ에서 비정규직을 정규직으로 전환되었다는 소식이 있었다. 이유야 어떻든 간에 이렇게 한 번 채용되면 계약서부터 작성하고, 계약 내용대로 용역을 제공하고 그에 상응하는 보수를 받는다. 그러니까 한국의 직급의 차이는 서로 담당하는 일과 제공하는 용역의 차이다. 연장자를 우대하는 전통이 있어서 나이를 고려하기는 해도 이는 예우의 문제일 뿐이지 신분상의 차이는 없고 직무상의 상하관계만 인정된다. 그러니 일이나 여건이 마음에 안 들면 사직할 수도 있다.

오늘날 한국의 신분은 철저히 후천적으로 결정된다. 어떤 사람들은 부모의 부(富)에 따라서 신분이 승계된다고 하지만 그 신분이 항상 보장되는 법이 없다. 가난한 사람이 부유하게도 되고 부유한 사람이 파산하는 수도 있다. 신분은 변동된다. 산업 자본주의 속의 계급은 또 다르게 형성되겠지만, 적어도 태생부터 구분되는 카스트는 없다. 이에 반해 인도의 카스트는 태어날 때부터 태생에 따라서 귀천의 구분이 철저하다.

인도에 온 한국인들은 허름한 차림의 인도인을 보면 "저런 사람들이 불가촉천민인가요?" 묻는다. 외모나 차림새로 신분을 판단하는 것은 인도의 카스트 제도를 잘못 이해한 것이다. 카스트는 인도의 사회 속에서 의례적인 정(淨), 부정(不淨)의 정도에 따라서 매겨진 선천적인 신분계급이다. 지구의 중력과 같이 눈에 보이지 않는 인도 사회의 이면에 작용하는 종교적 관례의 힘, 그것이 카스트 제도다.

카스트, 인도의 위계질서

카스트는 수천 년간 종사하는 직업과 관계있는 인도의 위계질서이다. 그래서 현재의 직업을 통해 인도인의 카스트를 추측할 수도 있다. 대체로 신과 직접적 관계를 가지고 신의 뜻을 전달하는 계급, 남을 계도하는 직업 즉, 승려, 구루(교수), 정치인 집단은 브라만이 많다. 외교력, 군사력, 무력을 사용하여 국가를 보존하는 계급 즉, 정치인, 군 장교 계통은 크샤트리아가 주류를 이루고, 하사관, 사병은 자트, 사업가는 바이샤, 노동자 계급은 수드라가 전통적 직업군을 형성하고 있다.

필자가 네루대학교에 있을 때, 교수 임용과정에서 논란이 일어나곤 했다. 한국과 마찬가지로 인도에서도 임용을 위해서는 학문 업적이 중요하다. 하지만 명문화되지 않았지만 암묵적으로 임용에 카스트가 작용한다. 교수들 대다수가 상층 카스트로서 새로운 임용자도 상층 카스트이기를 선호한다. 델리대학교로 와도 사정은 이와 다르지 않다. 브라만들은 오랜 세월동안 가문을 통해 교육 받아온 계급이다. 그래서 집안의 학문적 배경을 통해 구축한 전문적 지식을 개인과 가족 구성원이 축적하며 발전해왔다. 필자가 잘 아는 교수의 외동딸은 면역학 박사다. 델리대 명문 대학을 졸업하고 국립 연구소에서 박사학위를 받았다. 물론 브라만 출신이다. 이 때문에 할당제로 인하여 천민 계급에서 몇 사람 임용될 수는 있어도 이런 축적된 지식을 가진 상층 카스트 출신과 경쟁할 수 없는 것은 이상한 일은 아니다.

크샤트리아들은 성격상 정치인과 군 장교들에게서 많이 나타난다. 인도인 국회의원들은 상하 양원으로 나뉜다. 출신 성분이 다양하지만 상당수가 왕족계급인 크샤트리아 출신이다. 이들은 명예를 가장 중시한다. 그래서 일반적으로 한 번 입 밖에 낸 말을 바꾸지 않는다. 말을 아끼고 지키는 것이 일종의 가문의 자부심이다. 라자스탄에서는 영주들을 라자라고 부른다.

이들은 라지푸트나 타쿠르라고도 하는데 모두 크샤트리아 계급을 지칭하는 용어로 보면 된다. 그래서 주의 이름도 라자스탄(라자들의 나라)이다. 알고 보면 20세기 초까지 전국에 600여 개로 나누어져 있던 군소왕국들이다. 재미있는 현상은 그 지배자의 자녀들이 오늘날 현직 국회의원들이라는 사실이다. 마드야 프라데시 주나 우타르 프라데시 주도 대동소이하다.

예를 들자면, 아그라 밑으로 150km쯤 떨어진 곳에 그왈리오르라는 도시가 있다. 이곳의 지배자는 마하라자(대왕) 신디아였다. 그가 세상을 떠나자 20대의 그의 아들이 국회의원이 되었다. 보궐 선거유세 기간 중 그 상황을 TV 뉴스로 보니, 젊은 후보 앞에서 그 지역 내 할아버지, 할머니들이 "대왕마마!"하며 엎드려 절을 하고 있었다. 국회의원후보를 대왕마마로 부르는 지역에서 고득표로 당선되는 것은 너무 당연한 일이다. 내가 잊을 수 없는 정치인이 두 사람 있다. 그 중에 한 사람이 나의 전화를 개통해 준 분이다. 1991년 초에 전화 한 대 가설하는 것은 오늘날 고급 승용차 한 대를 무료로 기증받는 것보다도 힘들었다. 그 당시 정통부 장관이었던 그 분 덕에 나는 1,000루피(당시 시가 4만 원)만을 내고 전화 한 대를 받았다. 이 분이 선거 유세차 라자스탄에 갔다가 돌아오던 중 교통사고로 세상을 떠나자 곧 그 아들이 보궐선거에 출마하여 하원의원이 되었다. 또한 분은 마니푸르 주의 수상이었다. 이 분은 국민의회당 원로로서 1980년 초에 인디라 간디 여사가 아저씨라고 부르던 분이다. 테러리스트의 습격을 받아 구사일생으로 살아남은 정치인이다. 그런데 내가 출석하는 교회에 경호원도 없이 와서 놀랜 적이 있다. 그 교회에 서 "목자는 춥게 들판에서 지내지만 함께 있는 양떼들 때문에 따뜻 하다"고 메시지를 전했다.

이러한 세대를 이어가며 계급을 계승하는 특성은 비즈니스 계급 인 바이샤들도 마찬가지다. 릴라이언스 그룹은 인도의 삼성이라고 할 만큼 영향력이 크다. 그 집안은 대대로 사업을 해온 바이샤다. 아 르셀 사를 합병하여 세계 제일의 철강 사업체를 장악한 락시미 미탈 도 바이샤다. 필자가 살고 있는 델리대 교수 아파트의 맞은편에 델 리대 산하 다울라트 람 여대가 있다. 델리대 산하지만 자체 이사회 가 있는데 반야(사업가: 바이샤)들의 재단 이사회다. 철저한 상업적 원칙 하에 강당을 대여해 주는 터라 충분한 운영기금을 확보하고 나 서 접촉해야 한다. 2년 전에 델리대 '한국의 주간' 행사를 위해 빌 린 적이 있다. 학교 안 사회과학 대학원에서 사용하는 것이라니까 처음엔 대여료가 4만 루피 정도(약 100만 원)라고 했다. 그런데 후 원회사 이름을 보더니 10만 루피(약 250만 원)라며 말을 바꿨다. 바 이샤는 이와 같이 신앙원칙으로나 운영원칙으로나 '사업의 수익성' 이 가장 중요한 카스트다. 금은 보석상은 원래 상층 수드라 계급에 들어간다. 하지만 단순히 금은을 가공하던 수준을 넘어 판매 유통이 중요해지면서 큰 사업가로 부상했다. 이들도 대대로 사업운영의 노 하우를 갖고 있다.

그럼 새로 만들어지는 직업은 무슨 카스트일까? IT 기술인력, 우 주 공학 인력, 의료인력 등 섞여있기는 해도 상층 카스트가 대부분 이다. 2012년 타임즈 오브 인디아 일간지 보고에 의하면 인도 대학 진학률이 12.4%에서 지난 4년 동안 20.4%로 획기적인 증가를 보였다고 했다. 수치에서는 이렇게 나와 있지만 거의 많은 대학생들이 방송 통신 강좌생이 많다. 아직도 소위 잘 나가는 분야에 진출하려면 하층 카스트 출신은 어렵다. 명목상으로는 카스트 제한이 없지만 부모의 교육, 가정환경, 인맥을 포함한 여러 요인들이 그런 분야로의 진출을 어렵게 만든다. 2006년에는 인도에서 천민특례 입학 할당제 비율상승으로 한바탕 소동을 겪었다. 국민의회당의 노련한 원로 정치인 교육인적자원부 장관 알준 싱이 천민 특례 비율 22.5%를 49.5%까지 확장하는 안을 입법화한 것이다. 현재 이 법안이 통과되었지만 그 당시 이에 반대하여 가장 데모를 심하게 하는 층이 의대생, 공대생(주로 IIT)들이었다. 모두 상층 카스트 출신이었다.

낙살라이트

인도의 카스트는 자신이 속한 신분이 담당해야 하는 일을 해야 한다. 적절한 보수 없이도 일을 해야 하며, 엄격한 상하의 질서로 유지되었다. 카스트는 이렇게 혈통적이고 선천적이다. 천민이라고 해서 왜 총명한 인물들이 없겠는가? 그래서 이 불합리한 제도를 개혁하겠다고 나선 인물도 있었다. 이에 불만을 품고 조직한 군사조직이 낙살라이트다. 이들은 상위 카스트의 이익을 주로 대변하는 정부에 반항하여 군사 조직화된 마오이스트(모택동주의자) 반군들이다. 수천 년 동안 카스트의 굴레에 억압당하고 살아오다 소수 지도자의 정치적 목적과 맞아 떨어져서 무장 반군 세력을 형성하게 된 것이다. 인도에서는 1960년대 이후로 낙살라이트(Naxalites)라는 이름으로 여러 주에 걸쳐서 세력을 확대하고 있다.

낙살라이트라는 이름은 웨스트 벵골주 낙살바리(Naxalbari)라는 마을 이름에서 유래되었다. 1967년 당시 자루 마줌다르와 까누 산얄이라는 마르크스 주의자가 주도한 것으로 마을에서 발생한 토지분쟁이 결국 상층 카스트의 몫으로 정리되자 이에 대한 반발로 시작된 것이다. 이들의 노선은 마오쩌뚱을 따르고 있기 때문에 일반적으로 마오이스트라고도 부르지만 이는 더 광범위한 개념으로 마오이스트들 중에 소수는 제도권 정치로 들어가고, 상당수는 여전히 게릴라로 남아있다. 지난 수년 사이 이 낙살라이트는 급격히 확산되고 있다. 전인도가 28개 주로 구성되어 있는데, 그 중에서 절반 가까운 수인 12개주 118개 군에서 그 세력을 보이고 있는 것이다.

인도가 전 세계의 시장으로 부상하고 있는 상황에서 이러한 세력이 확장되는 것을 보면 역시 가난하고 힘없는 자들은 제도권 안에서 자구책을 도모하기란 어려운 일인 것 같다. 이 낙살에 대한 평가는 정치적, 행정적, 안보적 이유로 다양하게 분석되고 있다. 2006년 교도소 습격, 열차 탈취 사건, 2007년 3월 란치 출신 국회의원 암살에 이어 차티스가르 주에서 49명의 경찰 병력을 몰사시키는 등 연대 병력 이상의 잘 무장된 게릴라들의 준동이 인도의 발전을 위협하고 있다. 인도 민중당(BJP) 의장 라즈나트 싱은 이들이 파키스탄의 정보조직과 연계되어 있다고 했다. 모든 폭파사건은 파키스탄의 사주라고 하니 얼마만큼 신빙성을 갖는지는 모르지만, 외국인들 편에서는 투자 지역이 이들의 영향권 하에 있느냐가 관심사다. 한국의 POSCO가 제철소를 건설하려는 오리사 주 일부도 그 영향권에는 들어가 있지만 제철소 쪽은 여파가 없을 것 같다.

란비르 세나

상위 카스트 중에는 부분적이긴 하지만 간디의 생존 시 그의 영향으로 기득권과 토지를 포기한 이들이 있다. 하지만 일반적으로는 반감이 더 많다. 오히려 '신이 부여한 관계'를 무시하는 무식한 하위 카스트를 징계해야 한다고 생각한 것이다. 대표적인 사례가 비하르 주의 란비르 세나다. 낙살라이트에 대한 반동으로 생겨난 조직이다. 브라만 중심의 상위 카스트로 인도판 KKK단을 형성하여 천민 부락을 몰살시키곤 한다. 십여 년 전, 필자가 네루대학교에 있을 때, 찬드라 세카라는 박사과정생이 학생회장을 하였다. 국립 네루대학교는 대학원 중심 대학이라서 총 학생수가 2010년 7,304명에 불과하지만 외국어 과정을 제외하면, 나머지는 모두 석사부터 박사과정생들이다. 당연히 인도에 영향력을 가장 크게 미치는 학교다. 학생회장은 장차 국회의원이 보장된 자리다. 그런데 찬드라 세카가 자기 고향인 비하르 주에 가서 천민들을 대상으로 선거 유세를 하다가 살해되었다. 지식인으로서 무지몽매한 고향 사람들을 깨우치고 본인들의 권한을 주장하도록 사주하였으니 상위 카스트 편에서는 얼마나 눈엣가시였겠는가? 장차 국회의원이 될 싹을 간단히 암살해 버린 것이다. 이렇게 상위 카스트의 반동세력이 형성한 비밀 군사 조직이 란비르 세나다. 이들은 기본적으로 반공 상층 카스트 준군사조직이다.

그 이름은 '란비르 바바'라는 19세기 지주 계급 인물의 이름에서 따온 것이다. 그는 지주 브라만 계급 '브미하르' 출신으로서 지주계급의 이익을 대변한 투사다. '세나'는 '군대'를 의미하니까, 란비르 세나를 직역하면 '란비르 군대' 또는 '란비르 단'이다. 평소에는 각기 맡은 직장에서 일하다가 제거해야 할 대상이 발견되면 밤에 군대를 소집하여 습격한다. 이런 점에서 KKK와 유사한 성향이 있다.

하층 카스트의 종교적 힘

인도 사회에서 하층 카스트는 전 인구의 40% 이상을 점하고 있다. 민주주의인 인도에서 이 엄청난 유권자 층의 하층 카스트를 무시할 수 없는 것은 당연하다. 그러나 여기서는 투표권을 행사할 수 있는 정치적 역할로써가 아니라 인도인의 일상생활을 좌지우지할 수 있는 불가촉천민의 결정적 역할에 대해 말하고자 한다. 수드라 중에 돔(dom) 카스트는 사체를 화장하는 카스트다. 장례는 사람이 임종하면, 반드시 거쳐야 하는 절차이자 일반인들은 어떻게 해야 할지 당황스럽게 하는 의례 중 하나다. 이 돔 카스트는 화장장에서 장작과 불을 가져오는 카스트다. 장례가 중요한 의례다보니 장작과 불을 아무나 가져올 수 없다. 특히 사망과 관련된 부분은 어느 나라나 가장 보수적이기 마련이다. 그래서 돔 이외에는 어느 누구도 불과 장작을 가져올 수 없다. 이들이 좀 심술궂게 굴어 불이나 장작을 가져오지 않으면 장례식 진행이 안 된다. 이들은 천민이어도 장례의식에서 만큼은 브라만 이상의 권위를 유지하게 된다.

그 다음은 도비(dobhi)다. 요즘은 한국 백색 가전제품 덕택에 도시에서 세탁기를 많이 쓰지만 옛날에나 오늘이나 노동력이 싼 곳에서는 여전히 인력을 쓴다. 빨래와 숯불 다리미질 담당자가 바로 도비다. 평소에는 별 볼일 없는 허드렛 일꾼으로 천민이다. 그러나 장례 이후에는 브라만 이상의 결정적인 힘을 발휘한다. 초상을 치르면 화장한 그 다음날 가족들이 집에 돌아와 가장 먼저 해야 할 일이 목욕과 세탁이다. 장례기간에 입었던 옷을 빨아야 하는 것이다. 그런데 이 옷은 이미 부정 탔기 때문에 도비가 빨아야만 한다. 뿐만 아니라 도비가 가장 먼저 밥과 우유를 먹어주어야 한다. 세상을 떠난 사람은 그렇다 치고, 살아있는 가족은 밥을 먹어야 한다. 그런데 장례

시는 아무 식사나 하는 것이 아니다. 화장 후 가장 먼저 하는 식사 메뉴가 밥과 우유다. 그런데 그냥 밥과 우유를 먹는 것이 아니라 일종의 액땜과 같이 불행한 일 이후에 가장 먼저 음식을 먹어주는 브라만 사제나 도비 등의 역할이 있어야만 다른 사람들의 생활이 정상화된다. 그래서 도비들은 이러한 제안이 오면 흥정을 하여 돈을 받고 난 후라야 가서 음식을 먹는다.

수드라들의 브라만으로 인정되는 카스트가 이발사인 '나이'이다. 고대 서양에서 이발사와 의사를 동일인이었던 것 같이 수드라 중에는 가장 높은 제사장 격이다. 이 '나이'는 출산, 결혼, 사망의 모든 의례에 필수적으로 참여해야 하는 높은 수드라이며 경우에 따라서는 가장 우위의 카스트로까지 여긴다. 신기루인 짜마르도 중요하다. 요즘은 산부인과가 발달하여 그래도 의사, 간호사가 꽤 많아졌지만 전통적으로는 가죽 신발을 만들고 신발을 꿰매는 짜마르의 부인만이 아이를 받을 수 있었다. 짜마르는 사체를 나르고, 죽은 동물의 껍질을 벗겨서 신발 만드는 일을 하는 계급이다. 그 부인은 조산원 같은 역할을 한다.

비교적 깨끗한 불가촉천민 중의 하나인 목수는 결혼식을 준비한다. 결혼식을 거행하는 네 나무 기둥의 정자인 만답 기둥을 만들어 바치고 나서 코끼리 장식이 들어간 천장 덮개(캐노피)를 만든다. 대개 이러한 하층 카스트들은 부정 타는 일을 떠맡아 처리한다는 것이 특징이다. 어떠한 경우에도 상위 카스트는 불가촉천민이 집에 들어오는 것을 질색한다. 집안에는 쿨 데비/쿨데브따라고 불리는 집안의 신, 여신이 있다고 믿는다. 그래서 각 가정에는 신단을 만들어서 각 가정에서 섬기는 신들의 우상을 모시고 있다. 천민이 집에 들어오면 이 신들이 노여워한다고 믿는다. 그래서 천민이 한 번 들어왔다가 나가면, 청소 정도가 아니라, 벽칠조차 새로 해야 한다. 참고로 종교에 따라 천시하는 직업군을 보면 제화점, 양복점, 정육점은 힌두들이 질색하는 직업군인데 이 모든 일은 무슬림들의 전통적인 직업이다.

채식과 상층 카스트

　인도인이 한국에 와서 힘들어 하는 것이 음식문제요, 한국인이 인도에 와서 가장 힘들어 하는 것이 또한 음식문제다. 채식은 요즈음 한국에서 '참살이' 음식으로 인정된다. 과거에는 미제 초콜릿과 버터, 치즈를 보고 침을 삼키던 한국인이지만 이제는 한국의 경제가 세계적 수준에 이르게 되면서 한국 사람의 삶도 바뀌었다. 고기는 먹어도 지방기는 피한다. 최근 워크숍에 갔더니 간식 시간에 한 분이 조용히 내 귀에 대고 "선생님, 그 빵 드시지 마세요. 마가린이 들어가서 트랜스 지방이라 해로워요!" 했다. 남아시아에서는 트랜스 지방을 따질 겨를 없이 먹거리가 부족한 사람이 수억 명이지만, 한국은 그 수준이 높아졌다. 그래서 인도에 사는 한국인들은 "맛없는 것 먹으면서 살찌네"라고 자조적으로 말한다. 한국에 가면 꼭 젊은 여성의 경우가 아니더라도 문화국가의 수준을 유지하면서 몸 관리까지 잘 챙기고 있다는 것을 느낀다. 한국에서의 채식이 건강상의 문제라면 인도에서의 채식은 경전과 관계가 있고 신앙생활과 관계가 있다. 인도인들은 채식을 상층 카스트의 음식으로 여긴다. 그래서 카스트 문제와 연관이 된다. 힌두들의 채식주의는 어디에서 시작되는가? 가장 오랜 힌두의 경전인 베다에서 근거를 찾을 수 있고, 강력히 적용되기 시작한 근거는 마누 법전이다. 이 법전은 인간이 절대로 동물을 죽이거나 먹지 않도록 규정하고 있다(마누법전 5.49). 베다는 네 가지가 있는데, 그 중에 야주르베다는 "신이 네게 부여한 몸을 그 생물체가 인간이든지, 동물이든지 무엇이든지간에 신의 창조물을 살육하는 데 쓰지 않을지어다."라고 기록하고 있다. 이러한 채식주의의 연장은 비폭력으로 이어진다. 많은 인도인 친구들을 상대하다 보면 집으로 초대할 때 음식문제가 가장 까다롭다. 그래서 한식과 더불어 꼭 인도에서 유명한 '까림'의 난과 달, 치킨을 곁들여 놓는다. 며칠 전에는 한국에서 오신 교수님이 학과 교수들과 함께 식사를 하자고 하여서 델리대 국제 게스트하우스에 예약을 하였다. 일곱 명은 육식, 다섯 명은 채식이었다. 그 일곱 명에는 우리 부부, 교수님 부부가 포함되니까 순수 인도인으로는 육식 4명, 채식 5명인 것이다. 이와 같이 인도인이 채식이라고 할 때는 종교적 의미가 함축되어 있다. 가장 채식을 많이 하는 사람들은 브라만들이고, 그 다음은 계급대로라면 크샤트리아이겠지만 이와는 달리 바이샤들이다.

피고용인과 하층 카스트

대도시 산업 사회에서도 상층 카스트가 고용주이고 하층 카스트가 피고용인인 경우가 많다. 고용인들은 피고용인에 비해 종교적인 우위와 경제적인 우위를 유지하고 있다. 다시 말하면 인도인은 높은 종교적 지위와 적은 돈으로 사람을 쓴다. 인도에 와서 사는 한국인의 혼동은 여기서 시작된다. 대개 인도에 주재원으로 와서 사는 경우 싼 노동력 덕분에 요리사, 청소원, 경비원, 운전사 등 일하는 사람들을 1~4인씩 쓰며 산다. 한국인들과 이 사람들은 계약관계인가 아니면 종교적 계급 관계인가? 한국인은 인도인보다는 상대적으로 많은 돈을 지불하여 사람을 쓴다. 계약상 고용인과 피고용인이다. 고용주의 입장에 서다보니 자국 고용주인 인도인과 우리 자신 사이의 차이를 못 느끼고 동일하다고 착각을 한다. 우리가 인도 상류 계층인 상위 카스트가 된 것으로 착각하는 것이다. 그래서 피고용인의 인격을 모독하는 경우도 발생한다. 물질적으로 외국인은 더 많은 돈을 낼 수 있는 존재이지만 종교적으로는 다른 종류의 불가촉천민일 뿐이다. 종교의례, 힌두 사원, 부엌 등에 접근해보면 인도인이 외국인을 얼마나 터부시하는지를 쉽게 알 수 있다.

바라나시 힌두 사원들을 방문하면 외국인들을 반갑게 맞아주는 것이 아니라 문턱 넘어서는 것을 꺼림칙하게 여기는 표정이 역력하다. 네루대 박사과정 친구 한 명은 비하르 주 출신 브라만이었다. 그 어머니가 기숙사에 찾아와서 며칠 게스트 룸에서 머물렀다. 내가 인사를 하는데도 상당한 거리를 두고 형식적인 인사를 했다. 인도 시골에 있는 브라만들은 이렇게 외국인을 가까이하거나 손대면 부정 탄다고 여긴다.

한국인 주부들은 '아야'(가정부)나 운전사, 상점의 장사꾼, 청소를 담당하는 '방기'와 주로 관계된다. 그러나 계약사회에서는 그런 것만이 아니다. 돈만 되면, 브라만도 청소를 한다. 청소원의 일은 낮은 카스트에서 올 가능성이 일반적으로 훨씬 높지만, 그렇지 않을 가능성 또한 날마다 높아지고 있다. 옛날에는 가죽 만지는 일이 백정의 일이었다. 하지만 지금은 비싼 패션일수록 가죽 없이 되는 것이 없다. 천한 일=낮은 카스트의 일, 고등한 일=높은 카스트의 일이라는 등식은 더 이상 성립하지 않는다.

여러 해 전 필자가 네루대 교수 숙소에서 살 때다. 집안이라도 치우도록 한 아줌마를 출퇴근하는 가정부로 썼다. 이 아줌마는 일이 서툴렀다. 그래도 세월이 가면 나아지려니 했는데 별로 일하는 데 관심이 없다가 6개월 만에 일을 그만 두었다. 네루대 그 지역을 맡은 경비원이 나중에 말해서 알게 된 것이지만 그 아줌마는 브라만으로 브라만 중에도 최고 계급인 빤디트 출신이었다. 그 남편은 학교 경비원이었는데, 인도에서 경비원은 하인 계급이다. 이와 같이 '아야'나 운전기사, 장사하는 사람들이 이제는 어느 카스트에서나 나올 수 있다. 역사적으로 천민 출신으로 인도에 기여한 큰 인물들이 있다.

가장 대표적인 인물은 암베드카다. 그리고 나라야안 대통령, 2007년에 대법원장이 된 발라 크리슈나, 우타르 프라데시 카스트 정치의 대모 메야와띠 등도 천민 출신이다. 대통령, 수상, 법관, 국회의원, 장군, 그룹회장, 사장 등의 상류층도 어느 카스트에서나 나오고 있다. 그리고 이 사람들의 공통점은 카스트가 아니라 교육 정도가 낮거나, 높다는 점이다.

인도 땅에서 한국 사업가의 가정이 대하는 사람은 불행하게도 이 범주에도 못 들어가는 사람들이 많다. 우리는 이 사람들을 '하위 카스트' 사람이라고 착각하는 것이다. 우리가 인도인을 대하는 데는 카스트 문제가 없다. 고용과 피고용의 계약관계만 있기 때문에 정중하게 예우를 갖추면 된다.

현재의 이익이 중요한 인도인

최근 한국 대기업들이 경비 절감을 위해 회사차원에서 캠페인을 벌인다고 한다. 통상 하청 업체에 대한 이윤보장도 박한 것으로 잘 알려져 있다. 회사는 최대 이윤의 추구가 목적이니까 그렇다고 치고, 이렇게 최대한 이윤을 내려는 기업의 원칙이 인간의 삶에 적용된다면 어떤 모습이 될까? 물질에 대한 인도인의 태도를 보면 바로 답이 나온다. 인도인들은 선물이나 물건을 받는 데는 부담이 없다. 하지만 주는 일에는 인색하다. 인도인과 사귀는 한국인에게 주의를 당부하는 문제 중 하나가 바로 돈거래만큼은 피하라는 것이다. 심하게는 인도인의 주머니에는 칼쿠리가 있어서 돈을 꺼내려고 해도 걸려서 나오지 않는다고 말한다. 사업도 100% 단독 투자하는 외국기업은 성공하지만 인도인과 동업하는 경우는 꼭 문제가 생긴다고 알려져 있다. 엊그제는 한국에서 남녀 대학생 네 명이 집으로 찾아왔다. 한참 인도에 대해서 대화를 나누다가, 그 중 한 학생이

"교수님, 인도 사람은 단골을 더 잘 속인다면서요?" 한다.

인도에 들어 온지 이틀 만에 다른 한국인들을 만나서 이런 정보를 들은 것이다. 한국에서는 단골은 기본적으로 그 상점의 기본 매출을 보장해주는 고마운 존재이므로 단골관리가 기본이다. 그런데, 인도에서는 상인들이 단골을 오히려 더 속인다. 인도에서 어떤 상점의 단골이 되면 처음으로 그 가게를 찾는 사람보다 물건 가격을 더 비싸게 낼 가능성이 늘어난다.

필자는 체질상 거래하는 집을 이집 저집 바꾸지를 못해서 같은

집으로만 물건을 사러간다. 이 때 사업 정신이 투철한 상인계급(반야)의 집들은 한결같이 대해준다. 아니 더 잘 대해 준다. 사업가로서 일종의 장인 정신 같은 것이 작용하는 것이다. 외상은 언제라도 가능하다. 인도에서 오래 살다보니, 주유소도 외상을 주는 곳이 있고, 식당도 그런 곳이 있다. INA 마켓의 양고기 집은 거래한 지가 15년이 넘는다. 이런 일들은 작은 일이지만 기분이 좋다. 낯선 타국 인도에서 서로를 믿고 서로를 신뢰하면서 산다는 것은 나의 생활은 물론이고, 그들의 정신을 유쾌하게 하리라고 믿는다. 하지만 모든 집들이 이런 것은 아니다. 외국인을 상대로 거래하는 다수의 상점들은 여러 번 가면 가격을 더 비싸게 부르기 시작한다. 그 이유는 현재 당신은 나의 가게 외에는 달리 선택할 수 없고, 그래서 나는 당신에게 현재 필요한 존재라고 파악하여 상대적 우위에 있다고 여기는 것이다.

수요가 있으면 공급자가 우위에 있다고 여긴다. 거의 15년, 20년 전에는 인도는 공급자, 판매자가 왕이었다. 요즈음은 피자 배달에나 주로 쓰지만 당시에는 스쿠터가 자가용 같은 역할을 했었다. 이 스쿠터를 사려면, 그 당시에 미 달러화를 내고 사야 했다. 신청한 후에도 1~2개월을 기다려야 했으니까, 상인들에게 이런 공급자 우위의 의식이 은연 중에 배여 있다. 그래서 한국인이 사먹어야 하는 배추나 질이 좋은 과일 품목들에서 특히 공급자들이 고자세를 부리는 것이다. 한국인들이 많이 모여 사는 바산트 비하르의 과일 가게 중 하나가 이런 이유로 악명이 높다.

인도인들은 종교적으로 자신의 할 바를 중시하고, 가문으로나 국가적으로나 자부심이 강하다. 그러한 인도인에게 왜 단골 소비자에게 부담을 주는 관습이 생겼을까? 역사적 배경과 환경적 요인을 생각해 볼 수 있겠다.

차나키야와 아르타샤스트라

한국은 사농공상(士農工商)의 유교적 질서 아래 상업을 천대하였다. 이런 직업군으로 힌두들을 판단한다면 그 순서는 사상농공(士商農工)이다. 육체노동을 많이 하는 계급일수록 천시하였던 역사는 동서양이 매한가지다. 그리고 크게 다른 것이 상(商)의 위치인데 힌두들은 유교 권과는 달리 상(商)을 중시하였다. 상인 계급 '바이샤'(반야)들은 브라만이나 크샤트리아에 못지않은 상위 카스트에 속하였다. 현실적으로 돈을 잘 버는 계급을 중시하였다고 할 수 있다. 이렇게 인도는 일찌기 상(商)의 중요성에 대해서 현실적으로나 정신적으로나 가치관을 세워서 인도의 지도층을 일깨웠다. 기원전 4세기 모리야 왕국 때 재상을 지낸 차나키야는 현실 중심의 정책가였다. 종교적이고 내세 지향적인 인도인들은 물질에 대해 멀리 할 것만 같지만 실생활은 앞에서 말한 바와 같이 오히려 더 물질적이다. 이러한 물질주의와 실리주의는 힌두의 철학적 배경과 더불어 역사적으로는 차나키야의 정책에서 크게 영향을 받았다.

힌두의 철학적 배경은 '아르타' 즉 부(富)가 현세의 인생 목적 중의 하나라는 사실이다. 마하바라타는 인생의 목적을 네 가지로 기록하고 있는데, 까마(사랑), 아르타(부), 다르마(의무), 목샤(구원)이다. 먹고, 입고, 사는 생활양식으로서는 금욕적이다. 과식과 음주는 죄악시한다. 하지만 돈을 모으는 부분은 종교적으로도 근거가 있고, 인생 목적의 하나로서 중요시하며 돈을 벌기 위한 강력한 의지와 노력과 방법을 깨우치고 있다.

실리를 추구하게 된 역사적인 배경으로는 차나키야의 '아르타샤스트라'이다. 차나키야는 코틸리야라고도 불리는 명재상이었다. 인도의 학자들은 그를 '인도의 마키야벨리'라고 부르며, '경제학의 개척자'라고도 한다. 소위 공작왕조라고 불리는 모리야 왕국에 찬드라굽타를 초대 왕으로 세우고 주변을 복속시키고 함무라비 법전에 버금가는 내용의 법령을 완성시키고 실행한 실권자였다. 델리는 그 왕조의 이름을 따서 모리야 셰라톤 호텔을 가지고 있다. 클린튼이나, 부시대통령, 노무현 대통령이 머문 호텔이다. 차나키야의 이름을 딴 극장이 있고, 동네의 이름으로 남아 있다. 그는 태어날 때부터 위아래 치아가 난 상태로 태어난 인물이라고 했다. 이는 왕이 될 징조를 의미하였기 때문에, 브라만으로서는 그럴 수 없는 현실적 조건을 인식하고 이빨을 부러뜨리고 남을 통해서 통치하는 인물로 그 운명을 바꾸었다고 한다.

그의 대작 '아르타 샤스트라'는 정치 외교의 교과서, 제왕교육서, 내치를 위한 법률서, 일반 백성 윤리서이기도 하다. '아르타 샤스트라'는 외교, 내치, 왕도, 윤리, 종교, 경제, 결혼 등 실제적인 문제들을 망라하여 산스크리트어로 쓴 기원전 4세기의 대작이다. 이 책은 모두 15권의 책으로 구성되어 있다. 그 제목을 보면, 제1권 훈련, 제2권 관리들의 의무, 제3권 법률, 제4권 고충 제거, 제5권 고관들의 행실, 제6권 주권(主權)의 근원, 제7권 6중 정책의 목적, 제8권 악(惡)과 재앙(災殃), 제9권 침략자의 일, 제10권 전쟁, 제11권 협력, 제12권 강적(强敵)의 경우, 제13권 요새 탈취법, 제14권 비기(秘技), 제15권 조약(條約)으로 구성되어 있다. 이 15권의 책 중에서 제2권 관리들의 의무가 실리적인 그의 교육 내용을 담고 있다. 구체적으로 직책을 언급해가며 그 직무별로 무엇을 해야 하는가가 기록되어 있다. 그 2권은 자그마치 36장으로 구성되어 있는데, 어떻게 마을을 구성하고, 토지를 분배하고, 성채를 건설하고, 시종, 국세관리관, 감사, 재무관리관, 광업관리관, 제조업 지도관리관, 금세공장의 의무, 창고관리관, 사업부관리관, 산림관리관, 병기관리관, 계량기관리관, 직종관리관, 도로관리관, 농림관리관, 주조관리관, 도살관리관, 유곽관리관, 선박관리관, 우(牛)관리관, 마(馬)관리관, 상(象)관리관, 코끼리 훈련, 전차대관리관, 보병관리관, 군사령관의 의무, 통행관리관, 목초관리관, 세무청장의 의무, 간첩, 시장(市長)의 의무 등등이 기록되어 있다. 기원전 4세기에 이같이 상세한 의무와 역할이 기록되어 시행되고 있었다는 사실은 놀라운 일이다. 꼬틸리야의 사상도 인도에서는 중요한 연구의 대상이 되기도 한다. 그 핵심은 "빚은 마지막 한 푼까지 모두 갚아라. 적(敵)은 흔적도 없이 없애버려라"는 것이다. 앞서 약간 언급한 바 있지만, 그의 정책은 두려울 정도로 실리적이었다. 어떻게 부(富)를 축적하는가하는 데 초점을 맞춘 부국 강병론이 포함되었다.

빈곤

대국적 시각에서 보자면 보다 장기적인 이익을 추구할 것 같은데 인도인들은 왜 눈앞의 이익을 추구하는 것일까? 그 환경적 이유는 빈곤이다. 현실을 살기에 급급한 나머지 내일이 없다고 여기기 때문이다. 인도의 사업자 계급인 바이샤들에게 가장 자연스럽게 배어있는 산스크리트어 속담은 "확실한 것을 잡고, 불확실한 것에는 근접하지 말라"는 말이 있다. 확실한 현재의 작은 대가를 받는 것이 불확실한 훗날의 큰 보상을 기대하는 것보다 낫다고 배운 것이다. 내세는 있어도, 현세에서 미래를 장담할 수 없다.

인도인들은 극심한 식량난을 수없이 겪어왔다. 농본국인 인도는 역사적으로 항상 빈곤을 겪어 왔다. 수백 년 동안 매년 아사자가 수천 명 이상씩 나왔다. 불규칙적인 몬순의 계절적 영향 탓으로 흉년이 드는 문제도 있었지만 동인도 회사의 진출 이후 경제적 지배를 이룬 영국의 식민통치가 더 치명적이었다. 학계에서는 종종 영국의 인도 통치가 잔혹하지 않고 발전에 도움을 주었다는 설이 있다. 그러나 그것은 영국 통치하에 인도인들이 얼마나 처참한 상태의 기아를 겪었는가를 모르고 하는 소리다. 영국의 식민통치는 인도를 보통 후퇴시킨 것이 아니다. 11세기에서 17세기까지 인도에는 극심한 한발이 발생하여 14번의 기아가 몰아닥친다. 전통적인 농번국인 인도는 배고픔 속에서, 한국에서 과거 보릿고개 시절이 있었듯이 근근이 버티고 있었다. 하지만 그러한 가난은 지역적인 현상이었다. 보다 치명적이었던 것은 동인도회사의 수탈이 극심해지면서 곡물 대부분을 영국으로 수출하게 되었고 인도의 농산물 가격은 높아질 대로 높아지게 되었던 것이다. 19세기 후반 25차례의 기근이 다시 몰아치자 기본 식량 자체가 너무 부족했고 이 때 생긴 아사자 수가 3~4천만으로 기록되고 있다. 2004년 인도의 선거에서 약 1,000명의 아사자 발생을 발단으로 정권이 바뀐 것을 보면, 영국의 식민통치 당시 수천만 명이 죽고도 영국은 부유해지고 영광을 받았으니, 나라를 빼앗긴 인도의 설움이라고 할 수 밖에 없다.

현재 기록을 남기는 원로들 중에는 20세기 초 인도의 기근을 겪은 이들이 남아있다. 이렇듯 생존을 보장할 수 없는 가난 속에서 내일에 대한 약속은 의미가 없었다. 한국인이 내일로 일을 미루지 않듯이 인도인은 내일 받을 것을 기대하지 않는다.

자부심과 실리

　자부심과 실리주의는 상반되는 개념이다. 자부심의 표출은 명분으로 가고, 명분과 실리는 일반적으로 대립되기 때문이다. 그래서 인도인을 실리적으로만 이해해도 안 되고 명분을 중시하는 사람이라고만 이해해도 안 된다. 그 두 가지 상반되는 개념이 복잡하게 혼융된 모습이 인도인이다. 이런 모습은 개인으로나 국가로나 비슷하게 드러난다.

　인도인은 자부심이 강하다. 그래서 인도는 쓰나미 원조도 소위 '대국(大國)'들에게서만 받았다. 한국이 인도를 원조하겠다고 하였지만 받지 않았다. 대국이 '소국'에게서 받을 수 없다는 것이다. 뿐만 아니라 내 코가 석자인데도 남아시아 맹주의 자존심을 걸고 쓰나미에 타격을 입은 또 다른 피해국인 스리랑카와 몰다이브에 오히려 지원을 하였다. 한국의 시각에서 보면 인도 내부에도 교육, 사회보장, 농업개발, 아동관리, 여성교육, 직업교육 등등 국제적인 도움이 필요한 일이 셀 수 없이 많다. 하지만 지금도 인도에는 일본의 JAICA 단원은 들어와 도울 수 있어도 한국의 KOICA 단원은 들어와 돕지 못한다. 인도가 이러한 도움을 원하지 않기 때문이다. KOICA 단원만 받아주어도 델리대 한국어 강의프로그램 개발이 훨씬 좋아지련만, G7 국가 정도 규모가 아니면 도움을 받고자 하지 않는다. 인도의 자존심이다.

　인도인의 자부심은 고대로부터 발전된 문화에 근거한다. 인도의 문화는 소위 약 5000년 전에 현재는 파키스탄에 속해있는 인더스 강 유역에 있는 모헨조다로, 하랍파 중심의 놀라운 계획도시를 건설하였다. 건축문화 뿐만 아니라 소위 브라만교를 형성하여 가장 오래된 경전 베다를 만들었다. 세월이 흐르며 그 종교와 철학, 행동규범들은 깊이를 더하고, 아유르베다 의학, 수학, 0의 개념, 전차와 코끼리를 사용하는 병법 등 오랜 세월을 거치며 다양한 방법을 개발하였다. 1947년 독립 이후 지난 60년의 세월동안 사회주의 국가의 흐름을 타고 빈곤의 상징적 국가로 꼽히기도 하였다. 하지만, 이제는 스스로를 달리는 코끼리로 여긴다. 아직은 경제 규모나 발전 정도가 여러 가지 면에서 중국의 1/10 수준이지만 이제는 Brics에서 Chindia로, Chindia에서 Indina로 이름을 바꾸어야 한다고 할 만큼 인도의 인력들이 경제에서도 자신감을 갖는다. 오늘날은 중국과 경쟁할 때가 왔다고 여긴다. 그런데 이런 자부심을 내세우면서 실리적으로 돈을 챙기기가 쉽지 않다. 목이 뻣뻣하면서 어떻게 도움을 요청하겠는가? 자존심을 내세우는데 어떻게 도움 주는 것을 흔쾌히 받을 수 있겠는가? 하지만 인도인은 개개인을 보면 실리적이다. 인도인은 이 두 가지를 동시에 다룰 줄 안다. 이 두 가지를 동시에 가지고 있는 인도인을 어떻게 이해해야 하는가.

2007년 초 이규태 선생의 마지막 컬럼이 일간지에 실렸다. 그 분의 컬럼 중에 인상적인 것이 한국인의 식비(飾非)철학이다. 식비(飾非)란 예의상, 장식용으로 "아니라"고 대답하는 것이다. 한국인은 배고플 때 집 주인이 식사하라고 권하면 배고프면서도 괜찮다고 대답해왔다. 언어의 주요한 기능은 의사소통에 있지만 이런 경우는 말한 내용이 정확한 의사를 전달하는 것이 아니다. 좀 더 장식적이다. "식사 좀 하세요!" "아니에요, 먹고 왔어요!" "괜찮아요. 배가 고프지 않아요!" 한국인들에게 아직도 이런 부분이 남아있다. 시대가 바뀌어서 요즈음은 한국인이 더 솔직하고 확실하게 의사표현을 하고 있다. 서로 친한 사이면 "식사 좀 하시지요!", "네, 감사합니다. 조금만 주세요!" 이 정도로 나가지 않을까? 한국인에 비해서 식사를 안 한 인도인에게 식사를 하라고 권하면 어떻게 될까? 배가 고프고 결국은 먹게 될 것이어도, 대답은 십중팔구 식사를 좀 했다고 하거나 이러저러해서 안 해도 된다고 대답하는 것이 정상이다. 그런 대답이 만일 상층 카스트 사람, 종교적인 사람이 한국인에게 대답하는 것이라면, 그것은 상위 카스트 사람이 하위 카스트 사람의 음식을 받아먹지 않는 것이 금기로 되어 있기 때문이다.

한국인은 과거부터 식모가 집안 청소도 하고, 밥도 짓고 해서 대충 식모나 청소부나 똑같은 가정부 계열로 여겼다. 이에 비해 인도인의 경우에는, 식사준비를 하는 사람은 높은 카스트다. 그래서 고급 호텔이나 음식점의 요리사는 상위 카스트 출신일 경우가 많다. 손님들이 낮은 카스트 사람들이 해오는 음식을 꺼려했으니 말이다. 그런 종교적 이유가 아니면, 더 흔한 경우는 과거의 한국인과 같은 식비(飾非)의 답변이다. 식사를 주는 입장에서도, 줄 마음이 없어도 반드시 물어봐야 한다. 그 때 대답하는 사람은 어차피 첫 대답에서 안 먹겠다고 대답하니까 정 식사를 대접할 마음이 없으면 그 순간에 그러면 식사 제공을 하지 않겠다고 표현하면 된다. 배고파도 고프다고 하지 않고, 먹으래도 괜찮다고 하는 체면을 중심으로 하는 답변으로서 이러한 인도인의 심리를 한국인이 이해하기는 그다지 어렵지 않다. 개인적인 자존심과 실리 사이에서 발전한 문화형태다.

하루는 필자가 재직하는 델리대에서 학생들과 캠퍼스에서 차를 마시면서 이야기하는 시간을 가졌다. 우리는 인도인에 대한 부정적인 면을 많이 말하지만, 인도 사람들도 한국인의 부정적인 면에 대해 말한다. 인도학생들이 공통적으로 느끼는 한국인에 대한 부정적인 시각 몇 가지가 있다. 일반적으로 한국인이 화를 잘 낸다든가 너무 급하다든가 하는 것은 잘 알려진 사실이다. 우리가 한 번 이상은 돌이켜 볼 내용이다. 그런데, 예상치 않은 약점으로 노출된 것이 허세가 심하다는 것이다. 자신들이 본 상당수의 한국인들은 능력이 실제로는 그만큼 되지 않으면서 말을 할 때는 모든 것을 해 줄 수 있는 듯이 이야기한다는 것이다. 약속한 것 때문에 개인적으로 희생을 감수해야 할 때 실제 희생까지는 하지 않고 발뺌을 하는 식이다. 상대방의 입장에서는 그 약속에 기초해서 실리적으로 얻을 것을 기대했을 것이다. 한국인이 접촉하는 인도인들이 한국인에 대해서 이런 기대감이 많은 것도 사실이다.

현재 이익

이 주제는 인도인의 성격을 말할 때 상반된 경우가 있다. 인도인은 이익과 상관없이 일한다. 오늘은 인천에 있는 모 대학 공대생들 다섯 명이 집을 찾아왔다. 라지브 초크에서 델리대학교까지 지하철로 왔단다. 그 전철 안에서 만난 인도인이 자기들을 차로 우리 집까지 태워다 주었다고 한다. 학생들은 이런 인도인의 따뜻한 정에 기분 좋아했다. 이것이 인도인들의 본 모습이다. 전술한대로, 일하고 나서 바로 고맙다고 표현하거나 수고에 대한 대가를 당장 받고자 하지 않는다. 도와주고도 아무 대가를 기대하지 않는다. 이것이 인도인의 전통적인 모습이다. 본인들이 도움 받으면 감사히 기억하고 다른 때에 갚아주고자 한다. 이런 면에서 더 장기적이고, 아시아적이다.

스리마드 바그바트 기타에서 크리슈나 신은 "네 일에 충실하고 그 결과를 생각하지 말라"고 하였다. 소위 까르마의 종교윤리가 인도인의 뇌리를 지배하고 있다.

반면에 인도인은 당장의 이익을 선택한다. 완고한 유교적 흐름보다도 더 신앙적 형태로 굳어진 힌두적 윤리규범 속에서는 상황에 따라 원칙을 바꿀 수가 없다. 이는 기회주의적인 흐름으로서 정통적인 신앙교육에서 어긋난다. 그런 기회주의적 대응은 자신에게 부여된 의무를 감당하는 것만을 배운 힌두들에게 쉽지 않다. 하지만 정반대의 모습을 보일 때도 있다. 이익 문제에 부딪칠 때는 현재의 이익이 중요하고 개인의 이익이 중요하다. 여기서 말하는 그룹이나 경향은 후자에 관한 것이다. 인도인은 괜찮다고, 아니라고 말하지만 실제로는 현재 보이는 이득이 중요하다. 후에 올지 말지 불확실한 이익보다는 현재의 작은 이익이 손에 들어오는 것이 중요하다. 인도인 입장에서는 다음 달에 보너스를 두 배로 받는 것보다는 그 절반이라도 지금 당장 받는 것이 낫다.

한 기업의 법인장은 현지 직원을 여러 명 데리고 있었다. 인사 문제가 발생하자 한 직원에게 승진문제로 현재 약간의 불이익을 감수하면 다음에 그에 대한 보상이 이루어지도록 하겠다고 했다. 그 법인장은 그 직원이 당연히 이러한 현재의 손실을 감수하고 내일을 기대하리라고 생각했다. 항상 법인장에게 무슨 일이나 명령만 내리면 충성하겠다고 했으니까. 그런데 그 불이익에 대해서 직원의 심한 항의를 받았다고 했다. 절대 충성하겠다는 그의 말은 거짓인 것으로 보인다. 하지만 내 판단으로는 그 말은 거짓이 아니었을 것이다. 절대 충성은 업무에 관련된 내용이지 개인의 이익이나 손실 문제가 아니기 때문이다. 내가 추천했던 한 직원의 경우, 중간에 도입된 새로운 봉급체계로 인해 그 당시에 월급이 줄어드는 상황에 부딪히자 바로 사임을 한 적이 있다. 사임할 때 거리가 멀어서 그만 둔다고 했는데, 실제로는 오래된 경비원보다 못한 월급 수준에 불만족스러웠던 것이다. 수개월 후면 새로운 월급체계가 작용하여 더 많은 월급을 받게 됨에도 당장의 손해를 받아들이기가 어려웠다. 당장 자신들이 받을 이득을 취하지 못하여 이에 분노하여 사표를 내는 것이다.

개인 이익

현재의 이익을 추구하는 또 다른 형태는 개인 이익 추구다. 개인에게 돌아가는 작은 선물은 전체에게 돌아가는 엄청나게 큰 선물보다 더 중요하게 의식된다. 작은 이익에 예민하기 때문이다. 한 대학 기념식에 갔다. 개인별로 소위 '스위트' 일종의 다과를 나누어 주었다. 끝나서 돌아갈 때에 원로 교수 한 분이 학생들에게 이 스위트 접시를 챙겨서 자신이 집에 돌아갈 때에 가져오도록 하는 것을 보고 개인 이익이 더 중요하다는 것을 깨달은 적이 있다. 인도에서 흔히 데모를 처리하는 방식에 이러한 속성이 적용되기도 한다. 집단으로 데모하고 있을 때, 그 리더를 잘 섭외하여 혜택을 주고 와해시켜버리는 것이다. 대쪽 같은 리더를 만나면 이러한 방식은 역효과를 불러일으킬 수 있다. 하지만 상당수는 무력을 사용하지 않고 그런대로 문제를 가라앉힐 수도 있다. 그 대표 입장에서는 개인의 이익이 전체의 요구보다 더 중요하니까 그런 교섭이 가능해지는 것이다.

이익을 다룰 대표는 단 한 사람, 최고 책임자면 족하다. 두 사람을 상대하지 않고 최고 책임자 한 사람만이 그런 문제를 다룬다. 큰 일 속에서도 작은 개인의 이익이 중요하다. 영국의 식민 통치자들도 이런 내용을 잘 파악했다. 영국이 인도를 합병해 나가던 과정에서 소위 삼면 외교 정책이라는 것이 있는데, 각 세력을 정치적 상황에 맞추어 세 가지 방향으로 외교 관계를 수립하는 것이다. 이 중에 독립 왕국 산하에 있는 영주들을 흡수하는 방법으로 사용한 것이 바로 이 방법이다. 본인들에게 혜택을 주고 영국에 협조하도록 유도해 냈다. 설사 지위 상으로 우리가 우위에 있더라도 억압하는 것보다는 개인에게 약간의 혜택을 주면 공적인 일도 더 신실하게 처리한다.

자린고비 반야(Banya), 인도의 사업가 (1)

인도를 고향으로 여기는 둘째 딸이 방학을 맞아 오랜만에 인도로 왔다. 인도로 온 다음 날부터 델리대학교에 다니는 딸아이의 인도 친구들이 하루를 멀다하고 드나들며 깔깔거리느라 바쁘다. 델리대학교 산하 소위 명문대인 St. Stephen's College, Lady Sriram College, Sri Ram College for Commerce, Jesus & Mary College, Miranda House 등, 인도 학생들에게는 선망의 대상인 명문대학의 여대생 여섯 명이 수시로 드나든다. 그 친구들의 종교를 보면 5명이 힌두, 1명이 팔시다. 5명을 카스트로 나누어보면 셋은 브라만, 둘은 바이샤, 크샤트리아는 아무도 없다. 이 중 바이샤인 친구의 아버지는 인도에서 2, 3위권에 드는 기업의 부사장이다. 나도 몇 번 만난 적이 있는데 이 사람은 돈 버는 것 외에는 다른 공부나 일엔 도무지 관심이 없다. 아이들 말로는 기세는 등등하지만 돈 쓰는 데는 지독히 인색하단다. 또 다른 친구 한 명은 곧 캐나다로 의상 디자인 공부를 위해 떠난다고 한다. 그 아버지는 사업가로서 칸델왈이라는 성을 가졌다. 이 성은 전형적인 바이샤를 나타내는 성 중의 하나다. 이 같은 바이샤는 대대로 인도의 카스트 중에 사업을 장악하고 있는 상층 카스트다.

상층 카스트는 한국인이 알고 있는 네 개의 카스트 중 재생 계급에 속하는 브라만, 크샤트리아, 바이샤들이다. 이 세 계급에 해당하는 인구는 대체로 50~60% 정도로 본다. 이것은 곧 40~50%에 해당하는 인구가 바로 수드라 계급 및 부족이라는 말이다. 사업 인구와 카스트를 비교해보면 카스트별 인구와 대충 비례한다. 전 인도의 사업 인구 중에서 상층 카스트가 40~50% 정도를 차지하고, 하층 카스트가 50~60%라고 한다. 이때 상층 카스트란 브라만, 크샤트리아, 바이샤 출신의 사업가들을 말한다. 하층 카스트는 수드라와 부족을 포함하여 말한다. 이런 비례는 매출액이나 통상 규모의 비율이 아니라 인구 비율일 뿐이니까 산업계의 영향력을 의미한다고 할 수는 없다. 그러면, 인도 산업계에 영향을 미치는 계층은 누구일까?

인도에서 가장 영향력 있는 전통적인 비즈니스 그룹은 바이샤다. Mittal, Reliance의 Ambani, Birla, Sri Ram, Modi 등은 세계적으로도 각 분야에서 인도를 대표하는 대표적인 기업주들이다. 이들은 모두 상층 카스트 중에도 바이샤들이다. 이러한 바이샤 또는 사업가 계층은 지역, 가문, 종교에 따라 출신이 다양하다. 예를 들자면 상당수는 바이샤면서 반야면서 말와리이기도 하다. 이같이 인도에서 비즈니스와 관계되어 흔히 듣는 카스트나 종교나 그룹 이름들은 '바이샤', '반야', '말와리', '시크', '팔시', '자인' 등이다. 이 이름들이 갖는 위치와 의미를 알아보고자 한다.

바이샤(vaisya)

인도의 사성제 즉, 카스트 제도는 인도 신화에 따르면 브라만은 브라마 신의 머리, 크샤트리야, 즉 왕족계급은 가슴, 사업가 계층인 바이샤는 배, 노동을 하는 수드라 계급은 발에서 나왔다고 한다. 바이샤는 창조의 신 브라마의 복부에서 나온 카스트니까 음식과 부와 관계있다. 바이샤는 경영, 물질을 다루는 계급으로 계급의 이름 '바이샤'는 원래 '비샤야'라는 말에서 유래된 것으로 알려져 있다. '비샤야'는 '전문 지식'이라는 뜻이다. 이 지식은 중독성을 가지고 있다고 믿는다. 그래서 일단 이런 전문 지식에 연루되면 이 전문 지식을 이용하여 영향력을 행사한다. 오늘날로 말하자면 의사는 의학지식을 이용하여 영향력을 발휘하고 변호사도 법률지식으로 영향력을 행사한다고 할 수 있다. 이와 같은 무형의 지식이 미치는 힘, 그 맛이 바로 '비샤야'다. 그래서 '비샤야'는 새로운 상황과 일, 일과 사람의 관계에 대해 새로운 시도를 해본다는 의미로 쓰이기도 했다. 이 때 이런 관계 형성은 사업에서 새로운 사람들과 관계를 맺듯이 계급이나 힘에 의한 것이 아닌 자유 의지에 의한 것이다. 그래서 사업은 본인들의 자유의지에 대한 동의로 이루어지는 것으로 인식되어 있다. 이와 같이 비샤야는 정치, 경제, 경영, 화학, 이학 분야 등 어느 분야든지 전문 지식을 가진 사람을 말하는 용어였지만 고대로부터 중세로 내려오면서 점차로 경영을 하는 사람을 대표하는 용어로 변화되었다. 이제는 바이샤는 사업가를 상징하는 카스트로 완전히 대체되었다.

인도의 카스트에서 특징적인 것은 색깔인데 각 카스트가 색깔로 상징되어왔기 때문이다. 브라만은 흰색으로서 힌두교 사제계급들이 아직도 즐겨 입는다. 요즘 흰 꾸르따 파자마를 입는 사람들은 인도의 정치인들로 인식되어 있지만, 원래는 힌두교, 자인교 사제 계급의 옷 색깔이다. 크샤트리야는 붉은 색으로서 이 색은 힌두에서 힘, 정열, 용기를 상징한다. 수드라는 검은 색으로 인도인들이 아무래도 가장 꺼리는 색이다. 인물을 볼 때 가장 중요한 요소 중 하나가 피부색이다. 학생 중에 중매 결혼을 하려는 학생이 있어서 "결혼하게 돼서 기쁘겠구나!" 하였더니, 의외로 "신부 될 아가씨가 얼굴이 좀 까무잡잡해서요……." 한다. 이처럼 결혼 배우자를 찾을 때도 피부가 검으면 질색한다. 바이샤를 대표하는 색은 노란색으로서, 노란색이 비시누 신을 상징하기도 하지만, 사업에서는 '물건의 품질'을 상징하기도 한다. 이처럼 색깔에 따라서 각기 목표로 하는 일들이 다르다. 이러한 문화적 배경 속에서 바이샤들은 이윤을 내는 일에 충실하고자 한다. 사업이 자신들에게 부여된 종교적 임무 즉, dharma이기 때문이다. 이들의 종교적, 가문적, 개인적 목표는 철저히 이윤을 남기는 것이다. 그럼에도 불구하고 이들이 돈을 밝히기 때문에 비신앙적인 그룹이라고 생각하면 그것은 기독교적, 또는 불교적 시각에서 비롯된 편견이다. 전통적으로 이들의 신앙 행태는 브라만과 비슷하고, 금식, 헌물, 헌신을 철저히 시행하는 카스트다. 하지만 물질에 관해서는 이윤을 남기는 자체가 자신들 신앙의 가장 큰 윤리기준이다. 이윤이 윤리관이고 사업관이고 가치관인 것이다.

내 학생들 중에도 바이샤들이 있다. 이들에게 인생의 목적을 물으면, 남학생이든지 여학생이든지 '돈 버는 것'이다. 벵갈로어로 직장을 잡아 간 나의 학생 중 반야 출신인 여학생은 반드시 자기 스스로가 돈을 벌어 사장이 될 거라고 벼른다. 브라만이나 크샤트리야들은 이렇게 대답하는 경우가 정말 드물다. Mittal이라든지 Ambani, Birla 등 인도의 큰 사업가들은 대개는 이 계급이다. 바이샤들의 성씨는 Aggarwal, Goel, Goyal, Sinha, Gupta, Solanki, Sharma, Modi, Varma, Seth, Oberroi, Bansal, Mittal, Prasad, Chaurasia, Bhagat 등 무수히 많다. 델리에는 오베로이 호텔이 유명하니 기억하기 쉽고, 아갈왈 스위트 숍은 어느 동네에 가도 있으니 기억하기 쉽다. 이런 대표적인 성씨는 기억해 두는 것이 인도 생활에서는 상대방의 의식과 사고를 읽어나가는 데 유익할 것이다. 야다브(Yadav)

는 크샤트리아라고 하지만 지역별로 바이샤 중에 우유를 다루는 비
즈니스 그룹으로 간주하는 경우가 더 많다. 이들은 항상 위 계급에
게 우유를 공급했기 때문에 천민으로 취급받지는 않고, 오히려 지역
적으로는 야두 반시라고 하는 크샤트리아로서 지배계급으로 취급되
기도 한다. 샬마라는 성은 브라만에게 많이 나타나지만 바이샤에게
도 간간히 보인다. 모디는 면직물을 배경으로 한 바이샤 계급이다.
인도의 회사 내에는 관리직격인 랄라이라고 하는 그룹이 있는데, 이
들은 회계 장부를 담당한다. 인도 기업들은 재정 부장이나 회계과장
등을 이러한 계급 출신을 임명하는 경향이 강하다. 사업이 자신들의
신앙이기 때문에 이들 출신에게 일을 맡기면 이윤을 내고자 하는 자
세가 반영되어서 회사에 유익한 결과를 가져오기 때문이다.

반야(Banya)

바이샤를 반야(Banya)라는 계급과 혼동하여 사용하는 경우가 많
다. 반야는 바이샤 계급의 일부분이었지만 이제는 점차로 사업하
는 사람들의 대표어가 되고 있다. 현재 그 의미는 '지독한 구두쇠',
'돈이 많은 사람', '부지런한 사람'의 의미가 동시에 담겨있지만 전
체적으로는 '돈 많은 구두쇠'라는 좀 비아냥조의 의미가 담겼다. 반
야의 기원은 구자라트 및 라자스탄 지역에 중세 포에 등장하는 '바
닠'이라고 불리는 상인계급으로 곡물상인, 고리대금업자에 해당된
다. 바이샤 계급 안에 여러 직종 중에 하나였던 반야는 주로 곡물상
이었다. 이들 계급의 인생의 주 목적은 돈 버는 것이며 눈에 보이는
당장의 이윤을 내지 못한 거래는 모두 실패로 여긴다. 그래서 인도

속담에 "반야는 일 루피를 얻으면 그 달에 여덟 배로 남기고, 놋쇠 단지 하나를 들고 들어오면 수백만 원을 만들어 돌아간다."는 말이 있다. 반야 출신 또 다른 여학생이 지난 달에 결혼을 하였다. 그래서 그 친구에게, "그래, 사미따는 결혼 잘 한 거지?" 물었더니, 그 반야 친구 왈, "본인은 좋아하는데, 부모님은 별로 만족해하지 않아요. 남편이 은행 과장이거든요." "아니, 은행 과장이 어때서? MBA도 했다며?", "사미따 집안은 반야니까요. 월급 몇 푼 받아오는 직장인을 못 마땅하게 여겨요." 반야는 직접 움직여서 조그만 이익으로 엄청난 이득을 보아야 직성이 풀린다. 반야들은 물건을 완전히 봉해진 상태로 파는 것보다는 봉투를 뜯어서 낱개로 파는데 익숙하고, 곡물류도 규격화된 저울추로 재는 것이 아니라 대충 비슷한 무게의 돌이나 벽돌로 무게를 달기 때문에 정식 규격과는 차이가 난다. 이들은 이 차이의 이익도 노린다. 전통적으로 반야들은 정확한 가격 경쟁보다는 이러한 작은 수에 익숙한 편이다. 우리가 볼 때는 비정상적인 상도의에 해당돼 보이지만 이익을 내는 최종목표를 위한 방법 중 하나인 것이다.

그러면서도 반야는 명예를 중시한다. 그래서 말로 약속을 잘 하지 않는다. 한 번 약속하면 지켜야 하기 때문이다. 반야들은 돈을 버는 것이 목적이기 때문에 소비자와 논쟁을 벌이지 않는다. 부드럽게 말하고 사가도록 만든다. 필자가 INA 마켓 단골 가게에 갔는데 종업원이 힌디어로 맞지 않는 비싼 가격을 불렀다. 힌디어를 모를 줄 알고 한 일이었다. 필자가 잘못된 수치를 지적하자 종업원은 뒤로 물러나고 집 주인이 다시 확인해서 정확한 금액을 넘겨주었다. 결국 마음을 가라앉히고 물건을 모두 사올 수 있었다. 이같이 반야들은 장사를 하는 사람 입장에서 소비자와 싸우는 모습을 보이는 것이 사업에 해롭다는 것을 잘 안다.

이들은 옷, 음식, 가구에 돈 쓰는 것을 무의미하다고 여길 만큼 하루하루 경비를 절약하여 산다. 반야인 하리야나 출신 학생은 "교수님, 우리 할아버지 댁에 가면 그렇게 부자인데도 부엌에 식용유가 없어요. 게다가 목욕탕에 가면 비누가 없어요." 하며 반야가 얼마나 인색하게 사는지를 알려주었다. 반야는 주식과 같이 많은 돈을 투자하여 큰돈을 만들어 온 것이 아니라, 지독하게 아끼고 아껴서 재산을 축적한다. 그런데 엄청나게 부를 축적해도 본인들이 지독하게 가난한 모습으로 살기 때문에 다른 카스트나 외부의 질시를 덜 받는다. 연구차 라자스탄에서 수개월 살았던 한 한국인 인류학자가 돈은 비싸게 받으면서도 엄청나게 자린고비 노릇하는 집 주인에게 질렸다. 매일 아침 아침식사 대신에 주는 차 한 잔의 크기가 보통 조그만 찻잔의 절반인데다가 그 이빨 빠진 찻잔에 우유를 희석해서 희멀겋게 넣고 점심 식사 반찬은 밥 조금에 달(Dal), 무 조각 몇 개가 전부로 영양실조로 죽을 지경이라고 하소연을 하였다. 그러나 이러한 삶은 그 집만 특별히 인색해서 그런 것이 아니다. 기본적으로 부유한 반야는 이러한 지독한 구두쇠의 삶이 일반적이다. 반야들은 식사를 다하면 물을 부어 마지막까지 마신다. 인도인은 손으로 먹기 때문에 그 음식을 먹고 물을 그릇에 부어 손을 닦고 그 물을 마시는 것이다. 생활 관습을 보면 음식을 심하게 가리는 편으로 통상 채식주의자가 많고, 전통적으로 암소 우유가 아닌 염소, 양의 우유는 마시지 않는다. 야채도 가리는 것이 아주 많은 편인데, 강정 식품으로 여겨지는 꿀, 식초, 콜리 플라우어, 당근, 양파, 마늘, 고추, 파파야, 석류, 무화과 등을 먹지 않는다. 오랜 세월 속에서 이러한 식품이 자신들의 정신적 수련을 방해한다고 익힌 탓이다. 따라서 이들은 육식을 하는 반야 이외의 카스트 사람들의 식습관을 좋아하지 않는다.

농본국가인 인도에서 곡물상이 절대적인 영향력을 행사한 것은 자명한 일이다. 반야들은 곡물상이라고는 하지만 항상 집안 대소사에 목돈이 필요한 농민들에게 고리대금업을 기본적으로 병행한 계급이다. 일은 무역, 은행업, 중개업, 고리대금업 등이다. 어떻게 보면 고리 대금업이 더 중요한 주업일 수도 있다. '쩐의 전쟁'에서 고리대금업자가 돈을 벌어들이는 방법대로 이들은 이윤을 남기기 위해서 부정적인 일을 서슴지 않는다. 특히 흉년은 반야들이 고리로 돈이나 곡식을 빌려주어서 더 큰 부자가 되는 절호의 투자 기회다. 얼마 전 일간 신문 기사에서 투자가 버핏 회장의 투자 향방에 대해 보도한 적이 있다. 500억 달러에 가까운 현금을 보유한 채 투자처를 찾고 있으며 증시가 급락하는 순간이 가치 투자자인 버핏에게는 오히려 행복한 때라는 것이다. 돈을 만지는 사람들의 천부적 감각은 동서고금을 막론하고 비슷한지 버핏 회장이 일반적으로 금융시장에 대혼돈이 발생할 때 진정한 기회가 온다고 한 것을 인도의 반야들은 오랜 세월을 거쳐 오면서 생활로 터득한 것이다. 그럼에도 이들은 농민들의 땅을 뺏는 일은 거의 없다. 농민들이 생산 활동을 해야만 자신들에게서 빌려간 돈을 갚을 수 있기 때문이다. 장기적으로는 이렇게 농토를 놓고 경작하도록 허락하는 것이 더 이득이 된다.

반야들의 훌륭한 점은 열심히 일하고 검소하게 산다는 점이다. 반야들은 아주 근면하다. 한국인들처럼 휴식을 모르고 계속 일하며, 휴식을 하면 오히려 불안해하는 성격이 있다. 그래서 인도 속담에는 "직장이 없는 반야들은 최소한 자기 집 옥수수를 이 방에서 저 방으로 계속 옮겨야 직성이 풀린다"고 했다. 그냥 창고나 방에 두면 될 옥수수를 쓸데없이 자리를 옮기기라도 해야 일을 하는 만족감을 얻는다는 뜻이다. 또 다른 속담에서는 "일이 없는 반야들은 자기 저울의 무게라도 재고 있다."고 한다. 저울은 다른 물건의 무게를 재야 하는데, 잴 것이 없으니 그 저울 자체의 무게라도 재려고 애쓴다는 것이다. '말와리'도 일반적으로 라자스탄 주 밖에서는 '반야'로 취급된다. 반야들은 지역별로 특정 사업을 독점하며 화상(華商)들과 같이 어려울 때는 상호간에 철저히 도와준다. 자기들이 통상 사용하는 언어 말고도 반야의 특수 상거래 문자를 써서 장부를 기록해 나간다. 사업상의 암호로 기록하는 것이다. 그래서 혹시나 외부 세력이나 세무 공무원이 그 장부를 입수해도 내용을 알 길이 없다. 반야는 기본적으로 바이샤 카스트지만 그 안에 많은 서브 카스트가 있다. 오스왈, 아가르왈, 마헤시리, 등은 위대한 사람들이라는 뜻의 '마하잔'이라고 불리기를 좋아한다. 그 외에 나가르, 니마, 스리말리, 모드, 라드, 카다야타, 포르바드 등 수도 없이 많다.

반야들의 셈은 아주 빠르고 정확하다. 인도인 전체적으로 치자면 한국인의 셈이 더 빠른 편이다. 인도의 수학이 앞선 것을 말하기 위해 19단을 예로 들지만 그런 것은 인도의 수학교육 현실을 정확히 반영한 것은 아니다. 수셈이 좀 늦은 일반인들에 비해서 반야들은 암산이 가능할 정도로 수셈에 강하다. 사업을 위한 훈련과정에서 계산이 틀린다는 것은 이들에게 용납되지 않는다. 교육 내용에서 남녀 성별 차이도 분명해서 남자가 사업을 하고 여성은 가정을 돌보아야 한다. 반야는 남아(男兒)들에게 초중학생 정도의 어린 나이에서부터 사업을 가르치고 여아(女兒)는 학교 교육보다는 살림을 하도록 집안 교육만 시키는 경향이 강하다. 이 반야들은 손익을 따지는 가치관 중심의 사고체계를 가지고 있다는 것을 이해할 필요가 있다. 기업 윤리의 문제를 중시하지 않는다. 개인사업 측면에는 장래를 보는 통찰력이 있어서 "반야는 미래에 대해 생각하고, 자트는 과거를 생각하며 브라만은 경전이나 읽고 있다."라는 말이 있다. 이들의 가치관과 생활 양태는 국제화하는 현대 사회의 흐름 속에서 이해하기 어려운 행태를 갖고 있다.

말와리(Malwari)

인도의 또 하나의 대표적인 사업가를 지칭하는 용어는 말와리다. 말와리(Malwari)는 사업가 계급들의 지역적 성격을 감안한 이름이라고 보면 될 것이다. 우리 식으로 말하면 '대구 사업가', '부산 사업가', '광주 사업가'라고 부르는 것과 비슷하다고나 할까. 말와리는 라자스탄의 서부, 타르 사막을 포함하는 지역인 말와르(Marwar)라는 지역 사람들을 일컫는 용어이기 때문이다. 힌디어에서 끝에 붙는 '이'는 사람을 지칭하는 접미사니까 '말와르 지역 사람들'이라는 뜻이다. 가장 앞에 붙은 '말'이라는 용어의 뜻은 인도 사막 지대 도시의 대표인 자이살마르에 대한 또 하나의 이름이다.

원래는 말와리는 고대, 중세에 바이샤가 아닌 크샤트리야에 속한 것으로 알려져 있다. 말와리 중 가장 대표적인 아갈왈은 마하바라타에 등장하는 크샤트리야 중에도 가장 서열이 앞서는 수리야 반시에 속한 아그라센 왕의 후손으로 여겼지만 마헤시와리도 이 수리와 반시의 후예들로 간주된다. 비를라도 베하르싱지라는 수리야반시의 후손으로 인정된다. 토시니왈도 수리야반시에 속하는 테이싱지의 후예로 알려져 있다. 이 지역 출신들이 사업적으로 특출하게 성공을 하다 보니 라자스탄의 사업가 혈족을 의미하는 용어가 되어서 이제는 왕족 계급이 아닌 사업가 그룹으로 여긴다. 하지만 본인들은 사업을 성공시킨 왕족이라는 생각이 잠재되어 있다. 이 사람들은 힌디와 같이 산스크리어계에 속하는 말와리어 또는 자신들의 말인 바루바샤라고 하는 언어를 사용한다. 말와리는 구자라트, 라자스탄을 중심으로 직물류 사업으로 성장한 비즈니스 계급으로서 그 지역에 직물류 사업이 성행하는 것도 관계가 있다. 요즘도 마하라슈트라나 구자라트는 직물 산업이 유명하여 1990년 말에는 한국 기업도 합자를 위해서 그 지역에 들어갔다.

세계적으로 알려진 인도의 사업가들, 미탈, 암바니, 비를라, 바자지, 모디, 피라말, 케탄, 상가이, 포다르 등이 말와리 출신들이다. 말와리를 계보별로 나누어 볼 수도 있는데 소위 _왈(wal)이라는 접미사 그룹은 거의 말와리들이다. 가장 강력한 아가르왈 그룹에는 킬라, 자티아, 바자지, 싱가니아, 모디, 사라프, 모우르가 속하고, 마헤시와리 그룹에는 비를라, 타파리야, 비야니, 소마니가 속하며, 오스왈 그룹에는 벵가니, 바이드, 보드라 등이 속하며, 칸델왈, 포르왈의 그룹이 있다. 요즘도 마하라슈트라나 구자라트는 직물 산업이 유명한데, 1990년 말에는 한국 기업도 합자를 위해서 그 지역에 들어갔었던 일이 기억난다. 말와리들의 종교는 힌두교 아니면 자인교들이다. 그래서 말와리 힌두와 자인은 서로 교류를 하는데 큰 문제가 거의 없으며 상호간 결혼도 가능하다. 특징적으로 말와리는 본인들이 왕의 후예들이라는 생각이 잠재되어 있으므로 라자스탄의 전통을 지극히 중시한다.

인도인의 디아스포라는 세계적으로 유명하지만, 그 중에 말와리의 디아스포라는 유명하다. 인도 내에서는 가깝게는 펀자압, 구자라트에서 멀게는 켈커타, 시킴, 아삼, 메갈라야, 마니푸르에 이르기까지 유대상인들이 전 세계에 확산되듯이 말와리는 전국적으로 이주하여 정착하였다. 역사적으로는 무굴제국, 특히 악바르 대제때 말와리들은 전국으로 흩어져서 사업 기회를 찾았다. 특히 동부 즉 비하르, 오리사, 서부 벵골. 당시 벵골주는 회교도 태수들이 장악하고 있었는데 말와리들은 이들로부터 비상한 경영능력을 인정받고 후원을 받게 되었다. 그 이후 영국 통치가 시작되었어도 켈커타를 중심으로 한 벵골 지역을 말와리들 중심의 대사업가들이 장악하게 되어서 말와리의 서브 카스트인 오스왈, 포르왈 등등의 이름이 이 지역에 대지주 또는 황마(Jute) 사업가로 등장한다. 통상 한국에 세포이 반란이라고 알려져 있는 인도의 동학혁명과 같은 제1차 인도 독립 전쟁이 종결된 1858년 이후, 말와리들은 다시 대규모로 이주를 하게 된다. 이때 이후로 현재의 방글라데시 지역을 포함한 동부 지역의 사업을 대소를 막론하고 거의 장악한다.

인도에서 사업을 하는 한국인은 말와리들의 이름을 기억해 둘 만하다. 사업 상대자가 될 경우도 이 사람들은 그 이면에 사업관계성이 있는 다른 말와리들과 촘촘히 관계를 맺으며 존재한다는 사실을 아는 것이 낫다.

대표적인 이름들은 아갈왈, 바자지, 반살, 반다리, 바라티아, 비를라, 달미야, 갈그, 고엔카, 고얄, 굽타, 진달, 카이탄, 칸델왈, 코타리, 로히아, 미탈, 모디, 오스왈, 포다르, 싱할, 싱비, 타파리아 등이다.

한국인의 사업 상대자 시크,
인도의 사업가 (2)

1995년 네루대학교에 한국어 학사 과정을 설치하던 초기에는 모든 학생의 출신 환경이 너무 비슷하였다. 25명 선발에 21명이 비하르 주 출신이었다. 2002년 델리대학교에 한국어 과정을 설치할 때는 50명 선발에 40명 이상이 델리 출신으로 전체적으로 델리대는 델리 출신 힌두, 네루대는 비하르 출신 힌두로 고정되어 있는 편이었다. 요즘은 델리대학교의 칼라가 달라졌다. 델리, 비하르, 우타르 푸라데시, 펀자압, 마니푸르 등. 출신지, 인종, 카스트, 종교가 다양해졌다. 학생들 중에는 종교적으로 힌두 출신 외에도 무슬림, 시크나 자인교 학생들이 소수 끼여 있다. 시크 학생들은 외양으로도 부리부리한 눈에 유럽인을 닮은 외양, 무엇보다도 큼직한 터번차림으로 이목을 끌며 물질적으로 여유롭고 부지런한 경제활동으로 눈에 띈다. 한국인들이 인도에서 사업을 하고자 할 때는 사업 문화의 일부로서 인도인들의 가치관과 사업 관행을 반드시 이해해야만 한다. 일에 대한 개념과 방법이 전혀 다르기 때문에 반응하는 방향이 다르게 나타난다. 인도에서 여러 번 발생한 비슷한 사건이 있다. 한국인 고용주나 상사가 화를 내면서 "왜 일을 이따위로 하는 거야! 당장 나가! 해고야!"라며 소리치는 경우가 있다. 한국인에게는 인도 직원이 업무를 제대로 처리 못하는 데 대한 훈련이요 화풀이다. 그러나 인도인은 이러한 방식으로 훈련되지 않는다. 오히려 그 말을 정말로 해고로 알아듣든지 인격 모독으로 여긴다.

　이에 대해 인도인들은

　"한국인은 왜 그렇게 감정적이고 화를 잘 내냐?

　모두 명령을 내리듯이 일을 하냐?

　상대를 존중하는 문화가 없냐?"며 이해하지 못한다는 반응을 보인다. 때로는 한국인이 인도의 문화, 사업 관행을 이해하지 못하는 것을 악용하기도 한다. 소위 '물 먹이는 것'이다. 따라서 이러한 실제적인 문제를 해결하기 위해서는 각 개인의 종교에 따라서 사업 분야와 성격, 관계를 기본적으로 이해해야만 한다.

　인도 사업가를 말할 때 국제 무역에서 빼놓을 수 없는 사람들이 있다. 시크교도, 조로아스터 교도, 자인교도 들이다. 이들은 교리 중에 사업을 성공시켜야만 하는 독특한 성격들이 포함되어 있다. 구자라티라든지 펀자비라든지 신디라든지 하는 지역적 성격이 나타나는 경우도 있다. 인도 기업을 대표하는 타타 그룹이 종교적으로는 고대

페르시아의 조로아스터교계이고, 진달 그룹의 진달(Jindal)이 펀자
비(펀잡사람)다.

시크 교도

펀잡 사람들 중에 머리에 큰 역삼각형에 가까운 터번을 두른 사
람들이 시크교도들이다. 미국에서는 이들이 무슬림이나 테러리스트
로 오해받고 폭행을 당하는 경우가 발생하지만 사실은 교리상이나
성품상으로 직선적이고 정직하다. 시크 인구는 인도 내에 약 2,000
만 명 정도로 인도 전 인구에서는 겨우 2%밖에 안 된다. 하지만 남
한 인구의 3/5을 넘으니 수적으로도 무시할 수는 없고 인도에서의
경제적 영향력은 인도에서 1, 2위를 다투는 그룹이다.

'시크'라는 말의 어원은 제자나 학생을 의미하는 '시샤'에서 왔
다. 큰 스승에게서 배워나가는 제자들의 군단이 시크다. 원래 시크
의 시작은 펀잡에 반복되는 무슬림의 침공에 대비해 힌두들이 장남
을 내보내 자위를 위한 종교 군대를 형성한데서 비롯되었다. 그래서
시크는 신에 대한 헌신과 인간에 대한 봉사를 기본으로 하는 일종
의 종교적 군사 개념을 가지고 있다. 이들이 윤리의 핵심으로 여기
는 교리를 보면 세 가지 강령으로 표시되는데, '남 자포'(묵상), '기
라트 카르니'(근면하고 정직하게 일할 것), '완드 카이 샤코'(소출을
나누어 줄 것)다. 이러한 교리 덕에 시크들은 거지가 없고 한국인으
로 치자면, '하면 된다'식으로 도전하는 성격이 있다. 그래서 좋은
결과를 거둔다. 시크들은 소위 Five K라고 해서 K로 시작되는 다섯

개의 성물을 몸에 지닌다. 평생 머리를 자르지 않는 케쉬(Kesh)는 부모에게서 물려받은 몸을 소중히 여기는 『효경』의 가르침을 연상시킨다. 나무로 만든 머리빗 캉가(Kanga)는 거칠고 손바닥 안에 들어갈 만큼 조그맣다. 특별히 만든 속옷 캇차(Kaccha), 팔목에 끼는 철제 팔찌 카라(Kara), 끝이 뾰죽이 올라간 단검 키르판(Kirpan)을 항상 몸에 지녀야 한다. 이 상징물들은 정직, 평등, 정조, 신에 대한 정결한 마음, 폭정에 대한 저항을 상징한다.

이러한 교리적인 가르침 때문에 전체적으로 이들은 한 번 약속한 것을 좀처럼 바꾸지 않는 경향을 보인다. 그래서 이들과 사업을 할 때는 초기에 협의를 잘 끌어내야 한다. 이들은 초기에 상당히 고가를 제시해서 동의를 얻는다. 저가를 제시하여 뒤에 부수의 가격을 붙이는 방식을 취하지 않는 경향이 있다. 왜냐하면 전자는 상대에게 무리한 가격이 될 지라도 상대가 동의하였기 때문에 말한 대로 정직하게 하는 것이지만 후자는 속이는 것이기 때문이다. 한 번은 시크 가구상에게 테이블을 주문하였다. 상당금액으로 확정을 지은 후 그 책상을 더 크게 해야 할 것 같아서 양쪽 20cm씩 늘려달라고 했다. "그러면 800루피를 더 주세요." 그럴싸해서 동의한 후 확인하니 200루피만 더 주어도 확장이 가능한 것이었다. 자연히 왜 이렇게 비싸게 요구했냐고 하니까 "당신은 그 가격에 동의했지 않았느냐?"고 했다. 이런 식의 요구는 시크의 일반적인 행태다. 시크는 상대적으로 물질에 집착하는 경향이 있다. 세상과 유리되거나 물질을 터부시하지 않으며 세상에서 가장 우수하게 되고자 한다. 가장 좋은 물건을 소유하고자 하는 성향도 갖고 있다. 이런 물질적 성향 면에서 일반적인 인도인들과 눈에 띄게 구별된다. 그래서 인도에서 벤츠를 가장 흔히 구입하는 사람들이 시크들이다. 이들은 물건이 좋으면 아무리 비싸도 구입한다.

전 인도의 도매시장 중의 도매시장은 찬드니 촉 시장이다. 그 찬드니 촉은 거리마다 다른 항목의 인도의 도매시장이다. 그 중 카리 바왈리 거리을 보면 무수히 많은 견과류와 향신료 가게들이 있다. 이 가게들의 거의 모든 소유주는 시크다. 카드라 거리는 의류가 넘치는데 이곳의 소유주도 모두 시크다. 시크는 시장만 장악하고 있는 것이 아니다. 자동차와 관계된 '소프트 웨어'와 '하드 웨어'도 시크들의 몫이다. 델리 택시는 각 동네 구석구석에 하루 종일 진을 치고 있는 콜택시 형태다. 델리의 80% 이상의 콜택시는 모두 시크들 소유다. 조금 큰 규모의 여행객을 상대하는 12인승, 15인승, 25인승, 40인승 승합차량들을 갖고 있는 모든 여행사들도 상당수가 시크 소유다. 여행사에서 연결해 주는 빠하르 간지나 커롤 박의 호텔 촌 주변을 보면 호텔, 식당업의 이면에도 시크들이 다수다.

카시미리 게이트 주변은 모두 자동차 부품 가게다. 여기도 소유주는 시크다. 가게는 조그마해 보여도 매출액이 보통이 아니다. 막내딸의 친구 집안도 여기에 가게를 가지고 있는데 집안 규모가 어지간한 규모의 회사 사장집 못지않다. 사다 바자로 가는 길 좌우에는 타이어 가게가 줄지어 있다. 여기도 시크가 사업주다. 이러한 부품상 뿐만 아니라 완제품상, 즉, 커롤 박의 가파르 시장의 중고차 가게들은 말할 나위 없고 서부 델리의 신제품 차량 하프리트 포오드 쇼룸 등도 모두 시크들의 가게다. 이러한 동종 사업의 연장선상에 있는 소위 '장사'가 되는 사업종목에는 시크들이 진출해 있다. 요즘은 전자기기, 핸드폰 계통의 사업에도 시크가 점유하고 있다. 이들이 19세기부터는 캐나다, 영국, 미국, 중동, 동아프리카, 동남아시아, 서유럽, 호주, 뉴질랜드 등에 이주하여 약 700만 명이 거주하고 있다. 따라서 이들은 인맥에 따른 정보와 재력을 확보하여 선진 기자

재가 인도에서 사업화될 때 사업을 과감히 시도한다. 작년에 탈카토라 수영장에서 만난 시크 사업가는 집이 워싱톤 D.C.와 시애틀에 있다고 했다. 그리고 펀잡주 파티알라에 농장이 있으며 저온 냉장 시설을 가지고 다른 농가를 상대로 사업을 한다며 한 여름에 감자만 냉동 보관만 해 주어도 이윤은 충분하다고 했다.

시크의 본산지인 펀잡주에는 농업과 우유 사업을 병행한다. 인도 내에서의 펀자압 주는 전 인도를 먹여 살리는 곡창이며, 밀생산지다. 루디아나 도시의 경우는 시크들이 의류 시장을 장악하고 있다. 이외에도 펀잡 영화 및 가요가 인도뿐만 아니라 영국이나 캐나다에도 유명하여 이 사업에 관계된 경우가 많다. 카시미르 주에서 한국에 한때 유행했던 파시미나 가게의 상당수를 시크들이 장악하고 있다. 시크가 현저히 잘해나가는 분야가 비지니스다. 시크는 한마디로 사업가와 기술자다. 해외에서는 사업과 농업에 귀재들로 알려져 있다.

시크는 겉보기에 큰 터번을 쓰고 있어서 비슷해 보이지만, 단일한 계층으로 이루어져 있는 것은 아니다. 사회 계층 면에서 다양한 편이다. 그 구성을 보면 자트, 람가리아, 칼랄, 알루 왈리아, 캄보즈, 라지푸트, 라바나 등 이며, 도시 상인으로는 카트리, 아로라, 바티아, 수드 등이 있다. 브라만은 모흐얄이 있는데 브라만 시크는 원래 힌두 브라만에서 개종한 시크들이다. 상당수는 농민인 자트에서 유래된 계층이다. 란지트 싱 대왕 이래로 존재해온 왕족의 아칼리스도 있다. 농본 사회인 펀잡주에서 다수를 구성하며 가장 영향력이 큰 계층은 농민 계급인 자트다. 그래서 이들의 영향력은 다른 주와는 양상이 많이 다르다. 이들은 풍요로운 농산물과 다양한 선진국과의 관계로 교육 수준이 높고, 미국, 영국 및 캐나다로의 해외 이주가 잦다. 그래서 농민계급이라고 하지만 강력한 영향력을 행사하는 계급이다. 캄보즈는 자트에 비해 소농들이며 소작인에 가깝다. 델리에도 펀잡 사람 중에 가구상을 운영하는 경우가 많다. 이들은 람가리아로서 목공이나 철공들이다.

라지푸트들은 원래 힌두 왕족들이 후에 시크로 개종한 경우로서 그 수효가 적지만 군대에서 흔히 지휘관으로 있는 계급이다. 인도 군대에서 시크 연대는 네팔인으로 구성된 구르카 연대, 나가 족속으로 구성된 나가 연대와 더불어 용맹한 부대로 유명하다. 대영제국 때는 제1차, 2차 세계 대전에서 혁혁한 공을 세운 강군이다. 1999년 파키스탄과 카길 전투가 심각해졌을 때 상기한 모두 용맹한 부대가 참전한 바 있다. 이같이 시크는 사업 외에도 인구비율에 비하여 상당수가 인도군대를 형성하고 있다. 얼마 전 육군 참모총장이었던 조긴다르 자스완트 싱 대장과 공군참모총장 알잔 싱 장군도 시크다. 라바나는 식료품점, 잡화점 등의 가게 소유주들이다. 이들은 상인이지만 시크 사원인 구루두와라에서 승려를 섬기는 일을 맡는다. 델리 전문 직종에서 흔히 보이는 이름들 알루 왈리아, 카트리, 아로라, 바티아는 교육받은 계층의 시크로서 부유한 생활을 영위한다. 의사나 사업가에서 흔히 발견된다. 이들은 계급 상으로도 크샤트리아에 속한다. 수드는 금전 거래로 부를 축적한 상인계급이다.

인도의 유대인 팔시(Parsi), 조로아스터 교도

인도에서 인구에 비해 경제적인 영향력이 상당했으나 이제는 인구로나 정체성 면에서 힘이 소진되고 있는 종교가 조로아스터교다.

팔시 즉 조로아스터 교인은 인도의 유대인이라는 별명을 갖고 있다. 이방의 땅에서 지성에 뛰어난 능력을 발휘하여 돈을 믿고 살아남은 사람들이라는 뜻이리라. 창시자의 이름이 페르시아어로는 짜라투스트라인데 그리스어로는 조로아스터가 되었다. 한국인들에게는 배화교(拜火敎)로, 또는 니이체의 "짜라투스트라는 이렇게 말했다"로 알려졌다. 짜라투스트라는 거대했던 페르시아 제국의 종교적 선지자다. 약 1400년 전 선지자 조로아스터의 제자들은 무슬림의 공격으로 탈출하여 그 일부는 인도의 구자라트 주에 거주하게 되었다. 이들이 팔시다. 그래서 그 후예들은 구자라티 언어를 기본적으로 잘한다.

이들은 원래 이란인들이라서 피부는 더 하얗고, 선남선녀와 같이 생겼다. 정권의 변화에 대해서는 숙명으로 받아들여서 반발하지 않으나 사업에는 귀재들이다. 인도의 서해안 가에 이주민으로서 소농과 소상인으로 살던 이들은 인도가 19세기 영국 식민통치를 받기 시작되면서 대기업주로 성공하기 시작한다.

그 대표적인 기업이 대우 상용차 회사를 인수한 타타 그룹이다. 영국인 편에서도 팔시를 사업상대자로 여기기가 좋았다. 상대적으로 하얀 피부에, 지성적 자세, 정권에 대한 순종 등이 타협하기에 좀 더 영국에 가까운 입장에 있었던 것이다. 그래서 영국 통상 중심지였던 뭄바이가 팔시의 사업 근거지가 되었다. 이 팔시들은 문화적으로 독특한 것들이 몇 가지 있다. 그 중 하나가 사람이 임종하면 산의 일정한 장소에 시신을 버려두어 조장(鳥葬)을 하는 것이다. 둘째 딸의 친한 친구가 팔시라서 장례(葬禮)에 대해 물어보니까 한국인이나 인도인들이 현대에는 받아들이기 힘든 '조장(鳥葬)'을 태연히 말한다. "아저씨! 어차피 사람은 한 번 죽는데 새에게 먹이로 몸을 주는 것이 어때서요?" 이들은 남에게 자선을 베푸는 것을 중요한 덕목으로 여긴다. 팔시는 미국과 캐나다에 있는 팔시의 70% 이상이 박사학위 소지자로 알려져 있다. 자신들의 정체성을 버리지는 않으면서 서구 학문을 받아들이는 데 열심이다. 정치인 중에는 인도의 강철 여수상 인디라 간디의 남편이었던 페로샤 간디가 팔시였다.

자인교는 '지나' 즉, '정복자'라는 뜻을 가진 이름에서 유래되었다. 자인교는 불교와 비슷한 환경에서 비슷한 시대에 번성한 인도의 소수 종교다. 브라만교 시대에 이미 존재해 왔던 종교가 기원전 6세기경에 계급적인 브라만교에 대한 반동으로 확산되었다. 평등을 주장하고 아힘사(비폭력)을 주장하는 면은 불교와 흡사하지만 불교의 중용에 비하여 극단적으로 금욕을 강조하는 종교다.

수년 전 라자스탄의 마운트 아부라는 곳을 간 적이 있는데, 자인 사원의 아름다운 조각 자체는 규모가 작아서 그렇지 타지마할의 아름다움을 능가하고 남음이 있었다. 사원에서 혹시라도 벌레를 들이마셔 죽이지 않을까하여 마스크를 하고 제사를 드리는 승려들이 인상적이었다. 이들은 백의(白衣) 파에 속한다. 우타르 프라데시의 그 왈리오르에 가면 나체파 자인 사원의 흐름이 있다. 거대한 자인 나상(裸像)이 있다. 자인의 스승을 티르탕카라라고 부르는데, 24대 티르탕카라였던 마하비르 지나의 생일을 '마하비르 자얀티'라고 하여 인도의 공휴일로 지키고 있다. 자인은 힌두교에서는 카스트 상으로는 바이샤와 같이 여긴다. 이들은 힌두의 반야들과 같이 더 금욕적이어서 강정(強精)에 도움이 되는 식품은 절대 먹지 않는다. 살생을 피해서 아무런 육식을 하지 않는 철저한 채식주의자들이다. 2007년 6월에는 자인 여학생이 한국의 대학에 한국어 연수를 다녀왔는데 음식 문제가 가장 힘들었다고 한다. 이들은 마늘, 양파는 물론 식용유, 양배추, 무, 토마토, 구와바, 해바라기씨, 땅콩조차 먹지 않는다. 원래는 물을 마실 때도 천으로 걸러서 벌레를 먹어 죽이지 않도록 했다. 이러한 이유로 자인교도는 아무도 농업에 종사하지 않는다. 수많은 벌레를 원치 않게 죽이기 때문이다. 그 대신 사업에 몰두한다. 그래서 자인교도들 사업을 하여 성공한 경우가 많다. 전통적으로는 직물류 사업을 배경으로 성장한 비즈니스 그룹이다. 지금도 자인교도가 많은 구자라트 지역에 직물 공업과 비즈니스가 많은 것도 이러한 근거에서 유래되었다.

신디(Sindhi), 신드 지방 사람들

신드는 파키스탄의 지역 이름이면서 현재는 한 주 이름이다. 역사적으로는 기원 전 7000년경의 마을도 발굴될 만큼 인더스 문명의 중심지 중의 하나다. 인도 또는 힌두라는 말도 신두, 신드에서 유래되었다. 18세기까지는 아프가니스탄의 지배를 받던 지역인데 1843년 영국에 정복되어 봄베이의 관할 하에 들어갔다. 1947년 인도와 파키스탄의 분리 독립으로 인하여 동족이었던 신드 사람들 중에 주로 상권을 쥐고 도시에 거주하던 신드 인구의 약 1/4 되는 힌두교도 신드들은 대거 델리 중심으로 이주하게 되었다. 그래서 델리에서 발견되는 신드들은 종교적으로 힌두교도면서 파키스탄에서 온 이주민으로서 근본적으로 직물류 사업을 배경으로 성장한 비즈니스 그룹이다. 상당수의 신드 사람들은 자인교도들과 같이 구자라트 지역에 직물 공업과 여타 비즈니스에 근거를 가지고 있다. 이들은 힌두라는 종교로 정체성을 말하지 않고 신드라는 지역 이름으로 정체성을 밝힌다.

무슬림 - 회교도

인도와 파키스탄의 분리 독립과 더불어 유능한 무슬림들이 파키스탄으로 이주해 갔다. 상대적으로 경쟁 능력이 부족한 무슬림들이 인도 땅에 다수 남게 되었다. 힌두들이 질색하는 이 무슬림들은 일반적으로 그들의 '서당'인 마드라사에서 교육받는다. 종교 교육으로 대체되는 부분이 많다보니 교육수준이 다른 종교들에 비해서 가장 낮은 편이다. 델리대에 온 학생들도 기초가 부족한 경우가 많다. 사업적으로는 인도의 일반 서민, 하층민에 관계된 도매 상권을 많이 장악하고 있다. 레드포트 건너편 미나 바자에 가보면 조잡하고 값싼 옷가지와 일상용품들이 뽀얀 먼지 아래에 여기 저기 수없이 많이 널려있는 것을 보게 된다. 이들 상인들 상당수가 무슬림들이다. 소수의 교육 받은 층은 제약 회사로 유명한 씨플라(Cipla), 천연 제약과 샴푸로 유명한 히말라야(Himalaya), 인도 컴퓨터 업계의 대표격인 위프로(Wipro)와 같은 유명한 대기업을 일구어 냈다.

12억 인도를 만나다

초판 1쇄 인쇄일	2013년 12월 12일
초판 1쇄 발행일	2013년 12월 13일

지은이	김도영
펴낸이	정구형
편집 / 디자인	심소영 신수빈 윤지영 이가람
마케팅	정찬용 권준기
영업관리	김소연 차용원
전자책 사업팀	진병도 김지은 박성훈
제작이사	김봉진
인쇄처	미래프린팅
펴낸곳	북치는마을

등록일 2006 11 02 제2007-12호
서울시 강동구 성내동 447-11 현영빌딩 2층
Tel 442-4623 Fax 442-4625
www.kookhak.co.kr
kookhak2001@hanmail.net

ISBN	978-89-93047-62-2 *03910
가격	17,000원